云南大学"一带一路"沿线国家综合数据库建设项目
中国周边外交研究省部共建协同创新中心　联合推出

"一带一路"沿线国家综合数据库建设丛书 | 林文勋 主编

企聚丝路
海外中国企业高质量发展调查
缅甸

孔建勋 何林 等著

Overseas Chinese Enterprise and
Employee Survey in B&R Countries
MYANMAR

中国社会科学出版社

图书在版编目(CIP)数据

企聚丝路:海外中国企业高质量发展调查.缅甸 / 孔建勋等著.—北京:中国社会科学出版社,2022.11
("一带一路"沿线国家综合数据库建设丛书)
ISBN 978-7-5227-1031-0

Ⅰ.①企… Ⅱ.①孔… Ⅲ.①海外企业—企业发展—研究—中国 Ⅳ.①F279.247

中国版本图书馆 CIP 数据核字(2022)第 216539 号

出版人	赵剑英
责任编辑	马 明 郭 鹏
责任校对	白雪春
责任印制	王 超

出　　版	中国社会科学出版社
社　　址	北京鼓楼西大街甲 158 号
邮　　编	100720
网　　址	http://www.csspw.cn
发 行 部	010-84083685
门 市 部	010-84029450
经　　销	新华书店及其他书店
印　　刷	北京明恒达印务有限公司
装　　订	廊坊市广阳区广增装订厂
版　　次	2022 年 11 月第 1 版
印　　次	2022 年 11 月第 1 次印刷
开　　本	710×1000　1/16
印　　张	17
字　　数	238 千字
定　　价	86.00 元

凡购买中国社会科学出版社图书,如有质量问题请与本社营销中心联系调换
电话:010-84083683
版权所有　侵权必究

《"一带一路"沿线国家综合数据库建设丛书》编委会

主　　　编　林文勋

副 主 编　杨泽宇　赵琦华　李晨阳

编委会成员　（按姓氏笔画顺序）

　　　　　　　孔建勋　毕世鸿　许庆红　杨　伟
　　　　　　　杨泽宇　杨绍军　李彦鸿　李晨阳
　　　　　　　吴　磊　沈　芸　张永宏　陈炳灿
　　　　　　　陈　瑛　陈善江　范　俊　林文勋
　　　　　　　罗茂斌　赵琦华　廖炼忠

总　　序

　　党的十八大以来，以习近平同志为核心的党中央准确把握时代发展大势和国内国际两个大局，以高瞻远瞩的视野和总揽全局的魄力，提出一系列富有中国特色、体现时代精神、引领人类社会进步的新理念新思想新战略。在全球化时代，从"人类命运共同体"的提出到"构建人类命运共同体"的理念写入联合国决议，中华民族为世界和平与发展贡献了中国智慧、中国方案和中国力量。2013年秋，习近平主席在访问哈萨克斯坦和印度尼西亚时先后提出共建"丝绸之路经济带"和"21世纪海上丝绸之路"的重大倡议。这是实现中华民族伟大复兴的重大举措，更是中国与"一带一路"沿线国家乃至世界打造政治互信、经济融合、文化包容的利益共同体、命运共同体和责任共同体的探索和实践。

　　大国之路，始于周边，周边国家是中国特色大国外交启航之地。党的十九大报告强调，中国要按照亲诚惠容理念和与邻为善、以邻为伴周边外交方针深化同周边国家关系，秉持正确义利观和真实亲诚理念加强同发展中国家团结合作。[①] 当前，"一带一路"倡议已从谋篇布局的"大写意"转入精耕细作的"工笔画"阶段，人类命运共同体建设开始结硕果。

---

　　① 习近平：《决胜全面建成小康社会　夺取新时代中国特色社会主义伟大胜利——在中国共产党第十九次全国代表大会上的报告》（2017年10月18日），人民出版社2017年版，第60页。

在推进"一带一路"建设中,云南具有肩挑"两洋"(太平洋和印度洋)、面向"三亚"(东南亚、南亚和西亚)的独特区位优势,是"一带一路"建设的重要节点。云南大学紧紧围绕"一带一路"倡议和习近平总书记对云南发展的"三个定位",努力把学校建设成为立足于祖国西南边疆,面向南亚、东南亚的综合性、国际性、研究型一流大学。2017年9月,学校入选全国42所世界一流大学建设高校行列,校党委书记林文勋教授(时任校长)提出以"'一带一路'沿线国家综合数据库建设"作为学校哲学社会科学的重大项目之一。2018年3月,学校正式启动"'一带一路'沿线国家综合数据库建设"项目。

一是主动服务和融入国家发展战略。该项目旨在通过开展"一带一路"沿线国家中资企业与东道国员工综合调查,建成具有唯一性、创新性和实用性的"'一带一路'沿线国家综合调查数据库"和数据发布平台,形成一系列学术和决策咨询研究成果,更好地满足国家重大战略和周边外交等现实需求,全面服务于"一带一路"倡议和习近平总书记对云南发展的"三个定位"。

二是促进学校的一流大学建设。该项目的实施,有助于提升学校民族学、政治学、历史学、经济学、社会学等学科的建设和发展;调动学校非通用语(尤其是南亚、东南亚语种)的师生参与调查研究,提高非通用语人才队伍的科研能力和水平;撰写基于数据分析的决策咨询报告,推动学校新型智库建设;积极开展与对象国合作高校师生、中资企业当地员工的交流,促进学校国际合作与人文交流。

项目启动以来,学校在组织机构、项目经费、政策措施和人力资源等方面给予了全力保障。经过两年多的努力,汇聚众多师生辛勤汗水的第一波"海外中国企业与员工调查"顺利完成。该调查有如下特点:

一是群策群力,高度重视项目研究。学校成立以林文勋书记任组长,杨泽宇、张力、丁中涛、赵琦华、李晨阳副校长任副组长,各职能部门领导作为成员的项目领导小组。领导小组办公室设在社科处,由社科处处长任办公室主任，孔建勋任专职副主任，陈瑛、许庆红任技术骨干，聘请西南财经大学甘犁教授、北京大学邱泽奇教授、北京大学赵耀辉教授、北京大学翟崑教授为特聘专家，对项目筹备、调研与成果产出等各个环节做好协调和指导。

二是内外联合，汇聚各方力量推进。在国别研究综合调查数据库建设上，我校专家拥有丰富的实践经验，曾依托国别研究综合调查获得多项与"一带一路"相关的国家社科基金重大招标项目和教育部重大攻关项目，为本项目调查研究奠定了基础。国际关系研究院·南亚东南亚研究院、经济学院、民族学与社会学学院、外国语学院、政府管理学院等学院、研究院在问卷调查、非通用语人才、国内外资料搜集等方面给予大力支持。同时，北京大学、中国社会科学院、西南财经大学、广西民族大学等相关单位的专家，中国驻各国使领馆经商处、中资企业协会、企业代表处以及诸多海外中央企业、地方国有企业和民营企业都提供了无私的支持与帮助。

三是勇于探索，创新海外调研模式。调查前期，一些国内著名调查专家在接受咨询时指出，海外大型调查数据库建设在国内并不多见，而赴境外多国开展规模空前的综合调查更是一项艰巨的任务。一方面，在初期的筹备阶段，项目办面临着跨国调研质量控制、跨国数据网络回传、多语言问卷设计、多国货币度量统一以及多国教育体系和民族、宗教差异性等技术难题和现实问题；另一方面，在出国调查前后，众师生不仅面临对外联络、签证申请、实地调研等难题，还在调查期间遭遇地震、疟疾、恐怖袭击等突发事件的威胁。但是，项目组克服各种困难，创新跨国调研的管理和实践模式，参与调查的数百名师生经过两年多的踏实工作，顺利完成了这项兼具开源性、创新性和唯一性的调查任务。

四是注重质量，保障调查研究价值。项目办对各国调研组进行了多轮培训，强调调查人员对在线调查操作系统、调查问卷内容以及调查访问技巧的熟练掌握；针对回传的数据，配备熟悉东道国语言或英语的后台质控人员，形成"调查前、调查中和调查后"三位一体的质量控制体系，确保海外调查数据真实可靠。数据搜集完成之后，各国调研组立即开展数据分析与研究，形成《企聚丝路：海外中国企业高质量发展调查》报告，真实展现海外中国企业经营与发展、融资与竞争、企业形象与企业社会责任履行状况等情况，以及东道国员工工作环境、就业与收入、对中国企业与中国国家形象的认知等丰富内容。整个调查凝聚了700多名国内外师生（其中300多名为云南大学师生）的智慧与汗水。

《企聚丝路：海外中国企业高质量发展调查》是"'一带一路'沿线国家综合数据库建设"的标志性成果之一。本项目首批由20个国别调研组组成，分为4个片区由专人负责协调，其中孔建勋负责东南亚片区，毕世鸿负责南亚片区，张永宏负责非洲片区，吴磊负责中东片区。20个国别调研组负责人分别为邹春萌（泰国）、毕世鸿（越南）、方芸（老挝）、孔建勋和何林（缅甸）、陈瑛（柬埔寨）、李涛（新加坡）、刘鹏（菲律宾）、杨晓强（印度尼西亚）、许庆红（马来西亚）、柳树（印度）、叶海林（巴基斯坦）、冯立冰（尼泊尔）、胡潇文（斯里兰卡）、邹应猛（孟加拉国）、刘学军（土耳其）、朱雄关（沙特阿拉伯）、李湘云（坦桑尼亚）、林泉喜（吉布提）、赵冬（南非）和张佳梅（肯尼亚）。国别调研组负责人同时也是各国别调查报告的封面署名作者。

今后，我们将继续推动"'一带一路'沿线国家综合数据库建设"不断向深度、广度和高度拓展，竭力将其打造成为国内外综合社会调查的知名品牌。项目实施以来，尽管项目办和各国调研组竭尽全力来完成调查和撰稿任务，但由于主、客观条件限制，疏漏、错误和遗憾之处在所难免，恳请专家和读者批评指正！

《"一带一路"沿线国家综合数据库
建设丛书》编委会
2020年3月

目　　录

第一章　缅甸经济发展形势与中缅经贸文化交流 …………… （1）
　第一节　缅甸经济发展形势 …………………………………… （1）
　第二节　中缅经贸合作 ………………………………………… （5）
　第三节　中缅文化交流 ………………………………………… （11）

第二章　缅甸中资企业调查技术报告 ………………………… （16）
　第一节　调查方案 ……………………………………………… （17）
　第二节　缅甸中资企业概述 …………………………………… （21）
　第三节　员工样本特征分析 …………………………………… （27）
　小　结 …………………………………………………………… （33）

第三章　缅甸中资企业生产经营状况分析 …………………… （35）
　第一节　运营基本状况 ………………………………………… （35）
　第二节　生产与销售状况 ……………………………………… （46）
　第三节　融资状况分析 ………………………………………… （70）
　小　结 …………………………………………………………… （72）

第四章　缅甸营商环境和中国企业投资风险分析 …………… （74）
　第一节　缅甸基础设施供给分析 ……………………………… （75）
　第二节　缅甸公共服务供给分析 ……………………………… （81）
　第三节　中资企业对缅甸公共服务治理的评价 ……………… （90）

第四节　投资风险分析 …………………………………………（100）
小　结 ……………………………………………………………（106）

第五章　缅甸中资企业雇佣行为与劳动风险分析 ……………（108）
第一节　员工构成分析 …………………………………………（108）
第二节　人员雇佣情况 …………………………………………（118）
第三节　劳资纠纷及处理效果分析 ……………………………（126）
小　结 ……………………………………………………………（130）

第六章　缅甸中资企业本地化经营与企业国际形象分析 ……（131）
第一节　本地化经营程度 ………………………………………（132）
第二节　社会责任履行程度 ……………………………………（138）
第三节　形象传播及缅甸认可度 ………………………………（148）
第四节　公共外交 ………………………………………………（154）
小　结 ……………………………………………………………（158）

第七章　缅甸中资企业员工的职业发展与工作环境 …………（162）
第一节　职业经历和工作环境 …………………………………（163）
第二节　工作时间与职业培训、晋升 …………………………（165）
第三节　工会组织与社会保障 …………………………………（171）
第四节　个人和家庭收入 ………………………………………（176）
第五节　家庭社会经济地位和耐用消费品 ……………………（180）
小　结 ……………………………………………………………（188）

第八章　交往与态度 ………………………………………………（191）
第一节　社会交往与社会距离 …………………………………（191）
第二节　企业评价 ………………………………………………（196）
小　结 ……………………………………………………………（203）

第九章　媒体与文化消费 ………………………………… (205)
第一节　互联网和新媒体 ………………………………… (205)
第二节　文化消费 ………………………………………… (213)
小　结 ……………………………………………………… (220)

第十章　国内议题与大国影响力 ………………………… (223)
第一节　中国品牌 ………………………………………… (223)
第二节　企业社会责任 …………………………………… (231)
第三节　大国影响力评价 ………………………………… (235)
小　结 ……………………………………………………… (251)

参考文献 …………………………………………………… (255)

后　记 ……………………………………………………… (259)

第一章

缅甸经济发展形势与中缅经贸文化交流

2013年是缅甸整个宏观政治经济发生变革的关键点，也是我国"一带一路"倡议正式发动"愿景与行动"之年，而这一时期同时也是中缅关系遭遇"密松"水电站搁置危机，中缅关系共同磨合与重新启动之年。研究这一阶段的缅甸经济发展形势、中缅经贸合作及中缅文化交流，有利于更好把握"一带一路"沿线国家中资企业"走出去"过程中面临的所在当事国形势背景，更好地为"中资企业与缅甸员工综合调查报告"提供背景依据。

本章第一节评估缅甸经济发展形势，内容涵盖经济发展情况、外资外贸情况，并简述缅甸的财政与货币政策；第二节重点评估中缅经贸合作情况，包括概述中缅关系，梳理中缅经贸合作情况，分析中缅关系的主要影响因素，进而综合评估"一带一路"在缅甸的推进情况；第三节评估中缅文化交流情况，以梳理中缅各方交流活动为基础，总结双方在文化交流中的亮点做法。

第一节　缅甸经济发展形势

缅甸经济形势在不同阶段有不同的表现。具体而言，可从2013年以来缅甸的经济增长情况，如GDP增长率和人均GDP等；缅甸外贸与外资情况，涉及外债、非法贸易和普惠制管理；缅甸的财政与货币政策，包括财政支出、税制改革、通胀情况等方面。

从GDP增长率来看，2013—2018年的增长率分别是8.4%、8.0%、7.0%、5.9%、6.8%和6.2%，总体上保持着较为快速的发展，但趋势是在波动中有所下行，而且2018年增长率低于原估计的6.8%[①]。人均GDP方面，2013年到2018年分别是947.48、1050.13、1113.89、1168.34、1236.24和1301.09（单位均为美元）[②]，维持了不错的增长。

从各个阶段来看，2013—2015年缅甸面临经济的衰退期。吴登盛政权在大选前一年内放缓了改革的步伐，避免在国内增加刺激性财政手段，同时为了规避风险，减缓外资的流入，导致2013年经济增长率为8.4%，且经济增长率从2014年的8.0%降至2015年的7.0%。同时，缅币在2011—2015年总体贬值约30%、大量工业品需要进口导致贸易逆差大、政府财政赤字高，缅甸2015年通胀率高达11.5%。目前，缅甸70%的人住在农村，25%的人口贫困，2/3的家庭缺电，基础设施落后，生产力低下，走私等非法经济猖獗，贫富差距大，税收不足，政府常年赤字，对经济发展与民生改善的投入不足。很多选民在2015年11月大选中投票给昂山素季领导的民盟，对民盟在改善民生方面寄予厚望，希望民盟能尽快增加就业，提高百姓收入，这也是民盟胜选的一大原因。

民盟执政以来，缅甸国家宏观经济形势较前政府有所回降，但总体趋势表现为稳中有升。2017—2018财年，缅甸GDP增长达到6.8%，比2016—2017财年增加0.9%，高于亚洲其他新兴市场和全球平均增速，但通胀率达到6.2%，政府经常性项目赤字占GDP比5.4%。2018—2019财年，GDP增长率从2017—2018年的6.8%降至

---

① 以上均来自 MyanmarEconomicMonitor, Macroeconomics, Trade & Investment, World bank group, December 2018.

② World DevelopmentIndicators, Google public data, https://www.google.com.hk/publicdata/explore? ds = d5bncppjof8f9_ &met_ y = sp_ pop_ totl&hl = en&dl = en.

6.2%。从缅甸国内来看，经济下行的原因除受制于缅甸自身的政治风险外（尤其是若开罗兴亚人问题和民族和解问题），还在于缅甸趋于保守的财政政策（尤其是在2018年过渡小财年即当年1—10月不断缩水的财政预算），以及在没有做好充分措施和准备的情况下进行的美元脱钩（2018年8月）和宣布多项禁止美元交易禁令（2018年10—11月）。从国际来看，全球经济下行是大环境。据世界银行统计，全球实际GDP增长从2018年的3%降至2019年的2.9%，因为经济疲软消退，全球各主要央行继续取消政策调整，全球贸易和投资增长因全球贸易政策的不确定性而进一步减弱。原油价格一直上涨且大幅波动，2018年10月底达到之间4年间的最高水平，然后下降。从地区看，东亚和太平洋地区的增长保持弹性，但由于以外国直接投资为首的投资放缓，以及燃料价格上涨带来的生产成本上升压力，地区GDP增长将从6.4降至6.2%。

由于缅甸经济结构单一，易受外部环境影响，加上全球贸易战盛行、大宗商品价格疲软，且缅甸最大贸易伙伴国（中国）经济放缓，致使缅甸未来经济增速提高空间有限。缅甸经济在2018年保持6.7%增长。此外，缅甸经济形势存在不良发展势头。民盟上台初期并没有将经济发展作为国家政策的核心，而是将经济发展作为促进民族和解的手段。随着民族和解陷入僵局，国家经济和社会民生亟待发展，缅甸政府开始以提高生产力，发展主要经济驱动力以及创造有利的投资和商业环境的方式，意图通过标准操作程序（SOP）提高缅甸在世界银行经商容易度的排名，但成效不显著。缅甸在各财政部门和贸易部门压缩赤字的方式，使得不少项目规模被压缩，民盟致力于在"短频快"的经济发展项目上取得成效以助力2020年大选，但关乎缅甸国计民生的基础设施、电力和能源项目并没能得到突破性进展，这继续延缓缅甸经济增长的势头。

缅甸经济形势在2019年总体趋稳，但呈下降态势。政府正式开启"缅甸可持续发展计划（2018—2030）"，开始进行国家级经济重组，如计划将财政部与工业部合并，依托2018年11月组建的投资与对外关系部处理外资事宜,而由商务部专注贸易事务。2019年7月起,缅甸自五年来首次上调电价高达两倍多,并在保险、能源等领域开展改革。旅游行业因若开罗兴亚人问题受到影响,虽然随着蒲甘申遗成功而有所改善,但妙乌古城等地禁止游客进入,加之2020年新冠疫情开始蔓延,缅甸旅游业受到不可逆转的重创。此外,持续受到中美贸易摩擦和若开罗兴亚人问题的影响,外资持续观望,缅甸经济提振在2019—2020年之际陷入新的瓶颈期,并随着2020年2—3月逐步蔓延的新冠疫情而陷入停滞。

(1)经济增长情况。根据世界银行的数据,2019年缅甸GDP实际增长率为6.3%,比原预期的8.3%略低,国际贸易和亚太地区经济增长势头的疲软给缅甸带来宏观经济的波动,而人均GDP增长率为5.8%。2020年受新型冠状病毒(Covid-19)"大流行"的影响,缅甸原预期6.4%的增长率将无法实现,亚洲开发银行(ADB)估计这一数值将降为4.2%,而世界银行估计这一数值将只有2.0%—3.0%[1]。此外根据ADB预测,2020年缅甸人均GDP增长率为3.3%,在东南亚国家排名第二。

(2)贸易与投资情况。根据缅甸商务部数据,截至2020年4月,2019—2020年财年贸易额达到203.3亿美元,FDI总额达到32.7亿美元[2]。为刺激小额贷款这个快速增长的行业,缅甸计财部将最高贷款利率从30%降至28%,存款利率则从15%降至14%。根据2019年缅甸营商环境指数显示,缅甸排名171,这个数字和2017、2018年保持一致,说明民盟执政后缅甸投资环境改善相当有限。据统计,

---

[1] 关于亚洲开发银行对缅甸经济的预测,来自 Economic indicators for Myanmar (https://www.adb.org/countries/myanmar/economy,最后更新时间2020年4月20日);关于世界银行对缅甸经济的预测,来自 The World Bank In Myanmar (https://www.worldbank.org/en/country/myanmar/overview,最后更新时间2020年4月20日),后文不再单独引注。

[2] Maritime trade up $2.3 bln in 2019-2020FY H1, *the Global New Light of Myanmar*, April. 15.

2019年外国直接投资（FDI）仅达到官方目标的70%[①]。

（3）财政情况。缅甸2019年财政收入达到20.3万亿缅币，比2018年增长16.9%，2020年预期增长为16.7%，受制于疫情，财政收入可能受到较大影响。税务方面，2019年联邦税收占到GDP总量的6.1%，预计在2020年将下降到5.5%，由于疫情期间缅甸央行多次宣布减税，最终数字可能将受影响。经常性项目开支方面，根据ADB数据，缅甸2019年收紧3.5%，而在2020年预计进一步收紧4.5%；国际储备方面，缅甸国际储备总额（含黄金）2018年为56.5亿美元，比2017年增加8.4%，国际储备占国际债务的比例为37.8%[②]。

（4）货膨胀率方面。据ADB统计，2019年缅甸通胀率高达10.4%，而这一数字预计在2020年降低到7.5%，这一数字在东南亚国家中排名第一，远高于排在第二的老挝（4.0%）和越南（3.3%）。

第二节 中缅经贸合作

2011年吴登盛政权上台后，中缅关系发生了比以往更加波澜起伏的变动。首先是巩发党执政时期中国在缅大项目的受挫和中缅政治经济关系的波动，其次是中缅双方在适应性调整的过程中重启双边关系，然后是中方帮助缅方解决民族冲突和若开问题。其中，2013年既是缅甸扩大对内改革和对外开放、积极融入国际社会的转型年，也是中国正式提出"一带一路"倡议，引领亚洲国家互联互通和促进经济发展的开启年。随着中缅两国多层次交往和友好合作的加强，中缅关系重启并不断向前推进。本节分别讨论中缅经济关系发展以及影

[①] Myanmar falls short of FDI target this year, but outlook is positive, *Myanmar Times*, Dec 30, 2019.

[②] Myanmar-Total reserves, https：//www.indexmundi.com/facts/myanmar/total-reserves. 最后更新时间2020年4月20日。

响双方经贸合作的因素,并以中缅经济走廊的建设为实例概述一带一路在缅甸的推进情况。

一 中缅经济关系发展

2013年以来的中缅经济关系发展,可纳入巩发党执政期(2013—2014)、换届期(2015)和民盟执政期(2016—2019)来考量。巩发党执政期(2013—2014),中缅经济关系相对2011—2012年的挫折有所回调,但仍存在一些不稳定之处。自2011年9月吴登盛政府宣布搁置密松水电站建设,2012年莱比塘铜矿项目施工又被迫暂停之后,2013年3月以昂山素季为主席的调查委员会发布关于莱比塘铜矿的调查报告,该报告指出,在做出必要整改之后,莱比塘铜矿项目可以继续实施。2013年7月中缅天然气管道又全线贯通并开始输气,重新提振了两国经济合作的信心。2014年6月,吴登盛访华并在北京参加和平共处五项原则发表60周年纪念大会;2014年11月,吴登盛来华出席加强互联互通伙伴关系对话会。缅甸作为第一批意向创始成员国,加入亚洲基础设施投资银行,同期到访缅甸出席东亚领导人峰会并访缅的中国总理李克强,也与缅方签署20多个务实合作文件,价值超过78亿美元。不过,2014年7月,中缅铁路因项目备忘录到期,缅甸铁道部宣布搁浅该项目,使中缅又一大项目合作受挫。从经贸上来看,中国对缅投资从2010—2011年巅峰值的82亿美元,将至2013年的5600万美元,不过在2014年又恢复到了5.16亿美元。从中缅贸易上来看,2013年贸易额为70亿美元,2014年为97亿美元,中国为缅甸第一大贸易伙伴、第一大进口来源地和第二大出口市场。

换届期(2015),中缅关系重新受到不稳定因素影响,曾有过一段时期波动。2015年4月,时任联邦议长和巩发党主席的吴瑞曼访华,双方同意从战略高度和长远角度看待双边关系,维护好中缅边境和平安宁。2015年9月,吴登盛出席中国人民抗日战争暨世界反法西斯战争胜利70周年纪念活动,中缅发布联合声明。12月,缅甸政府正式宣布中国中信集团联合体中标皎漂经济特区深水港和工业区项目。2015 年民盟胜选后，民盟成员主导的代表团访华，中方代表在对话中向缅方进行阐述，强调中缅关系不会损害任何国家，同时"缅甸与西方国家的关系也不应当损害中国"，体现了对缅甸战略认知的担忧，但也表明了中方愿意同民盟政府携手共进，重建"全面战略伙伴关系"的考虑①。民盟领袖昂山素季则在接受记者采访时强调，"我们将更加重视与邻国的关系，将实实在在地搞好与邻国的关系"②。2015 年，中国对缅投资达到 33.2 亿美元，而中缅贸易额为 109 亿美元。

民盟执政期（2016—2019），中缅关系不断改善发展，两国经济关系也日益密切。一是强化双边"胞波"友谊。民盟政府 2016 年 3 月上台后，中国外长王毅是首个访缅的外国政要，昂山素季在新闻发布会中表示，这标志了"邻国友谊值万金"③。2016 年 8 月 19 日，昂山素季首次访华并在京会见中国国家主席习近平，高度赞赏了两国的"胞波情谊"，并强调"缅甸不会允许任何影响邻国友爱相处的行为"④。昂山素季参加 2017 年 5 月"一带一路"高峰论坛时，双方再度明确"胞波"友谊，并明确希望保持两国边境稳定⑤。2018 年末，中国驻缅大使洪亮访问克钦邦，提及两国经济合作、项目发展，并提到缅甸和平、救济难民、土地与工业区建造等事宜。2019 年 4 月，缅军总司令敏昂莱访华并会见中国国家主席习近平，双方就两军合作互利互

---

① Voices of members of Myanmar's China delegation, *the Global New Light of Myanmar*, Aug. 22, 2016.

② 张云飞：《昂山素季眼中的中国》，新华国际，参考自 xhgj. api. zhongguowangshi. com/wap/share. aspx? clientApp = 104&docid = 116821，查询时间 2018 年 8 月 21 日。

③ FM Daw Aung San Suu Kyi holds talks with her Chinese counterpart sino-Myanmar ties unchanged, the Global New Light of Myanmar, April. 6, 2016.

④ Joint Press Release between the Republic of the Union of Myanmar and the People's Republic of China, the Global New Light of Myanmar, Aug. 20, 2016.

⑤ State Counsellor Participated in the Belt and Road Forum for International Cooperation held in Beijing, *The Global New Light of Myanmar*, May. 18, 2017..

惠，中国支持缅甸民族和解与经济发展等问题进行讨论。二是危机时刻帮助缅甸。2016—2017年，缅甸因罗兴亚人问题面临最严峻的国际压力，中国则坚定站在缅甸一方，数次在安理会顶住西方大国谴责缅甸的提案，王毅外长还提出解决若开问题的"三阶段方案"①。此外，中国积极支持缅甸民族和解进程，中国亚洲事务特使孙国祥参加了三次21世纪彬龙大会，并积极促成缅北7支民地武出席。2017—2018年，中方还多次通过非正式渠道邀请缅甸和平委员会（代表缅政府）与缅北民地武组织到中国进行斡旋谈话，促进双方在有关问题上交换意见和相互理解。2019年6月，新任中国驻缅大使陈海就任，中缅孟就解决罗兴亚人问题开展多轮磋商。8月，中国亚洲事务特使孙国祥邀请缅北民地武和缅政府代表到云南昆明进行和平谈判，缓和缅甸民族和解危局。10月末，孙国祥再度与缅北民地武代表会面，呼吁继续进行和平谈判。三是缔结中缅命运共同体。2020年1月17—18日，国家主席习近平访缅，这是时隔19年中国国家领导人首度访缅，双方就巩固中缅传统友谊，推进全面战略合作，秉持平等、互利、共赢精神，构建中缅命运共同体深入交换意见，达成广泛共识。双方一致同意以建交70周年为契机，弘扬中缅传统"胞波"情谊，深化两国全面战略合作伙伴关系，打造中缅命运共同体，推动中缅关系进入新时代。经贸方面，中缅2019年贸易额（计算2018年10月1日—2019年9月30日）为113.9亿美元，其中进口63.3美元，出口50.6亿美元②。

但是，也要清醒地认识到，自2013年以来，包括大项目问题、"债务陷阱"论调和缅北民族冲突问题等也在一定程度上影响中缅关系及双方经贸合作。

---

① 宋清润：《罗兴伽人危机与缅甸民盟政府的内政外交，东南亚研究》2018年第2期；邹春萌：《中缅经济走廊建设的机遇与挑战》，《世界知识》2018年第2期。

② 引用：National Trade Situation Of Myanmar In 2011 – 2012 Fical Year To 2019 – 2020 Fical Year (up To January Monthly) (oversea + Border), the Website of Ministry of Commerce. 更新时间2020年4月21日。

二 "一带一路"在缅甸的推进情况

自 2013 年以来,一带一路在缅不断推进,主要成果包括:缅甸领导人对一带一路倡议的认可和期许,中缅经济走廊的建立等。

首先是缅甸领导人对一带一路的认可和期许。2013 年 4 月,缅总统吴登盛参加海南博鳌论坛并会见中国国家主席习近平,中缅两国签署"联合新闻公报",重新确认了中缅"胞波"情谊和两国"全面战略伙伴关系"。2014 年 6 月,吴登盛再次访华,中缅两国领导人共同参加和平共处五项原则发表 60 周年纪念大会并举行双边合作签字仪式,中方欢迎缅方参与 21 世纪海上丝绸之路建设,开展经济开发区、基础设施互联互通等合作。2016 年 8 月,昂山素季访华,中方赞赏缅方支持一带一路倡议,愿同缅方一道推进有关互联互通项目,保障现有大项目安全运营。2017 年 5 月,昂山素季赴华参加一带一路国际合作高峰论坛时表示,祝贺"一带一路"国际合作高峰论坛取得圆满成功和丰硕成果,一带一路倡议将为本地区和世界带来和平、和解、繁荣。2018 年 12 月,民盟政府主导成立"一带一路指导委员会",缅甸国家实际领袖昂山素季任主席,这既是"一带一路"框架下中缅两国战略合作机制的对接,也为两国其他的合作提供了制度支持。在一带一路框架下,中缅石油管道正式输油,皎漂深水港及工业园项目、经济走廊及边境经济合作区等项目也签署合作协议。这些大型合作项目的启动,不仅重振了中国企业投资缅甸的信心,也使得因密松事件受损的双边关系得到迅速修复,使得中缅双方更有信心和动力来推动一带一路建设。2019 年 12 月王毅访缅时表示,中方愿与缅方共同努力,推动中缅经济走廊从概念规划阶段进入实质性建设阶段,成为中缅共建"一带一路"的标志性工程。基础设施互联互通是中缅经济走廊的支柱,双方应扎实开展相关合作。双方还应加快建设皎漂经济特区、中缅边境经济合作区等。2020 年 1 月习主席访缅后,双方签署了共计 33 项谅解备忘录、合作协议、移交书等,包括皎漂经济特区,深水港合作项目、股份和相关协议,这些协议涉及政治、经贸、投资、人文、地方等多个领域。双方同意加速落实作为"一带一路"倡议重要组成部分的中缅经济走廊项目。

其次是中缅经济走廊的建立。2017年11月19日，中国国务委员、外交部长王毅会见昂山素季。王毅表示，中方将建设经济走廊，以促进双边合作。该走廊穿过曼德勒后分支，一条向皎漂，另外一条向仰光，将作为"一带一路"的有机部分，这将有利于两国合作[1]。在"中缅人字形经济走廊"建议提出后，中缅通过皎漂港建设进行"共商、共建、共享"的发展路径，并于2018年11月顺利签署开发框架协议书。2017年12月昂山素季访华时，中国国家主席习近平表示愿与缅方一道"积极探讨建设中缅经济走廊等新的合作增长点，推动中缅关系又好又快发展，更好造福两国人民"[2]。中缅经济走廊将作为一带一路沿线国家特定的模式和新兴增长点，有机整合了水电发电、电网、铁路与公路等基础设施，皎漂深水港的开发与建设，不仅契合中国"走出去"发展战略，也为缅甸南北联通、东西连贯奠定了基础。缅甸国内联通，正与昂山素季在"十二点经济政策"中强调的"经济发展促进民族和解"不谋而合，如果走廊建设带动当地发展，加强缅甸中央政权与缅北的来往，那么通过和平与发展来解决军事手段解决不了的问题，将从理论层面真正脱胎到实践层面，加速和平到来进程[3]。

当然，"一带一路"在缅甸的推进绝非一帆风顺。自2013年缅政府放开舆论管制后，缅甸部分学者以及大量涌现的NGO、CSO纷纷指责中国投资的基础设施破坏了缅甸的生态环境，加深了缅甸各阶层对中国的负面认知，在项目的争议性评价和媒体的造势过程中，密松问

---

[1] State Counsellor meets Chinese FM, *the Global New Light of Myanmar*, Nov. 20, 2018.

[2] 《习近平会见缅甸国务资政昂山素季》，《新华社》2017年12月1日，http://www.xinhuanet.com/politics/2017-12/01/c_1122045014.htm。

[3] Government launches economic policy, *the Global New Light of Myanmar*, July 30, 2016.

题和两国尚未开启的"仰光新城"合作项目成为公众舆论热议的对象。由于舆论绑架，缅政府对于推行一带一路倡议下的项目不敢果断做决定，采取拖延战术。正如前文提到中缅石油管道直到2017年5月才彻底打通"最后一公里"，正式运营。皎漂深水港和工业园项目早在2015年12月就中标，但直到2018年11月才签署了开发框架协议。中缅经济走廊于2017年11月由中国提出，2018年9月才签署谅解备忘录。中缅边境经济合作区于2017年5月提出，到2018年10月才完成选址工作。此外，2017年末以来，受美国对华贸易战和美欧媒体关于皎漂港口"债务陷阱"的影响，中缅贸易额的增长受到了一定限制。边境大米贸易的配额限制问题，蔗糖转口贸易的问题，以及仍猖獗于中缅边境的非法贸易问题，也成为2018年两国贸易发展的阻碍因素。2020年2月开始，疫情肆虐，但中缅双方仍推进了双边合作项目，如推进中缅铁路和支持仰光环线建设，在克钦邦Kanpiketi镇进行商业园区项目建设，等等。

第三节　中缅文化交流

中缅两国山水相连，唇齿相依，无论是高层互访、民间团体往来，还是宗教、教育、艺术、医疗等多领域的互动，无不彰显着两国密切的文化交流。虽然两国关系围绕着大项目建设、民族和解等不确定因素仍面临一些挑战，但两国仍然密切合作、紧密磋商，"一带一路"倡议的提出，进一步促进了中缅两国在经济、政治、文化等领域的交流，"胞波"精神得以延续和发展。

一　"一带一路"对中缅文化交流的促进作用

古代丝绸之路促进了东西方在经济、政治、文化等领域的交流，是中国与世界文明交流互鉴的纽带。2013年，在此历史背景下，习近平总书记提出了共建"一带一路"倡议，加强沿线各国的互联互通，将古代丝绸之路精神得以延续。缅甸是中国与东盟以及南亚连接的重要枢纽，在共建"一带一路"倡议中占有独特的地理位置，是连接"21世纪海上丝绸之路"与"丝绸之路经济带"的关键节点国家之一。2014年11月15日，在中缅两国共同签署的《关于深化两国全面战略合作的联合声明》中，缅方欢迎中方提出的"共建丝绸之路经济带和21世纪海上丝绸之路"的倡议。双方同意将继承和弘扬和平合作、开放包容、互学互鉴、互利共赢的丝路精神，加强海洋经济、互联互通、科技环保、社会人文等各领域务实合作，推动中缅及与其他沿线国家间的合作共赢、共同发展。

2017年，两国领导人在"一带一路"合作上的高层沟通进一步深化。缅甸联邦共和国时任总统吴廷觉于2017年4月对中国进行国事访问，受到习近平主席等中国多位高层领导接见。双方就巩固中缅传统友谊、深化两国全面战略合作深入交换意见，达成广泛共识。缅甸时任总统吴廷觉表示，缅甸支持并愿积极参与"一带一路"建设，加强双方在基础设施建设、边境经济合作区等领域的重点项目合作，深化两国人民友谊，密切国际地区事务中协调合作。习近平主席强调，中缅双方要加强高层交往，深化治国理政经验交流，在涉及彼此核心利益的重大问题上相互支持。双方要深化务实合作。中方赞赏缅方积极支持和参与"一带一路"倡议，愿同缅方加强发展战略对接，统筹推进贸易、投资、基础设施建设、能源、农业、水利、电力、金融、边境经济合作区等领域合作，推动皎漂经济特区等双方重点合作及有关互联互通项目早日实施，推动中缅合作今后多向教育、农村发展等缅民生领域倾斜。双方要在联合国、东亚合作、澜沧江—湄公河合作等多边场合加强协调。中方尊重缅甸走符合自身国情的发展道路，愿继续为缅方推进国内和平进程发挥建设性作用，与缅方共同维护中缅边境地区安全稳定。①

---

① 宋清润：《缅甸民盟新政府执政以来"一带一路"倡议下的中缅合作进展与挑战》，载《战略决策研究》2017年第5期。

二 中缅文化交流情况

一是举办论坛。2014年3月13日,第二届中国——缅甸民间交流圆桌会在仰光举行,两国代表交流讨论了加强民间交往,推进中缅文化交流等议题。2014年7月底,由云南大学、察哈尔学会、仰光大学等联合在云南大学举办缅甸问题国际学术研讨会,时任缅甸总统首席政治顾问哥哥莱等缅甸知名政要、专家,以及美国、印度等国的学者与会,会议在增加中缅学术交流与智库专家学者往来方面发挥了巨大促进作用。2017年5月10日,首届中缅智库高端论坛在云南德宏举行,中缅两国官员、学者围绕着两国文化交流、经贸合作等议题深入讨论。之后,中缅智库高端论坛于2018年5月9日在云南德宏举办第二届,2019年5月22日在缅甸仰光举办了第三届。第一届"一带一路"国际合作高峰论坛于2017年5月14日至15日在北京举行,昂山素季来华参加。2019年4月25日—27日,中国再次举办了第二届"一带一路"国际合作高峰论坛。除两国高层在"一带一路"合作方面的政策沟通非常密集,推动着务实合作的开展。① 为落实两国领导人达成的共识,在"一带一路"等合作领域,两国还举行相关部门之间的具体政策沟通。缅甸一些在野党派和政要、知名智库学者等表态支持中国"一带一路"倡议,这对促进两国政策沟通、学术交流等发挥着积极作用。

二是互译著作。2010年,北京大学李谋教授将缅甸著名史书《琉璃宫史》译为中文在国内出版,为国人了解缅甸历史文化及后辈的缅甸语学习提供了一份宝贵的资料。2018年7月9日,由云南大学缅甸研究院组织翻译的《习近平谈治国理政》缅甸文版首发式在缅甸内比都举行,该书受到了缅甸各界的好评,反响热烈。此外,中缅两国学者通力合作,将更多的优质著作互译,如已出版的缅译中书籍

---

① 宋清润:《缅甸民盟新政府执政以来"一带一路"倡议下的中缅合作进展与挑战》,载《战略决策研究》2017年第5期。

《旭日冉冉》、《求学妙香》，中译缅书籍《蛙》、《论语》、《活着》，以及正在翻译的《习近平谈治国理政》第二卷、《摆脱贫困》、《红楼梦》、《中华寓言故事》等。著作互译为中缅两国的文化交流、学术交流架起了新的桥梁，引导两国民众对彼此形成积极认知，为中缅关系稳定发展保驾护航。

三是宗教交往。佛教在缅甸具有重要地位，两国佛教间的交往是双方文化交流的重要组成部分。2014年1月6日，中国佛教图片展在仰光大金塔开幕，中缅各界人士及多家媒体记者约200人出席活动。同年6月底，吴登盛率团访华期间，参观了北京灵光寺和洛阳白马寺，并与中方嘉宾一同为缅甸捐建的佛殿落成剪彩。① 2016年，缅甸佛教名城蒲甘的众多佛塔在地震中受损，中国专门派出专家参与缅甸修缮工作，还为蒲甘文物管理处40余位文物管理和专业技术人员提供了培训。"蒲甘文物灾后修复和保护国际研讨会"于2017年2月举行，时任中国驻缅大使洪亮表示，中方愿为蒲甘等地古迹修复提供帮助和支持，除派出专家进行考察并提出佛塔修复初步方案外，还向缅甸政府提供100万美元捐款，以支持蒲甘地区的文物修复和保护工作。"② 当月，中国海峡两岸组成"两岸南北传佛教融合交流访问团"，一行百人首访缅甸进行交流，增进了佛教融合。

四是人才交流。2016年，由中国商务部出资为缅甸各部门、各行业培训各类人员759人，③ 此外，中国其他部门也积极为缅方开展各类培训。中国每年通过政府奖学金、中国商务部奖学金和其他各类奖学金安排缅甸学生赴华学习，攻读大学本科、研究生和博士学位。

---

① 《缅甸总统登盛访华结佛缘：四天两场佛事活动》，中国新闻网，2014年6月30日，http://www.chinanews.com/gn/2014/06-30/6335157.shtml。

② 《洪亮大使出席蒲甘震后文物修复国际会议》，中华人民共和国驻缅甸联邦共和国大使馆网站，2017年2月17日，http://mm.china-embassy.org/chn/sgxw/t1439416.htm。最新登录日期：2017年3月15日。

③ 《2016年中国商务部为缅培训759人》，缅甸《金凤凰》中文报，2017年1月16日。

云南大学结合自身地理优势，全额出资，在 2016 年开始举办"缅甸青年骨干交流研究班"，为 7 名缅甸青年骨干进行了 3 个月培训，后于 2017 年举办第二期，培训缅甸青年骨干 15 位；2018 年第三期培训缅甸青年骨干 25 位；2019 年第四期培训缅甸青年骨干 14 位。此外，还有"缅甸记者来华高级研修班"、"缅甸高等学校校长研习班"、中缅职业教育学院等活动与平台都促进了中缅人才交流，受到了缅甸各界的欢迎。

五是医疗救助。2016 年 10 月，云南省扶贫办、云南省民间国际友好交流基金会与缅甸当地官员和基金会合作，与仰光维达卡基金会、仰光眼科医院和仰光迪德谷瑞比罕医院共同合作，实施"光明行"活动，为 100 名白内障患者免费实施手术治疗[①]。2017 年 2 月 21 日上午，中国驻缅甸使馆捐助的杜庆芝妇产医院新楼奠基仪式在仰光举行，升级改造后的杜庆芝医院将是一所设备完善、功能齐全的妇产医院，也是第一所中缅友好医院，缅甸官员对此表示感谢。

此外，如 2014 年举办的中国—东盟文化交流年，2017 年 1 月在缅甸仰光唐人街举办的"亲情中华，欢聚仰光"大型春节联欢晚会、在仰光缅甸国家大剧院隆重举行欢乐春节胞波大联欢文艺晚会、2 月在缅甸仰光和蒲甘举行的"北京东盟文化之旅"等大型活动，都由中缅双方共同举办，在促进中缅文化交流的同时，为民心相通增加了沟通纽带。为促进两国民间交往，缅甸仰光中国文化中心也于 2018 年 7 月 7 日正式启用。该中心在向缅甸民众和游客介绍中国和中国文化的同时，也积极向中国民众和游客介绍缅甸和缅甸文化。

---

① [缅] 云南民间国际友好交流基金会和维达卡基金会在仰光合作开展免费白内障手术，《今日民主》，2016 年 10 月 11 日。

第 二 章

缅甸中资企业调查技术报告

　　缅甸位于东亚、东南亚和南亚3个地区的交接处,北部与中国毗邻,西面与印度、孟加拉国相接,东部与老挝、泰国交界,西南面濒临孟加拉湾和安达曼海,是中国进出孟加拉湾和印度洋的重要陆上通道。缅甸对于参与"一带一路"建设亦十分积极,是首批加入中国发起成立的亚洲基础设施投资银行的21个国家之一。缅甸亟须与中国加强经贸合作以发展经济,期待从"一带一路"建设中受益。凭借其丰富的自然资源,充沛的劳动力以及与中国及东盟各国接壤的地缘优势,加之缅甸作为今年中国——东盟博览会的主题国家,其上升势头已经引起了各方关注。尤其是近年来,随着中缅关系的持续深入,外加"一带一路"倡议的快速推进和当地投资环境的逐步改善,为降低生产成本,越来越多的中资企业选择到缅甸投资建厂。但机遇与风险同在,劳资争议不断引发的员工罢工也成为困扰在缅中资企业的首要难题。随着缅甸民主化改革的深入和西方外资的涌入,中国企业在缅甸的市场将会面临更多的投资风险和挑战。中缅投资援助合作既是中国对外投资的现实缩影,也是中国周边外交实践的未来镜像。实地深入了解中国在缅投资企业的营商环境与所遇困难,不仅有助于为中国更好地开展对外投资和保护海外利益提供政策依据,还可以为后续准备走出去的中资企业提供参考信息。

　　云南大学"双一流"建设项目——"中国海外企业营商环境调查"以东南亚、南亚、中东、非洲地区20个国家的中资企业及当地员工为调查对象，调查这些国家中国企业的营商环境和东道国劳动力使用情况。该数据库是一套涵盖20个国家的"一带一路"沿线国家中国海外企业雇主—雇员匹配调查数据，在整合其他相关原始数据的基础上，旨在形成一套具有唯一性、创新性和实用性的"'一带一路'沿线国家综合调查数据库"。其中缅甸作为"一带一路"重要合作国，也是本次调研的重点调查对象国。

第一节　调查方案

2018年，云南大学"双一流"建设项目、"中国海外企业营商环境调查"项目陆续进入关键的实地调研及成果产出阶段。2018年1月，缅甸调研项目组初建，根据成员专业特长与研究领域进行了不同分工，随着调研设计需求的不断升级，项目组也不停地吸纳各方面人才，全组人员2018年6月组建完毕。由于大多数缅甸调研项目组成员缺乏类似调研经验，全体成员们尽量克服困难，全程参与项目办所举办的多次技能培训与出访培训。

最终，缅甸调研组于2018年11月中旬启程前往缅甸进行实地调研，调研时长接近一个月。完成调研任务之后，缅甸全体调研人员于2018年12月13日分别从缅甸仰光、曼德勒两地返回云南大学，汇报调研结果并根据调研数据进行后期的报告撰写工作。

一　前期准备工作

为了降低实地调研的风险、确保数据采集质量以及尽量减少实际调研可能遇到的困难，项目组先后前往泰国与云南德宏进行预调研，根据两次预调研的经验初步拟订了一套出访调查方案，缅甸调研组根据缅甸国情、中资企业分布情况进行详细了解之后，又对项目组所提调查方案的细节进行了部分细化与适用性修改，可简洁总结为：调研前期周密准备、与缅甸高校建立合作、寻求中国商会帮助、多渠道积极联络企业、严格把控数据质量、依托数据出高质成果。调研准备阶段，缅甸调研组联系了缅甸仰光远程教育大学的 Khin Saw Nwe 教授，与缅甸仰光远程教育大学达成合作，对方为云大调研团队发送邀请函，并根据调研组要求招募了近 20 位拥有调查经验的高校教师或在校大学生作为访员参与本次调研。

二 开展实地调研

调研组到达缅甸仰光后，首先联系了仰光地区访员合作单位——仰光远程教育大学，Khin Saw Nwe 教授非常热情地进行了接待。双方就访员情况、调研方式及内容再次进行了讨论与交接。

调研组第二站拜访了中国缅甸企业商会，商会对本次调研工作给予了高度肯定与大力支持，商会秘书长潘彦霓组织中国缅甸企业商会中纺织行业、服务行业、ICT 行业以及电力等各个行业的秘书长参加了见面会。会上，各位秘书长对各自所管理行业的企业数量、企业性质、员工构成做了详细的说明。根据本次调研对象的要求对可访企业进行了筛选，并在第一时间把最快能够接受访问的企业做了初步安排。调研小组与商会负责人建了一个用于进行安排受访企业、信息反馈的微信群，及时对调研行程与所遇问题进行沟通与协调。调研小组联系相应的企业再前往访问调查。

仰光地区中国缅甸企业商会的协助力度大且高效，调研有条不紊地进行着，每天不同的小分队被派出到仰光的瑞必达、莱达雅工业区，对制造业进行调研。在市区主要调研餐饮、酒店、律师事务所等服务业，样本量得到了很大的提高。

在仰光地区的调查访问安排步入正轨之后，调研小组分派了一组师生前往中资企业的另一大聚集地——曼德勒。在曼德勒地区，调研组首先拜见了本次调研的合作伙伴——福庆孔子课堂，福庆孔子课堂缅方校长李祖清询问了这次调研的目的、内容和计划后，立即联系了曼德勒地区中国商会的负责人，希望商会能够协助我们顺利展开本次调研。福庆孔子课堂中方校长李涛也积极联系了在曼德勒的几家中资企业，并与调研团队交接了接下来的调研工作。接下来，以类似仰光同样的工作程序，调研组开始对曼德勒的访员开展培训，培训过后，曼德勒分队正式开工，小分队相继对海螺水泥厂、中色镍矿等大型企业进行了调研。

三 主要调查内容

本次调查使用了两套问卷，一套企业问卷与一套员工问卷，雇主与雇员问卷相互匹配。

企业问卷主要针对企业的基本信息、生产与销售情况、企业融资结构、固定资产与创新、员工就业与培训、基础设施情况、公共服务以及治理、企业绩效、企业所履行社会责任、在东道国投资的风险与中国形象评价、选择该东道国的投资原因、公司人员结构和公司经营状况指标等方面的情况。

员工问卷主要用于访问在中资企业工作三个月以上的已满18岁的非中籍员工，主要针对员工的个人信息、目前工作状况与工作环境、就业史、个人与家庭收入、家庭耐用品消费品的使用情况、企业对本地社区影响的认知与评价、对中国国家形象的看法、几个世界大国在当地的影响力评价等方面进行调查。以上各方面内容均为20个国别组的通用问卷模板，另外，缅甸国别组调研组长根据缅甸的热点时事问题设计了特色国别模块问卷，主要询问中资企业的外籍员工对于密松水电站、中缅油气管道、皎漂港项目以及中国"一带一路"倡议的相关看法。

四 调查执行过程

本次调查使用了CAPI（计算机辅助个人访谈）数据收集方法来提高质量控制水平，计算机收集数据后联网发回到控制器总部，节省了传统纸质问卷寄回总部的运输时长，并减少了人工数据录入、数据编辑等步骤，让数据收集更为迅捷。本次调查主要采用了以下措施对调查过程和数据质量进行控制：

(一) 培训访员

为了完成本次调研任务,云南大学通过与缅甸仰光远程教育大学、曼德勒福庆孔子课堂进行合作,在缅甸当地招募了一批有相关调查经验的大学在校教师或在校大学生作为本次调研的访员,使用缅甸语对受访者进行更加高效的访问。以云南大学的中方访员督导与缅甸访员共同组成本次调研团队,在正式调查开始之前,调研组首先在仰光远程教育大学对访员们进行了1天的集中培训,培训内容主要为:

1. 阐明项目主题、内容及意义;
2. 调研时长及日程计划;
3. 薪酬安排及奖惩机制;
4. CAPI系统具体使用;
5. 熟悉问卷及提问技巧。

(二) "双保险"质量核查

调查期间,调查小组以"1+1+1+X"(1位组长、1位会缅语的中方督导、1位后勤人员、多位当地访员)的模式分成若干个小分队,由小组长带领前往事先联系好的企业进行访问。为了确保数据的高质量,调研小组采取了实地+后台"双保险"核查方式:

1. 督导的语言保障:本次云南大学调研小组中,有三位精通缅甸语的访员督导,能在当地访员进行实地访问时,无障碍地进行全程监督与应急处理,从源头开始避免数据出现错漏,初步把控数据采集的质量。

2. 后期质量控制:在云南大学访问终端后台,由专门的技术人员、缅甸留学生和缅甸语专业的学生组建了核查、质控小组。每天对实时回传的录音文件及问卷进行重听及核查,避免出现由于误听误填等情况而导致的误差,并且每天都将所发现的问题与相应的访问员进行联系,提醒访问员其访问过程中存在的错误,以便访问员及时进行改正。

本次"海外中国企业营商环境和东道国员工调查(缅甸)"选取

在缅甸运营时长超过一年的中资企业进行访问，其中，主要调查对象分为两类：一类是熟悉本企业情况的高层管理人员；另一类是在该中资企业连续工作3个月以上，且年满18岁的缅甸员工。调查范围包括缅甸仰光省及曼德勒省，最终完成的中资企业问卷数为48份，员工问卷数为1394份。

第二节　缅甸中资企业概述

本次调研，缅甸国别组共访问48家在缅中资企业，调研地区选择了中资企业较为集中的仰光与曼德勒地区。下列图表展示了中资企业在缅注册与运营时间、注册资金与实际投资额、企业股权结构及变动、企业母公司类型、商务部备案情况、企业参与海外中国商会等情况。

从表2-1中可以看出，本次调研的采访对象大多为大型企业（57.1%），中型企业占30.4%，小型企业占12.5%。其中工业居多，占53.6%，服务业稍少一点，占46.4%。因为在缅投资的中企中较多为纺织厂，纺织厂规模均较大。另由表可知，接受访问的中资企业高层管理人员大部分（44.6%）均为公司的总经理或CEO，其次为其他职务（例如部门经理）占25.0%，还有17.9%的受访者为企业所有者，12.5%为副总经理。总体来说，受访者职务级别均较高，对于企业的整体情况能有较为全面的了解与把握。

此外，如表2-1所示，在缅甸的受访中资企业中，只有四成多一点（43.2%）的企业在商务部做了备案，另有将近六成（56.8%）的企业未在中国商务部备案。此外，本次调研对象中，非国有控股公司占比高达80.4%，国有控股公司占比则为19.6%。

表 2-1　　　　　缅甸中资企业样本基本信息　　　　（单位：%）

类别	组别	占比
企业规模	小型企业	12.50
	中型企业	30.36
	大型企业	57.14
行业类型	工业	53.57
	服务业	46.43
受访者职务	企业所有者	17.86
	总经理或 CEO	44.64
	副总经理	12.50
	其他职务	25.00
是否商务部备案	商务部已备案	43.18
	商务部没备案	56.82
是否国有控股	国有控股	19.64
	非国有控股	80.36

从图 2-1 和图 2-2 中可以看出，在缅中资企业最早在 1995 年以前便已注册并运营，1995—2000 年，以及 2001—2005 年之间在缅新注册中企数量有所起伏，但变化不明显，从 2005 年以后到 2011 年，到缅进行注册运营的中国企业数量激增，2015 年开始有所减少。各年份中资企业在中国商务部境外投资备案表中进行备案的数量走势和企业注册与运营时间年份走势图大致相似。在 2015 年之前，新到缅甸进行投资的中资企业数量虽有起伏，但是整体来看，一直都保持着上升趋势，而 2015 年迎来了转折点，新到缅甸进行投资的中资企业数量骤减，到目前为止都没有回升势头，这可能是受到了缅甸 2015 年大选结果的影响，执政党由巩发党变为民盟，缅甸的民主转型与改革到了新的瓶颈期。另外，受缅甸政治不稳定因素的影响，加之新上任政府的招引外资政策不明朗，都使得有意投资缅甸的中资企业选择观望态度。

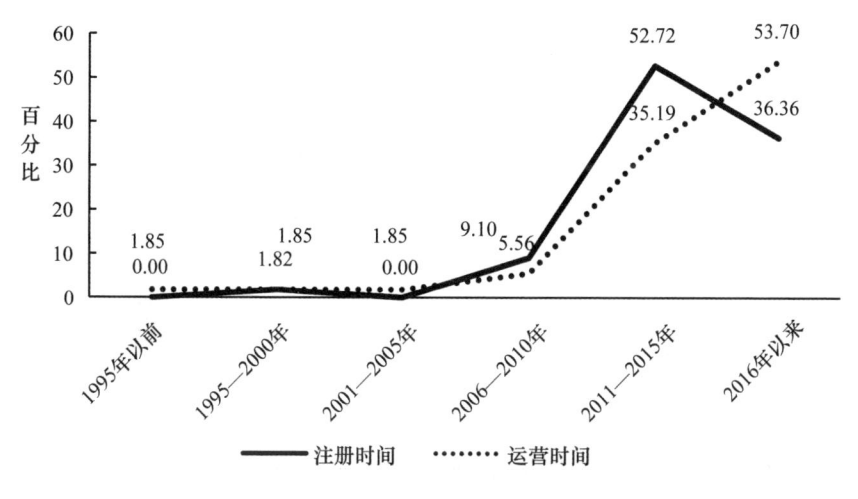

图 2-1　企业注册与运营分布情况

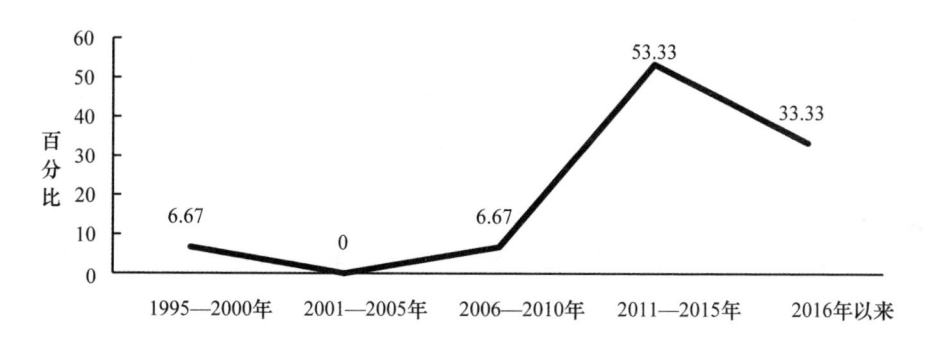

图 2-2　企业在中国商务部备案的情况

如图 2-3 所示，从企业股权占比来看，近七成为中国私人控股企业，近两成为中国国有控股公司，而缅甸私人控股比例则只占 12.1%，中国集体控股、外国（中缅以外）私人控股占比很低。

接下来分析缅甸中资企业中中国股东、缅甸股东和其他国家股东的股权变化状况。问卷中相关的问题体现为："请根据公司的控股变动情况选择。公司股权构成中，中国股东股权变化为？缅甸股东股权变化为？其他国家股东变化为？"选项有："一直控股""以前控股，现在不控股""以前不控股，现在控股""一直没有控股"四个。从

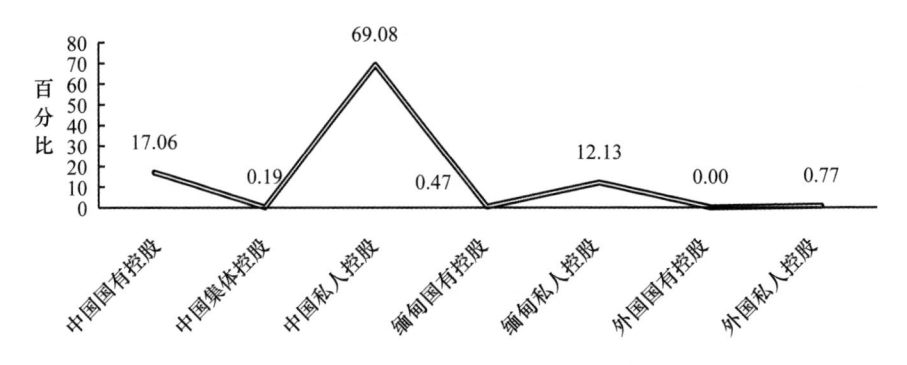

```
       80
       70                69.08
    百 60
    分 50
    比 40
       30
       20  17.06
       10        0.19        0.47        12.13   0.00   0.77
        0
          中国   中国   中国   缅甸   缅甸   外国   外国
          国有   集体   私人   国有   私人   国有   私人
          控股   控股   控股   控股   控股   控股   控股
```

图 2-3　按控股类别划分的企业占比

表 2-2 中可以看出，注册时间超过五年的缅甸中资企业中，一直由中国股东控股的占比为 85.7%；"以前控股，现在不控股"和"以前不控股，现在控股"的选项占比为 0%；中国股东一直不控股的有 14.3%；同时，注册时间低于五年的中资企业中，中国股东一直控股的占比为 92.3%，中国股东"以前控股，现在不控股""以前不控股，现在控股"以及"一直不控股"的占比均为 2.56%。由此可以得出，在缅甸中国股东一直控股的中资企业中，注册低于五年的企业占比要略高于注册超过五年的企业占比；同时，一直不控股的中资企业中，注册超过五年的企业占比要高于注册低于五年的企业占比。

表 2-2　企业母公司的股权变化状况　　　　　　　　　　（单位：%）

	中国股东股权变化				缅甸股东股权变化			
	一直控股	以前控股	以前不控	一直不控	一直控股	以前控股	以前不控	一直不控
注册超过五年	85.71	0.00	0.00	14.29	7.14	0.00	42.86	50.00
注册低于五年	92.31	2.56	2.56	2.56	2.86	2.86	48.57	45.71
有中国母公司	91.18	2.94	2.94	2.94	3.23	3.23	48.39	45.16
无中国母公司	89.47	0.00	0.00	10.53	5.56	0.00	44.44	50.00

在注册超过五年的缅甸中资企业中，缅甸股东一直控股的中资企

业占全部企业的7.1%；以前由缅甸股东控股而现在不控股的企业占比为0%；以前不控股而现在由缅甸股东控股的企业占比超过了四成（42.9%）；同时，一直不是由缅甸股东控股的企业占比达到一半（50%）。在注册时间低于五年的缅甸中资企业中，一直由缅甸股东控股的企业占比和以前由缅甸股东控股但现在不控股的企业占比相同，都仅占2.9%；而以前不是由缅甸股东控股现在控股的占比将近一半（48.6%）；一直不是由缅甸股东控股的企业占比为45.7%。可以较为明显地看出，一直由缅甸股东控股的中资企业中，注册低于五年的企业占比要略低于注册超过五年的；而以前不是由缅甸股东控股而现在控股的中资企业中，注册低于五年的企业占比要高于注册超过五年的；一直没有由缅甸股东控股的中资企业中，注册超过五年的企业占比要略高于注册低于五年的企业。总体来说，注册低于五年的企业与注册超过五年的企业中，缅甸股东的股权变化差异不是很大。

在注册超过五年的缅甸中资企业中，其他国家的股东一直控股的中资企业仅占全部企业的7.1%；以前不是而现在是由其他国家的股东控股的企业占比为28.6%；一直没有由其他国家的股东控股的中资企业占比最多，达到将近三分之二（64.3%）。而在注册时长低于五年的中资企业中，没有一直由其他国家股东控股的情况；同时，以前由其他国家的股东控股而现在不是的企业占比较少，仅为2.6%；以前不是而现在是由其他国家的股东控股的企业占到三分之一（33.3%）；一直没有由其他国家股东控股的中资企业占比较多，为64.1%。可以得出，在注册时间超过五年的中资企业中，一直由其他国家股东控股的企业较少，而注册时长低于五年的企业中没有出现过一直由其他国家股东控股的情况。

在中国有母公司的缅甸中资企业中，一直由中国股东控股的企业占绝大多数，占比达到91.2%；同时，"以前控股，现在不控股""以前不控股，现在控股""一直没有控股"的选项占比均较少，仅为2.9%。在中国没有母公司的中资企业中，一直由中国股东控股的企业占比将近九成（89.5%），而一直不是由中国股东控股的中资企业占比为10.5%。由此可以得出结论，在缅甸中资企业中，没有中国母公司的企业中，一直不是由中国股东控股的企业占比要高于在中国有母公司的企业；无论是在中国有母公司还是在中国无母公司的在缅中资企业中，一直由中国股东控股的中资企业占比都无较大差异，均在九成左右。

表2-2还显示，一直由其他国家股东控股的中资企业占比仅为1.9%，将近三分之二（64.2%）的企业不是一直由其他国家的股东所控股。再进一步分析，在中国有母公司的中资企业中，没有一直由其他国家股东控股的情况；以前不而现在是由其他国家股东控股的企业占比将近四成（38.2%）；而近六成的企业（58.8%）一直不是由其他国家股东控股。而在中国没有母公司的中资企业中，一直由其他国家股东控股的占比为5.3%，略高于在中国有母公司的企业；同时，没有以前由其他国家股东控股而现在不控股的企业；两成以上（21.1%）的企业以前由其他国家股东控股而现在没有控股，明显低于在中国有母公司的企业；七成以上（73.7%）的企业一直没有被其他国家股东控股，高于在中国有母公司的企业。

从图2-4中可以看出，在缅中资企业中，在中国具有母公司的企业大多数（29.7%）为国有企业，其次有近三成（27.0%）为私

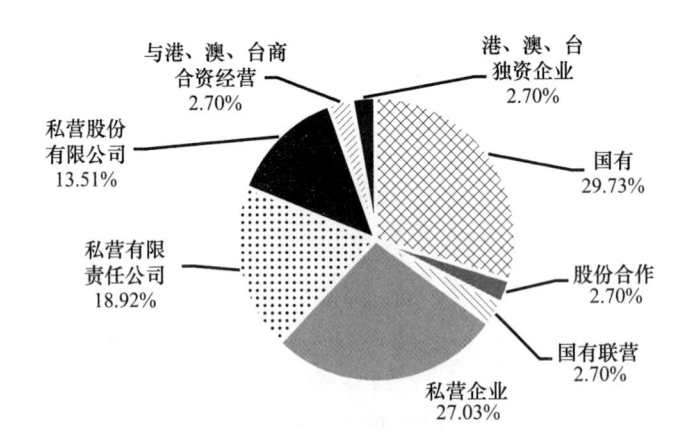

图2-4　企业母公司类型百分比分布

- 与港、澳、台商合资经营 2.70%
- 港、澳、台独资企业 2.70%
- 私营股份有限公司 13.51%
- 国有 29.73%
- 私营有限责任公司 18.92%
- 股份合作 2.70%
- 国有联营 2.70%
- 私营企业 27.03%

营企业，有近两成（18.9%）为私营有限责任公司，13.5%为私营股份有限公司，而港澳台独资企业、与港澳台商合资经营、国有联营企业以及股份合作企业各占2.7%。

由表2-3可知，大部分中资企业都开设在缅甸经济开发区，占64.3%；经开区之外的公司占32.1%。进一步来看，大部分开设在缅甸经济开发区的企业的母公司类型大多（34.6%）为私营企业，其次是国有企业与私营有限公司（均为19.2%），之后依次为私营股份有限公司（15.4%），母公司为国有联营企业、港澳台独资或港澳台合资企业的均占3.9%。不开设在位于缅甸经济开发区之内的公司的母公司类型大多为国有企业（54.6%），其次为私营有限公司（18.2%），另外私营企业与私营股份公司类型均为9.1%。

表2-3　　　企业所在经开区、加入中国商会及内部工会等情况　　（单位：%）

类别	组别	占比
是否在经开区	不在经济开发区	32.14
	位于缅甸经济开发区	64.29
	其他地方	3.57
是否加入当地中国商会	加入中国商会	83.33
	没加入中国商会	16.67
是否有企业自身工会	有企业内部工会	33.93
	无企业内部工会	66.07

本次调查企业绝大多数均已加入缅甸中国商会，达83.3%，未加入的只占16.7%。而具有自身工会的企业只有33.9%，大部分企业均不具有自身的工会，达66.1%。

第三节　员工样本特征分析

如前所述，本次调查的缅甸籍员工总样本数为1394个。本部分将包括受访中资企业中缅甸员工样本的性别、年龄、受教育程度、族群、宗教、婚姻状况等几个方面的情况。

从表2-4可以看出，在1390个有效样本中，女性人数比男性多了将近一倍，这是因为在缅的中资企业中大多以纺织服装企业为主，这类劳动力密集型产业规模较大，员工人数较多且以女性为主，其行业性质在很大程度上影响了女性员工的性别占比。对于员工婚姻状况，问卷中包含单身/未婚、结婚、同居、丧偶及离异五个分类，本报告中，根据频数分布情况，将"同居""丧偶""结婚但分居""离婚"合并为"其他"，单变量频数分布表明，在1390个有效样本中，处于事实未婚状态中的受访者与已婚受访者的比例接近7:3，男性员工的已婚率高于女性员工。

表2-4　　中资企业缅籍员工的个人基本特征　　（单位：%）

类别	组别	男性	女性
总体	—	33.81	66.19
婚姻状况	单身/未婚	52.34	71.85
	已婚	46.38	26.63
族群	缅族	93.36	92.17
	其他族群	6.64	7.83
年龄组	16—25岁	46.38	63.70
	26—35岁	37.02	28.48
	36岁及以上	16.60	7.83
学历层次	未上过学	1.49	0.44
	小学学历	12.37	16.10
	中学学历	56.72	61.48
	本科及以上	29.42	21.98
城乡差异	农村	66.60	68.34
	城镇	33.40	31.66

续表

类别	组别	男性	女性
宗教信仰	天主教徒	1.28	2.83
	新教徒	0.43	0.33
	伊斯兰教徒	0.00	0.43
	佛教徒	95.73	95.33
	其他信众	2.56	1.09

从族群划分来看，在总体有效样本中，缅族比例最高，其中男性缅族比例（93.4%）高于女性缅族（92.2%）；而男性其他族群比例为（6.6%），略低于女性其他族群（7.8%）。从员工年龄分布来看，在1390个样本中，最小的为16岁，最大的为75岁。

交叉分析发现，16—25岁的青年员工所占比例最大，占57.8%，其次是26—35岁的员工，占31.4%，36岁及以上的员工占比最小，仅占10.8%。可以看出，在缅中资企业的员工年龄跨度很大，但员工总体上都偏年轻。进一步按性别划分来看，在缅中资企业的缅甸受访员工中，女性员工较男性员工更为年轻化。在16—25岁这个年龄段中，女性员工占比明显高于男性，但是随着年龄区间的不断增加，女性员工人数的占比开始逐渐降低。而男性员工人数占比的下降趋势更加平缓，二者在25岁左右产生了交叉，此后女性员工的占比就低于了男性员工的占比。这说明在缅中资企业更倾向于雇用25岁以下的女性员工，而对男性员工的年龄限制比较宽松，但依然倾向于聘用年轻的男性员工。

按受教育程度的性别分布来看，总体来说，女性受教育率更高，但女性员工的受教育程度却没有男性员工的高。受过高等教育的男性员工比女性员工多，但中学学历及以下的员工就是女性居多。女性员工中，六成以上（61.5%）为中学学历，两成以上（22.0%）为本科及以上学历，小学学历的较少，只占16.1%，未上过学的则很少，仅占0.4%；男性员工中，五成以上（56.7%）为中学学历，将近三成（29.4%）为本科及以上学历，小学学历的只占12.4%，未上过学的则仅占1.5%。

从员工的来源地看，本次调查范围为仰光与曼德勒地区，这两个地区都为缅甸最大的两个城市，其中六成以上（67.8%）的中资企业员工来自农村，三成以上（32.3%）的员工来自城市，这与缅甸城乡不均衡的发展现状相吻合，农村居民为了获得更好的收入而选择来到仰光、曼德勒等大城市务工。进一步根据性别来看，男性员工有66.6%来自农村，而来自农村的女性员工占比则为68.3%，可见农村的女性到城市务工的意愿稍微比男性强烈一点；而男性员工有33.4%来自城市，来自城市的女性员工为31.7%，说明缅甸城市居民中的女性选择到中资企业的意愿要比男性稍低一些。

中资企业缅甸员工绝大多数都为缅族，缅族大多都信奉佛教，所以大多数员工都信奉佛教，其次为天主教和其他本土神明信仰，新教和伊斯兰教次之。女性员工的信仰比男性更加多样，例如在信奉天主教的员工当中，女性人数比男性多出一倍。有0.4%的女性员工信仰伊斯兰教，而没有信仰伊斯兰教的男性员工。

按年龄来看缅甸员工的城乡分布，如表2-5所示，16—25岁的员工来自农村的比例为68.2%，而26—35岁的员工来自农村的比例为68.1%，36岁及以上的员工来自农村的比例则降到了64%。可以看出，员工来自农村的比例是随着员工年龄的增长而在降低。相应地，16—25岁的员工来自城市的比例为31.8%，26—35岁的员工来自城市的比例为31.9%，36岁及以上的员工来自城市的比例为36%，员工来自城市的比例随着员工年龄的增加在不断地升高。

由表2-5可以进一步看出，在中资企业的员工当中，其他族群员工的比例随着年龄的减小而升高。在16—25岁年轻员工中，有91.3%为缅族；26—35岁年龄段中，缅族所占比例升至93.1%；而在36岁及以上年龄段中，缅族所占比例再次升至98%。相应地，在16—25岁年轻员工中，其他族群比例为8.7%；26—35岁年龄段中，其他族群所占比例降至 6.9%；36 岁及以上年龄段中，其他族群所占比例再次降至 2%。

表 2-5　　　　　　不同年龄阶段的缅籍员工个人基本特征　　　　（单位：%）

类别	组别	16—25 岁	26—35 岁	36 岁及以上
城乡	农村	68.24	68.12	64.00
	城市	31.76	31.88	36.00
族群	缅族	91.28	93.09	97.99
	其他族群	8.72	6.91	2.01
学历层次	未上过学	0.25	1.61	1.33
	小学学历	12.83	16.78	20.00
	中学学历	66.00	53.33	46.00
	本科及以上	20.92	28.28	32.67
职场级别	管理人员	10.40	18.43	28.86
	非管理人员	89.60	81.57	71.14

而按不同年龄段员工的受教育程度来看，中资企业员工平均受教育程度不低，受过中等教育的人最多，其次是受过高等教育（本科及以上）的人，未受过教育的人数非常少，文盲率很低（此处受教育指的是纳入学制系统的学校教育，并不包括寺庙教育）。未上过学的员工年龄主要是在 26 岁以上，其中 26—35 岁占 1.6%，36 岁及以上的占 1.3%，而 16—25 岁年龄段中未上过学的只占 0.3%。小学学历的员工主要集中在 36 岁及以上的年龄段里，占 20%，26—35 岁的员工占比为 16.8%，16—25 岁的员工占比为 12.8%。中学学历的员工主要集中在 16—25 岁这一年龄段的员工中，占 66%，26—35 岁年龄段的占 53.3%，36 岁及以上的占 46%。但本科及以上的高学历更多是来自 36 岁及以上年龄段的员工，达 32.7%，26—35 岁的次之，占 28.3%，16—25 岁的年轻员工最少，占 20.9%。

从表 2-5 还可以看出，在缅中资企业员工中的管理人员与非管理人员的比例接近于 3∶17，管理人员占 14.9%，非管理人员占 85.1%；进一步观察管理人员与非管理人员的年龄差异可以发现，随着年龄的增长，管理人员的比例也在增加，例如在 16—25 岁年龄段中，管理人员占 10.4%，非管理人员占 89.6%；26—35 岁年龄段中，管理人员人数比例开始上升，占 18.4%，非管理人员占 81.6%；36 岁及以上年龄段中，管理人员的比例再次增高，达 28.9%，而非管理人员则降至 71.1%。

从表 2-6 中可以看出，在缅中资企业的年轻员工流动性较强，大多数（33.3%）员工在本企业工作时间为两年，其次是一年（21.1%）、三年（20.6%）、超过四年（18.6%）、四年（6.4%）。再进一步看不同年龄段的员工的工作时长差异：16—25 岁的员工在本企业工作四年及四年以上的比例很小，分别为 5.9% 和 6.7%，工作两年的员工人数比例最高，占 41.3%，其次为工作三年（22.6%），工作一年（23.5%）；而 26—35 岁年龄段的员工在本企业工作四年及四年以上的比例就增高了很多，分别为 7.1% 和 32.2%，工作两年的员工人数比例为 25.3%，其次为工作三年（18.4%），工作一年（17%）；最后，在 36 岁及以上这一年龄段中，在本企业工作四年及四年以上的人数比例再次大幅增加，分别为 7% 和 43.4%，工作一年的员工人数比例为 20.3%，其次为工作三年（16.1%），工作两年（13.3%）。

表 2-6　　　　　按性别和年龄段划分的工作时长情况　　　　　（单位：%）

	一年	两年	三年	四年	超过四年
男性	26.28	22.49	14.92	7.80	28.51
女性	18.53	38.73	23.44	5.69	13.62
16—25 岁	23.49	41.34	22.59	5.91	6.68
26—35 岁	17.02	25.30	18.44	7.09	32.15
36 岁及以上	20.28	13.29	16.08	6.99	43.36

进一步看不同性别的员工在本企业工作时长的差异，在中资企业的男性员工中，在当前企业工作时长超过四年的人数占比最高，达28.5%；其次，大多数（26.3%）男性员工在当前企业工作时长为一年，工作两年的人数达22.5%，工作三年的人数达14.9%，工作四年的人数则仅为7.8%。而大多数女性员工在当前企业工作时长都为两年，人数比例达38.7%；其次，23.4%的女性员工工作时长为三年，18.5%的女性员工工作时长为一年，超过四年的只占13.6%，工作时长为四年的女性员工占比最小，为5.7%。综上可以看出，中资企业缅甸员工的流动性不是很强。

小　结

各年份中资企业在中国商务部境外投资备案表中进行备案的数量走势和企业注册与运营时间年份走势图大致相似，在2015年之前，新到缅甸进行投资的中资企业数量虽有起伏，但是整体来看，一直都保持着上升趋势。而2015年迎来了转折点，新到缅甸进行投资的中资企业数量骤减，到目前为止都没有回升势头，这可能是受到了缅甸2015年大选结果的影响，执政党由巩发党变为民盟，缅甸的民主转型与改革到了新的瓶颈期。另外，受缅甸政治不稳定因素的影响，加之新上任政府的招引外资政策不明朗，都使得有意投资缅甸的中资企业选择观望态度。

在缅中资企业大多都在国内有母公司，并且股权变动不大，主要为中国股东持有。而企业的开设地点都选在了经济开发区之内，大多都加入了中国企业商会。由此看来，在缅中资企业都愿意与其他中资企业有这样一个交流沟通的平台。

从员工结构上来看，在缅中资企业的员工非常年轻化。其中，年轻女性占比最高，女性员工较男性员工更为年轻化。另外，中资企业员工平均受教育程度不低，受过中等教育的人最多，女性受教育率更高，但女性员工的受教育程度却没有男性员工的高。大多数员工都信奉佛教。从员工的出生地来看，大多数员工来自农村，农村的女性到城市务工的意愿稍微比男性强烈一点，而城市居民中的女性选择到中资企业的意愿要比男性稍低一些。员工整体的平均受教育程度较为中等。从总体上看，缅甸员工的流动性不是很强。

第 三 章

缅甸中资企业生产经营状况分析

当前，缅甸正处于政治民主化转型和经济改革时期，为双边合作带来了诸多不确定因素。作为中资企业的经营者，最关心的就是企业的生产经营状况，其中包括收益性、安全性、效益性及成长性。在本章的探讨中，将缅甸中资企业生产经营状况分为缅甸中资企业运营基本状况、缅甸中资企业生产与销售情况和缅甸中资企业融资状况分析三个部分。在缅甸中资企业运营基本状况方面，本章将以企业运营时间、注册资金、股权结构等一系列企业基本信息为主要指标，衡量企业运营的安全性。在中资企业生产与销售状况方面，本章将以经销商、产品销售的主要市场和所占市场份额为主要指标，衡量中资企业在缅甸的收益性和效应性。在融资状况分析部分，本章主要阐述企业融资来源、贷款申请等内容，以衡量中资企业在缅甸投资的成长性。

第一节 运营基本状况

缅甸对外来投资需求迫切，同时缅甸也是中国企业"走出去"的重要目标国之一，分析缅甸中资企业运营基本状况有助于中国企业了解在缅甸投资的经营现状和发展趋势。本节将着重从中资企业运营时间、企业股权结构及变动、企业母公司类型、商务部备案情况等四个方面进行讨论。

一 中资企业运营时间

一直以来,中国在缅甸外商直接投资排名第一。同时,缅甸是连接21世纪海上丝绸之路与丝绸之路经济带的关键节点之一。对于参与"一带一路"建设,缅甸表现出了十分积极的一面,亟须与中国加强经贸合作以发展经济,期待从"一带一路"建设中受益。在这次调查的企业问卷中,涉及了企业注册年份和注册时长变量。在这一节中,我们对中资企业在缅甸的运营时间进行考察,借以呈现"一带一路"倡议对中资企业在缅甸投资的影响,在缅甸投资的中资企业注册年份和运营时间如图3-1所示。

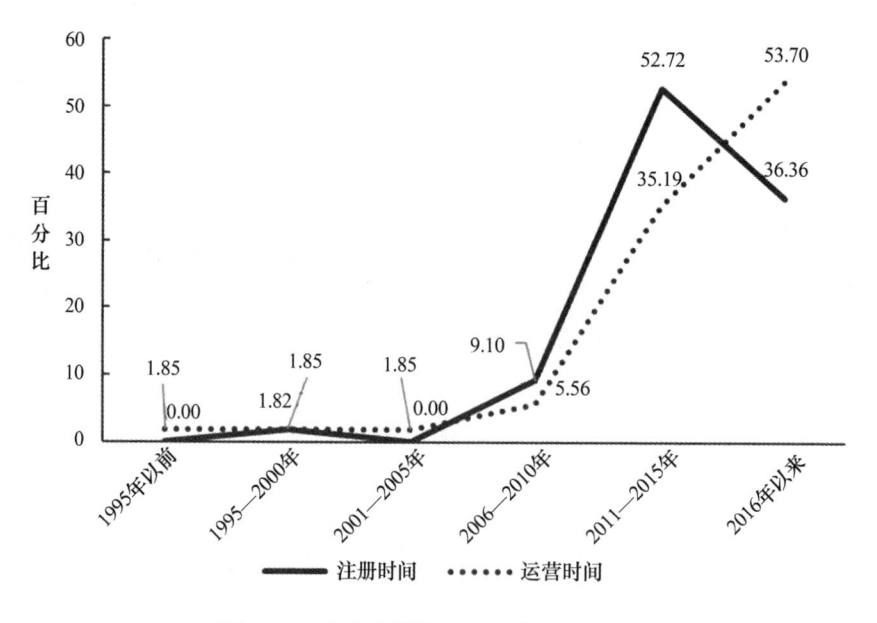

图3-1 企业注册与投入运营年份分布

从图3-1中可知,在被访问的中资企业中,注册年份最早的企业是在1995年左右,但在随后的10年中,在缅甸注册的中资企业数量始终较低,不到被访企业总数的二成(1.9%)。在2001年至2005年期间,属于被访企业注册时间的空档期,在2006年和2010年之间则有9.1%的被访企业在缅甸注册，但从2011年之后，企业注册数量呈现出质的飞跃。具体来看，从2013年后，在缅甸注册的中资企业呈现出大幅上升的态势，企业注册时间以2013年中国实施"一带一路"倡议为分界线，在2013年倡议实施以前，在被访问的企业中，在缅甸注册的中资企业仅占总数的14.3%，这可能是因为以往的投资企业由于当时缅甸国内的投资环境问题而大多难以存续下去，但在2013年"一带一路"倡议实施以后，在缅甸注册的中资企业占总被访问企业的83.9%，约为倡议实施前企业数量的6倍。这一时期由于缅甸政治转型后缅甸国内对中资企业排斥较严重，因此受访企业中这一时期注册的比例较高，是因为早年注册的企业大多没有坚持到访问时间就已撤资。由此可以初步推断，"一带一路"倡议极大地推动了中国企业在缅甸的投资，在倡议的影响下，缅甸在2006年至2015年期间赢来了中资企业的投资热潮，但2016年之后投资热情逐渐放缓。

接下来分析企业运营时间，从图3-1可知，企业实际运营时间最早的年份为1995年，在之后的15年里仅有7.4%的企业相继运营，但在2011年之后，开始运营的企业数量逐渐增多，仅在2011—2015年5年里开始运营的企业数量就达到了总企业数量的35.2%。在之后的几年里，开始运营的企业数量仍然呈现出不断上升的趋势，并且维持在一个较高的程度，在2016年之后，开始运营的企业数量达到了总企业数的53.7%，超过2016年之前所有年份运营企业数量的总和。其原因可能是在2015年，缅甸处于一个政权更迭的状态，从而在一定程度上影响了中资企业对缅甸的投资，但2016年缅甸新政府通过了新《投资法》，对企业的注册等流程进行简化，从而吸引了中资企业对缅甸的投资。因而在2016年，企业在实际运营数量上呈现出爆发式增长的情况。可见，在缅甸投资的中资企业呈现出一种年轻化的态势。

二 企业股权结构及变动

缅甸凭借着独特的后发优势不断吸引着投资者在缅甸投资、创业、经商。除注册时间外，企业股权结构及变动是对中资企业基本分析的一个重要因素，具有什么样的股权结构及股权如何变动对企业的类型、发展以及组织结构的形成都具有重大的意义。因此在分析缅甸中资企业运营基本状况时，我们还应该考虑股权结构的组成及其变动。在本小节中，我们将探讨在缅甸投资的中资企业股权占比和股权变化。股权占比如图3-2所示。

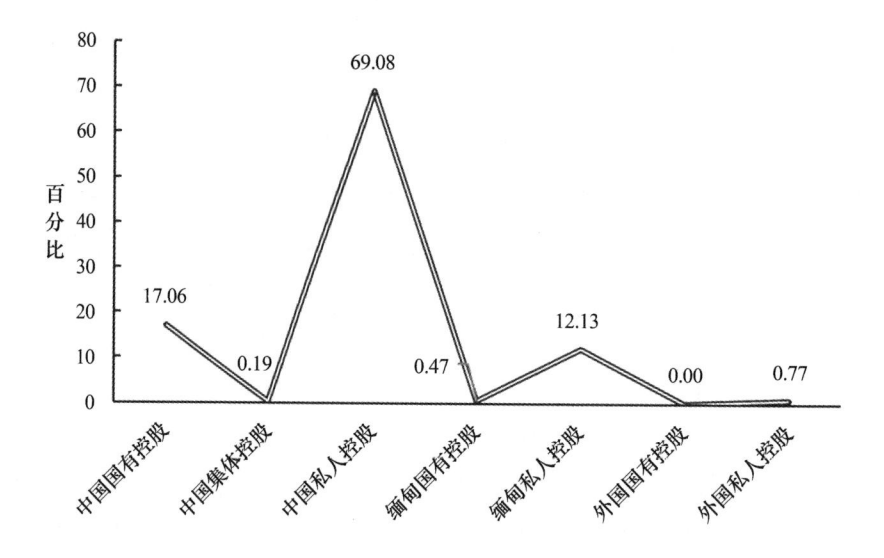

图3-2　不同类型的企业股权占比分布

由图3-2可以看出，在缅甸投资的企业中，股权占比排名前三名的分别是：中国私人资本股份、中国国有控股以及缅甸私人资本。其中中国私人资本股份控股的企业占比最高，占总被访企业的69.1%，其次是中国国有控股企业占总企业数的17.1%，排名第三的是缅甸私人资本控股的企业，占总被访企业的12.1%。其他四种（中国集体控股、缅甸国有资本、外国国有资本、外国私人资本）股权形式占比较低，合计占总企业数量的1.4%。不难看出，从企业数量上来看，中国私人资本控股的企业占绝对的优势，远高于其他形式的控股企业，大约是中国国有控股企业数量的4倍，缅甸私人资本控股企业数量的 5.7 倍。

在缅甸投资的中国企业注册时间和企业股东股权变化如表 3-1 所示。从中国股东股权变化的角度上看，整体上，有 90.6% 的企业一直控股，5.7% 的企业从未控股，发生过股权变化的企业仅占企业总数的 3.8%。具体来看，在注册时间超过五年的企业中，有 85.7% 的企业一直控股，14.3% 的企业从未控股，并且没有发生过较大的股权变动。在注册时间低于五年的企业中，一直控股的企业占 92.3%，从未控股的企业占 2.6%，在发生过股东股权变动的企业中，以前控股现在不控股和以前不控股现在取得控股权的企业各占 2.6%。

表 3-1　　　　　按注册年限划分的企业股权变化　　　　（单位：%）

	中国股东股权变化				缅甸股东股权变化			
	一直控股	以前控股	以前不控	一直不控	一直控股	以前控股	以前不控	一直不控
注册超过五年	85.71	0.00	0.00	14.29	7.14	0.00	42.86	50.00
注册低于五年	92.31	2.56	2.56	2.56	2.86	2.86	48.57	45.71
有中国母公司	91.18	2.94	2.94	2.94	3.23	3.23	48.39	45.16
无中国母公司	89.47	0.00	0.00	10.53	5.56	0.00	44.44	50.00

从缅甸股东股权变化的角度来看，整体上，股权变动较大。具体来看，注册时间超过五年的企业中，一直控股的企业仅为 7.1%；以前不控股，现在控股的企业占 42.9%。此外，从未控股的企业占企业总数的半数之多。在注册时间低于五年的企业中，缅甸股东一直控股的企业和以前控股，但现在不控股的企业各占 2.9%；以前不控股现在控股的企业达将近一半（48.6%）；从未控股的企业占 45.7%。

从其他国家股东股权变化来看，六成以上（64.2%）的在缅中资企业一直未被其他国家股东控股。在注册时间超过五年的企业中，一直控股的企业仅占 7.1%，以前不控股，现在取得控股权的企业占 28.6%，一直不控股的企业占 64.3%。再看注册时间低于五年的企业，没有任何一家中资企业一直由其他国家股东控股，曾经控股现在不控股的企业占2.6%，以前不控股，现在控股的企业占33.3%，一直不控股的企业占64.2%。

可以看出，对于中国股东来说，不论注册时间是否超过五年，股东对股权的态度更为保守，鲜有企业发生过控股股东的变动，并且绝大部分的中国股东一直控股。对于缅甸股东来说，接近半数的企业不控股，另一半的企业取得控股权。对于其他国家的股东来说，与缅甸股东类似，多数企业不控股，少数企业取得控股权。

接下来，考察有中国母公司的企业和无中国母公司的企业的股权变化状况。由表3-1还可以看出，从中国股东股权变动的角度来看，有中国母公司的企业占总企业数量的62.3%，其中有58.5%的企业没有发生过股权变动，发生过股权变动的企业仅占总企业数量的3.8%。没有中国母公司的企业占总企业数量的35.9%。在有中国母公司的企业中，94.1%的企业没有发生过股权变动，发生过股权变动的企业仅占5%。在中国没有母公司的企业均未发生过股权变动。可以看出，无论是否有中国母公司，中国股东对股权的变化都比较谨慎。并且中国股东控股的企业占被访企业的绝大多数，达到了90.6%。

从缅甸股东股权变动的角度来看，有中国母公司的企业共占63.3%，其中仅是参股的企业占28.6%，有32.7%的企业发生过股权的变化，近一半的有中国母公司的企业没有发生过股权变动，在发生过股权变化的企业中，有30.6%的企业是外方股东将股权转让给缅甸股东，在中国有母公司的企业中，有将近五成（48.4%）的企业没有变动过股权，有五成以上（51.6%）的企业发生了股权变化，其中，有将近五成（48.4%）的企业是外方股东将股权转让给缅甸股东。在没有中国母公司的企业中，将近六成（55.6%）的企业没有发生过股权变化，在股权发生变化的企业中，均由外方股东将股权转让至缅甸股东。从整体上看，不论是有中国母公司还是没有中国母公司的企业，缅甸股东股权变化的情况基本一致，主要以参股和取得股权为主，分别占企业数量的46.9%，合计占总企业数的93.9%。

从其他国家股东股权变动的角度来看，在中国有母公司的企业中，从公司注册至今从未控股的企业占比最高，占总企业数的58.8%，以前不控股现在获得股权的企业占38.2%，以前控股现在不控股的企业仅占2.9%。在中国没有母公司的企业中，股权没有发生变动的企业近八成（78.9%），其中七成以上（73.7%）的企业从未控过股，5.3%的企业一直控股。不难看出，无论是否有中国母公司，超过半数的其他国家股东均是以参股为主。

综上所述，中资企业对缅甸直接投资的项目具有两个特点：一是企业投资领域一般是资源项目，二是项目规模巨大，对于这种规模巨大的国家项目，项目的成败容易受到全球政治气候和所在国政局的影响，但其为国家所带来的利益却是巨大的，因而其股权的变动也较少。但对于小型企业来说，缅甸新投资法的政策在不断优化小型企业的投资环境，但由于小型企业相对于大型企业来说，对抗风险能力相对较弱，因此，可以说是风险与机遇并存。

此外，根据缅甸新颁布的《投资法》，外国投资者在缅甸可拥有公司百分之百的股权，也可选择与缅甸政府或私人合资联营。如果是联营，外国人必须拥有至少35%的股权。

三 企业母公司类型

母公司是指拥有另一个公司一定比例的股份或通过协议方式能够对另一个公司实行实际控制的公司，具有法人资格，可以独立承担民事责任。同时，也可以为其子公司提供一定的技术支持。母公司对子公司的重大事项拥有实际决定权，能够决定子公司董事会的组成，可以直接行使权力任命董事会董事。

子公司是与母公司相对应的概念，是指一定比例的股份被另一个公司持有或通过协议方式受到另一个公司实际控制的公司。子公司具有法人资格，可以独立承担民事责任。一般来说，大部分都是控股子公司，即与其他股东合作，母公司保持控股，一方面可以引入投资者，降低了风险；另一方面也减少了资金流的支出。在本节中，考虑到企业的经营性质、所有制结构、投资者的地区和股东对公司所负责任，将企业划分成以下类型：国有企业、股份合作制企业、国有联营企业、私营企业、私营有限责任公司、私营股份有限公司、与港、澳、台商合资经营以及港、澳、台独资企业等八个种类。通过了解母公司的类型，可以知道在缅甸投资的中资企业的资金来源和控股股东种类。

从总样本分布来看，在被访问的企业中，66.1%的企业有中国母公司，没有中国母公司的企业数量占总数的33.9%。具体来看，如图3-3所示在有中国母公司的企业中，母公司企业类型占比最多的是国有企业，占总数的29.7%。可见，国有企业是中国在缅甸直接投资的主要构成，其具有资本实力雄厚、有较高的信誉、拥有政府背景等特点。所以，在拓展海外业务的前期，国有企业有着得天独厚的优势，是中国"一带一路"走出去的重要市场载体，因此国有企业母公司是中国对缅甸投资的中流砥柱。

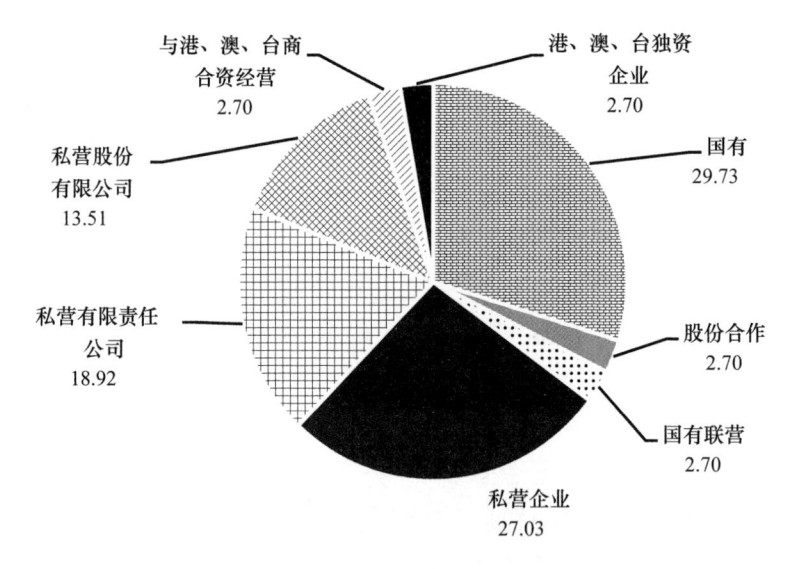

图3-3 中资企业母公司类型百分比

- 与港、澳、台商合资经营 2.70
- 港、澳、台独资企业 2.70
- 私营股份有限公司 13.51
- 国有 29.73
- 私营有限责任公司 18.92
- 股份合作 2.70
- 国有联营 2.70
- 私营企业 27.03

母公司类型为私营企业、私营有限责任公司、私营股份有限公司的企业分别占总数的27%、18.9%和13.5%，合计占总企业数量的

59.5%。对缅甸直接投资的私营企业虽然资本实力远不及国企雄厚，并且涉及投资领域不及国有企业广泛，但其具有运营灵活的特点，并且随着我国经济的不断增长，民营企业正在崛起，很多民营企业也有了一定的技术实力、资本实力，在"一带一路"倡议下，民营企业为中国对缅甸直接投资注入了更多的新鲜血液和活力。

此外，母公司企业类型为股份合作制、国有联营、大陆与港、澳、台商合资经营以及港、澳、台独资企业的各占2.7%。

综上所述，在被访问的在缅中资企业中，超过半数的企业有中国母公司，并且占比最高的母公司类型为私营，其次是国有企业。

经济技术开发区最初是中国大陆为实行改革开放政策而设立的现代化工业、产业园区，主要解决中国大陆长期存在的审批手续繁杂、机构叠床架屋等制约经济社会发展的体制问题。进一步地，为了接纳国际资本和产业转移的需要，吸引外资、引进先进的制造业，进而建立了国家级经济技术开发区。与中国类似，缅甸为了进一步吸引外资，也打造了若干个经济开发区，如密支那经济开发区、木姐经济开发区、小勐拉经济技术开发区等。对于在经济开发区注册的企业，国家相关部门会从审批政策、土地政策、财税金融政策以及企业支持政策等几个方面进行扶持。在接下来的部分，将考察中资企业母公司类型与是否处在经济开发区之间的关系。

由表3-2可知，从母公司类型为国有企业的角度上看，国有中资企业数量占总数量的73.8%，其中54.6%的企业不在经济开发区内，19.2%的企业在经济开发区，对于国企而言，不在经济开发区的企业数量明显高于在经济开发区的企业数量。对于母公司类型为股份合作制的企业来说，将近一成（9.1%）的企业都不在经济开发区内。

母公司为国有联营的企业均在本国经济开发区内，占3.9%。母公司类型为私营企业的企业占43.7%，不在经济开发区内的私营企业仅占9.1%，在经济开发区的私营企业数量占34.6%。可见，经济开发区的相关优惠政策极大地吸引了私营企业。

表 3-2　按是否在经开区划分的企业母公司类型百分比

	国有	股份合作	国有联营	私营企业	私营有限	私营股份	港澳台合资	港澳台独资
不在经济开发区	54.55	9.09	0.00	9.09	18.18	9.09	0.00	0.00
位于缅甸经济开发区	19.23	0.00	3.85	34.62	19.23	15.38	3.85	3.85

综上所述，从企业数量上看，在缅甸投资的企业的母公司以私营企业为主，其次是国有企业。并且绝大部分的私营企业均是设立在经济开发区内。

四　商务部备案情况

在商务部进行境外投资备案的作用在于管控外汇的流出。对于投资者而言，境外投资备案是进行境外投资的基本要素，只有进行境外投资备案，银行才可以受理该企业向境外汇款的申请。2018年1月25日，商务部、人民银行、国资委、银监会、证监会、保监会和外汇局共同发布了《对外投资备案（核准）报告暂行办法》（以下简称《办法》），《办法》规定，商务部和省级商务主管部门按照企业境外投资的不同情形，分别实行备案和核准管理。简单来说，当企业境外投资涉及敏感国家和地区、敏感行业时，对该企业实行核准管理。对于企业其他情形的境外投资实行备案管理。具体规定如下：中央企业在涉及敏感国家和地区、敏感行业的项目时，由商务部进行核准审批。中央企业在涉及其他项目信息时，由商务部进行审批备案。地方企业在涉及敏感国家和地区、敏感行业的项目时，由省级商务部门进行核准审批。地方企业在涉及其他项目信息时，审批机关为省级商务部门。《办法》规定，国内企业在境外投资开办除金融企业之外的企业事项，涉及敏感国家和地区、敏感行业的，由商务部核准；其他情形的，中央管理企业报商务部备案，地方企业报省级政府备案。

因此，中资企业在外国进行直接投资与创办企业时，必须办理企业境外投资备案证书，只有拥有境外投资备案证书，企业才可以进行对外投资、开发矿产等业务。对外投资办理相关业务时，必须出具该证书。反之，如果没有进行备案登记，则企业无法进行对外投资。

图3-4为被访中资企业在商务部进行海外投资备案的情况。早在1995—2000年期间就有企业在商务部进行备案，占总企业数量的6.7%，在后面的五年中，是企业备案的空档期，没有企业进行过备案。直至2006—2010年才有企业进行备案，但数量仍然维持在较低点，仅占6.7%。从2011年之后在商务部进行备案的中资企业才逐渐增多起来，2011—2015年在中国商务部备案的企业占总备案企业数量的53.3%，2016年之后有33.3%的企业在中国商务部进行备案。自2018年《办法》实施之后，除金融企业外，去缅甸投资的中资企业都要进行备案。

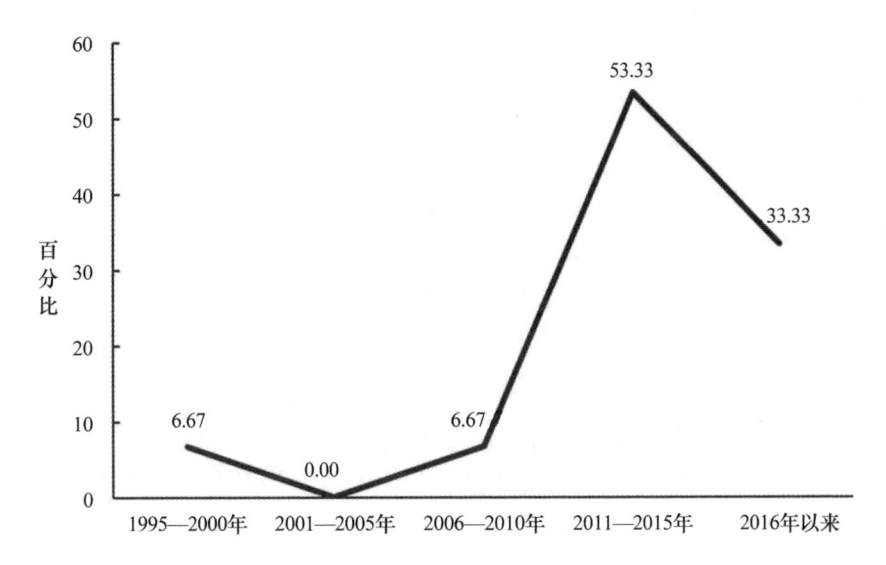

图3-4 企业在中国商务部备案年份分布

对于已经在商务部进行境外投资备案的中资企业而言，可以通过构建企业自己的海外销售渠道，减少中间环节，将产品直接销往海外目标市场，有利于扩大出口规模。企业不仅可以直接扩大产品出口，通过直接掌控海外销售获得流通领域的可观利润，还能直接了解市场信息。对于部分大企业而言，通过境外投资备案可以设立其海外营销渠道，有利于该企业通盘考虑进出口和国内外市场，实施其全球发展战略，既推动出口也寻找进口赢利的好机会，真正做到国际化经营。

第二节 生产与销售状况

除了解生产经营状况外，缅甸中资企业生产与销售状况更是企业经营者所关心的问题，生产和销售是企业运营过程中的两大基本活动，也是企业效益的根本源泉。了解和认识在缅中资企业的生产与销售情况，不仅可以帮助企业经营者衔接企业内部的产销活动，更重要的是可以了解缅甸中资企业的整体效益。本小节主要分为两大部分：第一部分为企业生产和竞争状况，第二部分为企业销售渠道。第一部分主要包含每周营业时间、市场份额、定价方式、产品类型、产品竞争状况和方式等。第二部分主要包含企业销售渠道以及广告投放情况。

一 企业生产状况

企业每周的营业时间是衡量企业生产状况的指标之一，根据缅甸联邦劳工法的相关规定，在企业的工人每天上班时间不得多于 8 小时，每周不得超过 44 小时，并且每周工作日不得超过 6 日。2017 年企业每周的平均营业时间如图 3-5 所示。

由图 3-5 可以看出，在被访问的企业中，除去拒绝告知每周营业时间的企业外，在余下的企业中，每周营业时间均值为 51.3 小时。每周平均营业时间最少的为 30—40 小时，占被访问企业的 10.9%；每周平均营业时间为 41—50 个小时的企业占被访企业的 54.6%；每周平均营业时间为 51—60 小时的企业占被访企业的 29.1%；每周平均营业时间为 61—70 个小时的企业仅为 1.8%；每周平均营业时间超过 70 个小时的企业则占 3.6%。

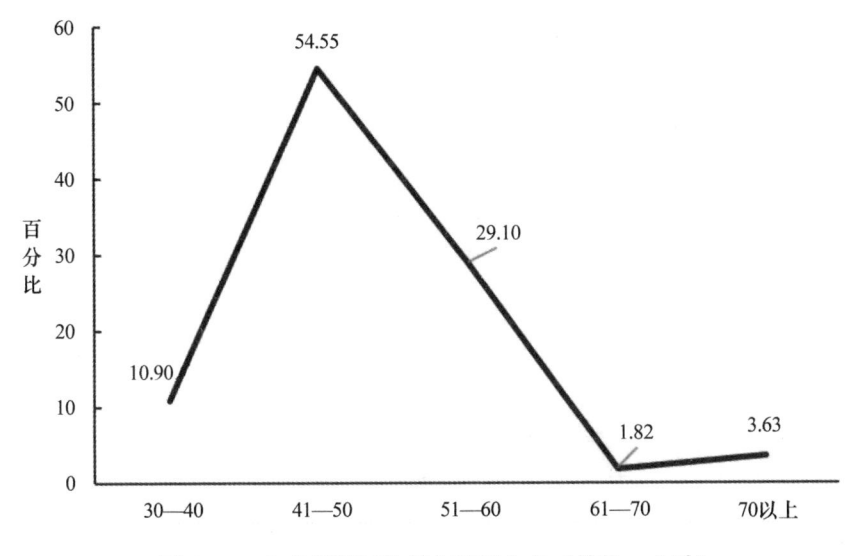

图 3-5　企业每周平均营业时间分布（单位：小时）

不难看出，在缅甸投资的中资企业周平均营业时间分布呈现出"中间高，两边低"的分布态势，企业周平均运营时间主要分布在41—60个小时的区间内，占被访问企业的83.7%。整体上看，除少数企业低于40个小时外，其余在缅甸投资的中资企业的运营时间则相对较长，个别企业甚至运营时间达到了70个小时以上。

接下来，分别将从注册时间、是否在经济开发区、是否在中国商务部备案以及是否加入缅甸中国商会等4个方面来探讨企业产品的主要销售状况。

首先分析注册时间与企业产品的主要销售市场状况。一般来说，一个企业在进行对外投资时，登陆一个国家的时间不同其可能面临的行业生命周期也不尽相同，投资热点和政策导向亦可能截然不同。同时，随着时间的不断增长，企业的资本和技术不断增长，所面对的市场目标也有可能发生转变。因而在考察产品的主要市场时，也应该将注册时长因素纳入考虑范畴内。中资企业产品的主要市场和注册时长情况如表3-3所示。

表 3-3　　　　　　　　企业产品的主要销售市场分布　　　　　　　（单位：%）

	所在地区	缅甸国内	中国	国际
注册超过五年	42.86	42.86	7.14	7.14
注册低于五年	23.81	23.81	2.38	50.00
不在经济开发区	38.89	38.89	11.11	11.11
位于缅甸经济开发区	19.44	25.00	0.00	55.56
在商务部备案	21.05	21.05	5.26	52.63
未在商务部备案	32.00	36.00	4.00	28.00
加入缅甸的中国商会	22.22	28.89	4.44	44.44
未加入缅甸的中国商会	55.56	33.33	0.00	11.11

通过表 3-3 可以看到，从注册时长的角度来看，在注册时间超过五年的企业中，产品的主要市场是所在地区的企业占总企业数的 42.9%，该占比与产品的主要市场和缅甸一致。产品销往中国和国际的企业最少，各占 7.1%。而注册时间少于五年的企业，其产品主要市场为所在地区的企业占比 23.8%，销往缅甸国内的企业占比也同样为 23.8%，销往中国的企业仅占 2.4%，但销往国际的企业占总数的 50%。可见注册时间超过五年的企业，其面向的主要市场是缅甸国内市场，但注册时间少于五年的企业面向的市场主要为国际市场。

通过对注册时间的区分，我们可以知道，在对外投资的前期，国企担当着市场开辟者的角色，是对外投资的领路人，因其资本雄厚和政府背景的优势，国企控股的缅甸中资企业多数承担着基础建设和资源开发类项目，因此注册时间超过五年的在缅中资企业，其产品市场的对象也主要是以所在地区为主的缅甸国内。而注册时间少于五年的企业，其主要构成以私营企业为主，虽然民营企业对外直接投资规模逐步壮大，涉及的领域也在不断增多，但私营企业仍然是以产品为主，故而其产品的主要市场一般多为缅甸或国际市场。

从是否在经济开发区的角度来看，在不在经济开发区注册的企业中，企业产品主要销往包括所在地区在内的缅甸国内的企业占比数量一致，均为 38.9%。产品主要销往中国和国际的企业各占 11.1%。在经济开发区注册的企业中，19.4% 的企业产品在企业所在地附近就近销售，25% 的企业产品在缅甸国内销售，而产品主要面向国际的企业占 55.6%，在经济开发区内的产品面向国际市场的企业占比是不在经济开发区企业的五倍。可见，产品主要面向国际市场的企业，更倾向于建立在经济开发区内。这也正符合经济开发区的特点，即以引进外资和面向国际市场为主。

从是否在中国商务部进行境外投资备案的角度来看，在中国商务部进行过境外投资备案的企业中，产品主要销售市场为所在地或缅甸国内的企业占比一致，均为 21.1%。产品市场面向中国的企业占比最小，仅为 5.3%，产品销售市场面向国际的企业达一半以上（52.6%）。在没有进行过境外投资备案的企业中，企业产品主要销售市场为所在地附近的企业占 32%，主要销售市场为缅甸国内的企业占比为 36%，企业销售市场面向中国的企业占比仅为 4%，而面向国际市场的企业占比为 28%。总的来看，除面向国际市场的企业外，没有在中国商务部备案企业的比例要高于已经备案的企业。

从是否加入缅甸的中国商会的角度来看，产品面向国际市场的企业加入中国商会的比率更高，占 44.4%，是未加入缅甸的中国商会企业的四倍。而在未加入缅甸的中国商会的企业中，大部分企业（55.6%）产品面向本地，其次面向缅甸国内，占 33.3%，没有面向中国市场的企业。

在综合考虑注册时间、是否在经济开发区、商务部备案情况和商会加入情况后，分析了企业产品销售的主要市场分布。从时间上看，早期在缅甸注册的中资企业，其产品的主要市场多为企业所在地附近或者缅甸市场，而鲜有主要市场为中国或者国际的企业。但注册时间小于五年的企业，其产品市场则呈现出完全不一样的态势，产品面向国际市场的企业达到一半。不论是注册时间超过五年还是低于五年的企业，其产品的主要市场均鲜有面对中国市场。值得注意的是,产品面向国际销售市场的企业,大多数会选择将公司注册在经济开发区内,并且加入了在缅甸的中国商会。因为商会这条纽带可以为商会各成员之间的经贸合作牵线搭桥,从而帮助企业进行业务拓展。

二 企业主营产品的市场份额

仅仅了解企业产品主要市场是完全不够的,考察在缅甸投资的中资企业的生产和竞争情况,还需考虑主营产品的市场份额。市场份额亦称"市场占有率",指某企业某一产品的销售量在市场同类产品中的所占比重。市场份额在很大程度上反映了企业的竞争地位和盈利能力。通常,市场份额越高,竞争力越强。

表3-4为企业主营产品的市场份额分布,从企业数量的角度上看,企业主营产品市场份额小于1%的企业数量最多,其次是市场份额在21%—30%区间的企业,排名第三的是1%—10%区间。

表3-4　　　　　　　企业主营产品的市场份额占比

	小于1%	1%—10%	11%—20%	21%—30%	31%—50%	51%—70%	71%—100%
企业驻地	15.38	23.08	15.38	23.08	7.69	15.38	0.00
缅甸国内	14.29	21.43	7.14	28.57	7.14	7.14	14.29
中国市场	50.00	0.00	0.00	0.00	50.00	0.00	0.00
国际市场	73.33	6.67	0.00	13.33	0.00	0.00	6.67

按照销售市场划分来看,在销售市场是面向本地的企业中,市场份额小于1%的企业,市场份额在11%—20%的企业和市场份额在51%—70%的企业均占15.4%;市场份额在1%—10%的企业和市场份额在21%—30%的企业各占23.1%;市场份额在31%—50%的企业占7.7%。在面向本地的销售市场中,有一部分企业的市场份额达到了51%—70%,可以推定出这部分的企业处在所在地

的市场有较大的份额。虽然企业主营产品的市场份额分布较为零散，但总体来看，中资企业所占据的市场份额是比较乐观的。

在销售市场是缅甸的企业中，市场份额小于1%的企业占14.3%；市场份额在1%—10%的企业占21.4%，市场份额在11%—20%的企业、市场份额在31%—50%的企业和市场份额在51%—70%的企业均占7.1%；市场份额达到21%—30%的企业占比最大，为28.6%。此外，还有14.3%的企业占据了市场上71%—100%的份额。一般来说，当一个企业的市场份额达到了75%以上，就可以说该企业具有独占市场的特征。当销售市场是缅甸时，呈现出很明显的两极分化的态势：一方面，在缅甸投资的部分中资企业展现出了竞争力和经营能力，但市场份额超过30%的企业占总企业数量仍然不到一成（9.1%），少部分企业甚至坐拥市场70%以上的份额；另一方面，部分企业仍然刚刚起步，处于开拓市场阶段，市场份额少于10%的企业占35.7%。

在将中国作为销售市场的企业中，市场份额小于1%的企业占一半，另一半企业占有中国市场31%—50%的份额。虽然在缅甸投资的中资企业较少面向中国市场，但部分企业却可以占有中国31%—50%的市场份额，可见其产品具有相当大的竞争力。

在销售市场是国际的企业中，市场份额小于1%的企业最多，占73.3%，市场份额在1%—10%的企业占6.7%，市场份额达到21%—30%的企业占13.3%。值得注意的是，有6.7%的企业占据了市场上71%—100%的份额。对于面向国际市场的企业，其竞争力与行业其他企业相比稍显不足，大部分的企业所占市场份额均不到1%。但有部分企业却占有了71%以上的市场份额。在缅甸投资的大部分中资企业尚未形成强有力的竞争力，仅从市场份额的角度上看，市场占有率仍然处于一个较低的水平。但也有少数企业在其行业中占主导地位，并且拥有较高的市场占有率。

综上所述，在缅甸投资的中资企业所面向的市场主要为缅甸国内市场和本地市场，其次是国际市场。此外，产品市场面向国际的企业大部分都设立在经济开发区内,并且加入了在缅甸的中国商会。从企业主营产品所占市场份额的角度上看,在缅甸投资的中资企业占据了缅甸和本地区市场的相当一部分份额,部分企业甚至在行业中处于主导地位。而从国际市场来看,虽然有 6.7% 的企业主导着行业的市场,但从整体上来看,在缅甸投资的中资企业的竞争力和运营能力仍然有很大的提升空间。

三 企业在缅甸的定价方式

在接下来的部分,将讨论企业在缅甸的定价方式。在本书中将定价方式分成:接受市场、成本加成、根据进口以及政府定价等多种方式。接受市场是指在垄断竞争和完全竞争的市场结构条件下,任何一家企业都无法凭借自己的实力而在市场上取得绝对的优势,为了避免竞争特别是价格竞争带来的损失,大多数企业都采用随行就市定价法,即将该企业某产品价格保持在市场平均价格水平上,利用这样的价格来获得平均报酬。成本加成是指按产品单位成本加上一定比例的毛利定出销售价。在激烈的市场竞争中,按照此方法定价,如果企业降低生产成本,不仅可以增加企业的利润,还可以在产品价格上掌握主动权,从而增强企业在市场的竞争力。政府定价是指政府根据其权限和市场现状而给出的强制性的价格范围。表 3-5 给出了中资企业在缅甸的定价方式分布。

如表 3-5 所示,从整体上看,企业选择定价方式最多的是接受市场定价,其次是成本加成,而选择根据进口和政府定价两种定价方式的企业则寥寥无几。

表 3-5　　　　　企业在缅甸的不同定价方式　　　　（单位:%）

	市场定价	成本加成	根据进口	政府定价	买方议价	其他方式
注册超过五年	50.00	14.29	0.00	0.00	21.43	14.29
注册低于五年	51.22	24.39	2.44	4.88	14.63	2.44

续表

	市场定价	成本加成	根据进口	政府定价	买方议价	其他方式
不在经济开发区	55.56	11.11	0.00	5.56	22.22	5.56
位于缅甸经济开发区	48.57	25.71	2.86	2.86	14.29	5.71
在商务部备案	42.11	21.05	5.26	0.00	21.05	10.53
未在商务部备案	54.17	20.83	0.00	8.33	12.50	4.17
加入当地中国商会	50.00	22.73	2.27	2.27	15.91	6.82
未加入当地中国商会	66.67	22.22	0.00	0.00	11.11	0.00

从注册时间的长短来看，企业定价方式在很多方面表现出了细微的差异。具体来看，在注册时间超过五年的企业中，50.0%的企业选择了接受市场定价，是选择成本加成企业的3.5倍，选择买方议价的企业占21.4%，而选择其他方式的企业为14.3%。在注册时间低于五年的企业中，有51.2%的企业选择接受市场定价，是选择成本加成企业的2.1倍，选择政府定价的企业仅占4.9%，14.6%的企业选择买方议价，少部分企业选择根据进口。虽然从市场定价的比例来看，注册时间长短没有显著的差别，都是五成左右，但按成本加成定价等方面，注册时间长短的差异较为明显，注册时间超过五年的企业选择接受成本加成方式的比例要低于注册时间低于五年的企业，也就是说早期在缅甸注册的中资企业其定价方式更倾向于买方议价等其他方式，而后期在缅甸注册的中资企业则会在一定程度上偏好根据自己的生产成本定价。

从企业是否在经济开发区的角度上看，不在经济开发区的企业选择最多的定价方式是接受市场，占55.6%，其次是同买方议价，占22.2%，成本加成占11.1%。在经济开发区的企业选择最多的定价方式也同样是接受市场，占48.6%，排名第二的定价方式是成本加成，占25.7%。从比例上看，不在经济开发区的企业定价方式以跟随市场为主，而在经济开发区的企业相对而言自由度更高，虽然大部分企业依然是接受市场价格,但仍然有四成企业会选择成本加成和买方议价。

从是否在商务部备案的角度来看,在中国商务部备案的企业中,有42.1%的企业选择接受市场定价,21.1%的企业选择成本加成,5.3%的企业选择根据进口定价,21.1%的企业选择买方议价。在未在中国商务部备案的企业中,有54.2%的企业选择接受市场价格,20.8%的企业选择成本加成,8.3%的企业选择政府定价,12.5%的企业选择买方议价。从比例上看,在商务部备案的企业选择成本加成的比例略高于未在商务部备案的企业。

从是否加入缅甸的中国商会的情况来看,在加入缅甸的中国商会的企业中,有五成企业选择接受市场定价,两成以上(22.7%)的企业选择成本加成,选择根据进口和政府定价的企业各占2.3%,买方议价占15.9%。在未加入缅甸的中国商会的企业中,有六成以上(66.7%)的企业选择接受市场定价,两成以上(22.2%)的企业选择成本加成,仅有11.1%的企业选择买方议价。可见,加入商会的中国企业有更多的定价选择,并且选择成本加成的比例略高于未加入商会的企业,但差别不大。

综上所述,在缅甸投资的中资企业的定价方式主要为接受市场价格,其次是成本加成。注册时间、是否在经济开发区、是否在中国商务部进行备案以及是否加入缅甸的中国商会等因素都会不同程度地影响着企业的定价方式。不同的定价方式都各有优点和缺点,不能一概而论。选择接受市场定价方式的企业就不必去全面了解消费者对不同价差的反应,也不会引起价格波动。有助于从价格方面保持企业产品的竞争力,但根据市场竞争状况所制定的价格也可能是企业无法接受的。

对于选择成本加成定价法的企业而言,可以将价格保持在成本之上,获得一定的边际利润,也可以开展价格竞争或应对供过于求的市场格局,采用此法有利于取得市场竞争的主动权。但成本加成定价法也存在一定的局限性,该方法忽视了市场需求、竞争和价格水平的变化,很容易与定价目标脱节,建立在销量主观预测的基础上,从而降低了价格的科学性。

总的来说,企业的产品和服务不仅受价值、成本和市场供求关系的影响,还受市场竞争程度和市场结构的制约。在完全竞争或垄断竞争的市场结构下,市场中有较多的生产经营者,多数企业无法控制市场价格,市场上同质商品的可选择性强,市场信息充分,市场经营者对市场信息的反应灵敏,企业应该采用多角度的定价策略,从而争取到更多的市场份额。

四 企业产品出口情况

在了解企业主要产品所面向的市场、市场份额和定价方式后,还应该进一步了解企业产品出口的类型,行业竞争状况。一般来说,企业的自主创新能力体现在企业是否自主研发设计、是否可以自主加工等方面。一个企业的自主创新能力是其发展的核心竞争能力。如果企业缺少自主创新能力,则可能会面临规模越做越大,利润越做越薄,成本越做越高的困境。而企业自主创新能力可以直接反映在企业产品出口类型上,因此与定价方式分布分析方法类似,本部分将从注册时间、是否在经济开发区、是否在商务部进行过境外投资备案、是否加入缅甸的中国商会四个方面对企业产品出口类型分布进行分析。企业产品出口类型分布如表3-6所示。

表3-6　　　　　　企业产品出口的不同类型分布　　　　　　(单位:%)

	原始设备制造商	原始设计制造商	原始品牌制造商	其他
注册超过五年	50.00	0.00	0.00	50.00
注册低于五年	71.43	14.29	14.29	0.00
不在经济开发区	25.00	0.00	50.00	25.00
位于缅甸经济开发区	78.95	15.79	5.26	0.00
在商务部备案	70.00	10.00	10.00	10.00

续表

	原始设备制造商	原始设计制造商	原始品牌制造商	其他
未在商务部备案	85.71	0.00	14.29	0.00
加入当地中国商会	71.43	14.29	9.52	4.76
未加入当地中国商会	100.00	0.00	0.00	0.00

关于企业产品出口类型的分布，从总体上看，原始设备制造商是中资企业产品出口的主要类型。根据注册时间长短来看，企业产品出口类型在数据上表现出了明显的差异，注册时间超过五年的企业，有一半是以原始设备制造商为主，还有一半的企业是其他类型。在注册时间低于五年的企业中，原始设备制造商占比高达71.4%，而原始设计制造商占14.3%，与原始品牌制造商占比一致。

从是否在经济开发区的角度来看，经济开发区内的企业大多数都为原始设备制造商。具体来看，在缅甸经济开发区的企业中，将近八成（79%）的企业为原始设备制造商，15.8%的企业为原始设计制造商，原始品牌制造商仅占5.3%。而不在经济开发区的企业中，原始设备制造商的占比为25%，原始品牌制造商的占比则达50%，企业出口类型为其他的占25%。

从是否在中国商务部进行境外投资备案的情况来看，在商务部进行过境外投资备案的企业中，原始设备制造商达70%，而未在商务部备案的企业中，原始设备制造商占比高达85.7%，相差15.7%。在商务备案的企业中，原始设计制造商、原始品牌制造商以及其他类型各占10%。

从是否加入缅甸的中国商会情况来看，在加入中国商会的企业中，有71.4%的企业为原始设备制造商，14.3%的企业为原始设计制造商，9.5%的企业为原始品牌制造商。而未加入中国商会的企业全部都是原始设备制造商的企业。

通过对企业产品出口类型分布的分析可得出，在缅甸投资的中资企业，其主要组成部分是原始设备制造商，少部分企业是原始设计制造商，拥有独立品牌的原始品牌制造商也只占一小部分。从这一点来看，在缅甸投资的中资企业是以设备制造为主，中资企业依靠的还是劳动力等生产要素的低成本优势，通过低附加值产品的大规模生产来实现企业增值，短期内可以取得一定的效益，但从长远来看，企业还应加强自主研发的力度，提高核心竞争力，才能够长期保持企业的优势。

五 行业竞争状况

通过上文可知，在缅甸投资的中资企业中大部分是贴牌代工企业，而贴牌代工企业的一个明显特征就是较强的同质性，因而其行业的竞争压力较为激烈，在接下来的部分我们将探讨不同行业类别中企业的竞争压力来源及竞争状况。表3-7是在缅甸投资的企业中，不同行业类别竞争压力的主要来源。

表3-7　　　　　　　　　按行业划分的竞争压力主要来源　　　　（单位：%）

行业	缅甸同行	外资同行
工业	22.22	77.78
服务业	37.50	62.50

从表3-7可知，对于在缅甸投资的中资企业来说，大部分企业已经感受到了来自外资同行的竞争压力。从总体上看，企业的竞争压力主要来源于外资同行，其次是缅甸同行。从行业类型来看，在工业领域，有22.2%的企业认为竞争压力来自缅甸同行，有77.8%的企业认为竞争压力来自外资同行，是缅甸同行的3.5倍。对于服务业行业来说，有37.5%的企业认为竞争压力来自缅甸同行，而62.5%的企业认为竞争压力主要来自外资同行，是缅甸同行的1.7倍。

接下来，将分析在缅甸投资的中资企业的企业竞争状况的变化。在这次问卷中，我们将企业的竞争状况变化分成三组，即更好经营、没有变化和竞争更加激烈。此外，我们还将企业按照行业、是否在中国商务部进行境外投资备案以及是否加入中国商会进行分类。2013年之后企业的竞争状况变化如表3-8所示。

表3-8　　　　近五年来企业的竞争状况变化情况　　　　（单位：%）

	更好经营	没有变化	竞争更激烈
工业	11.11	25.93	62.96
服务业	8.33	12.50	79.17
在商务部备案	11.76	29.41	58.82
未在商务部备案	12.00	16.00	72.00
加入中国商会	12.20	17.07	70.73
未加入中国商会	0.00	25.00	75.00

从行业的划分来看，在工业领域，仅有11.1%的企业认为经营状况越来越好，两成以上（25.9%）的企业认为自己的经营状况没有发生变化，而六成以上（63%）的企业认为行业的竞争越来越激烈。在服务行业，8.3%的企业认为自己的经营状况越来越好，12.5%的企业认为经营状况没有变化，而近八成（79.2%）的企业认为竞争压力越来越大。不论是工业还是服务业，绝大多数的企业都感觉到了行业的激烈竞争。

从是否在商务部进行境外投资备案的角度来看，在商务部进行过境外投资备案的企业中，感觉经营状况更好了的企业占11.8%，近三成（29.4%）企业认为目前的竞争情况没有变化，近六成（58.8%）企业认为竞争更加激烈。未在商务部进行备案的企业中，有12.0%的企业认为经营状况越来越好，16.0%的企业认为竞争压力没有发生变化，而72.0%的企业认为竞争压力越来越大。未在商务部进行备案的企业认为行业的竞争更加激烈的占比高于在商务部备案的企业。

从是否加入缅甸的中国商会的角度来看，在加入缅甸的中国商会的企业中，有12.2%的企业认为竞争压力更小了，将近两成

（17.1%）的企业认为竞争压力没有变化，而七成以上（70.7%）的企业认为竞争更加激烈。在未加入缅甸的中国商会的企业中，没有企业认为竞争压力变小了，两成五（25%）的企业认为竞争压力没有变化，七成以上（75%）的企业认为竞争更加激烈。虽然没有加入商会的企业数量较少，整体上占比相对较小，但相对于加入中国商会的企业来说，其面对的竞争压力更大。

为了更加清晰地认识中资企业在缅甸的竞争形势，在考察企业竞争状况的变化后，本书将进一步考察企业竞争方式的变化。在接下来的内容中，为了更好地明晰竞争方式的变化，本部分将行业竞争细分为价格竞争、质量竞争以及广告战，结果如表3-9所示。

表3-9　　　　近五年来企业的竞争方式变化情况　　　　（单位：%）

组别	没有变	价格竞争更激烈	质量竞争更激烈	广告战更激烈	其他
工业	23.33	40.00	26.67	0.00	0.00
服务业	19.23	38.46	34.62	3.85	0.00
商务部备案	10.53	42.11	31.58	0.00	15.79
未在商务部备案	28.00	44.00	28.00	0.00	0.00
加入中国商会	22.22	37.78	28.89	2.22	0.00
未加入中国商会	22.22	44.44	33.33	0.00	0.00

如表3-9所示，在缅甸投资的中资企业，其面对的主要竞争压力来自于价格和质量两个方面，并且价格竞争的压力要大于质量竞争。区分行业来看，有40%的工业企业认为价格竞争更加激烈，比服务业高1.5个百分点。有26.7%的工业企业认为质量竞争更加激烈，比服务业低8%。特别地，有3.9%的服务业企业认为广告竞争加剧。组内比较来看，工业和服务业企业都认为价格竞争更加激烈。

从是否在中国商务部进行境外投资备案的角度来看。在进行过投资备案的企业中，有10.5%的企业认为竞争压力没有改变，有42.1%的企业认为价格竞争更加激烈，31.6%的企业认为质量竞争更加激烈，竞争方式为其他的企业占 15.8%。未在商务部进行投资备案的企业中，认为价格竞争更激烈的企业占 44%，与进行过投资备案的企业比率基本接近。

从是否加入缅甸的中国商会的角度来看，在加入中国商会的企业中，有 37.8% 的企业认为价格竞争更加激烈，28.9% 的企业认为质量竞争更加激烈。未加入中国商会的企业中，认为价格竞争更加激烈的企业占 44.4%。认为质量竞争更加激烈的企业占 33.3%。组内比较结果来看，无论是否加入缅甸中国商会，企业都普遍认为价格竞争更加激烈。

六 企业自主程度

企业自主程度是指企业的自主性，即自主决策、自主经营的程度。在激烈的市场竞争下，加之国际市场的复杂性以及社会需求的多变性和多样性，使企业的经营管理发生了质的变化，分散或者集中的生产资料所有者已经不能全面有效地指挥生产了，必须赋予直接经营者经营管理的自主权。本部分的自主程度划分为 0% 至 100%，以产品生产、产品销售、技术开发、新增投资和员工雇佣五个方面为切入点，探讨不同行业类型的企业的自主程度。

通过表 3-10 可知，从产品生产的角度来看，超过半数的企业自主程度在 90% 及以上。平均来看，自主程度为 19% 以下的企业占被访企业的 12.7%，自主程度为 20%—39% 的企业占 1.8%，有 3.6% 的企业自主程度为 40%—49%，9.1% 的企业自主程度为 50%—59%，自主程度在 70%—79% 的企业占 5.5%，自主程度在 80%—89% 的企业占 7.3%，自主程度在 90%—99% 的企业占 7.3%，自主程度为 100% 的企业占比最高，为 52.7%。划分行业来看，工业企业的自主程度要略微高于服务业，工业自主程度为 100% 的企业比服务业高 5.2 个百分点。

从产品销售的情况来看，有 57.1% 的工业企业自主程度为 100%，比服务业企业低 4.4 个百分点，并且自主程度在 20% 以下的工业企业占比要比服务业企业高17.6%，达到了21.4%。可以看出，在产品销售方面，工业企业的自主程度低于服务业。

表3-10　　　　　　　　　　不同行业类型的企业自主程度

	行业分类	0%—19%	20%—39%	40%—49%	50%—59%	60%—69%	70%—79%	80%—89%	90%—99%	100%
工业	产品生产	13.79	0.00	3.45	10.34	0.00	6.90	0.00	10.34	55.17
	产品销售	21.43	3.57	0.00	3.57	0.00	3.57	7.14	3.57	57.14
	技术开发	28.57	14.29	3.57	3.57	3.57	0.00	0.00	3.57	42.86
	新增投资	41.38	0.00	0.00	6.90	0.00	3.45	3.45	0.00	44.83
	员工雇佣	3.33	0.00	0.00	0.00	0.00	0.00	13.33	6.67	76.67
服务业	产品生产	11.54	3.85	3.85	7.69	0.00	3.85	15.38	3.85	50.00
	产品销售	3.85	0.00	0.00	3.85	7.69	3.85	11.54	7.69	61.54
	技术开发	41.67	0.00	4.17	0.00	4.17	8.33	0.00	0.00	41.67
	新增投资	12.00	4.00	4.00	8.00	4.00	8.00	0.00	0.00	60.00
	员工雇佣	0.00	3.85	0.00	0.00	0.00	3.85	3.85	3.85	84.62

从技术开发的角度来看，自主程度呈现出两极分化的趋势，即自主程度在20%以下和自主程度为100%的企业占比较高。具体来看，在工业企业中，自主程度为100%的企业占42.9%，自主程度在0%—19%的企业占28.6%；在服务业企业中，自主程度为100%的企业占41.7%，自主程度在0%—19%的企业则为41.7%，比工业企业高13.1%。

从新增投资的情况来看，企业的自主程度也同样呈现出两极分化的态势，尤其是工业，自主程度为100%的工业企业占44.8%，比服务业低15.2个百分点。自主程度在20%以下的工业企业占41.4%，比服务业高29.4%。总的来看，在新增投资方面，在缅甸投资的中资企业拥有较大的自主程度，并且服务业新增投资的自主程度要高于工业。

从员工雇佣的角度来看，企业的自由程度大多都为100%。在工业企业中，仅有3.3%的企业员工雇佣自由度在20%以下，服务业仅有3.9%的企业自主程度在40%以下，余下企业员工雇佣自由度都在70%以上。区分行业来看，工业企业在员工雇佣上的自由度要高于服务业。

接下来将探讨是否在中国商务部进行境外投资备案的企业的自主程度。结果如表3-11所示。

表3-11 是否在中国商务部备案与企业自主程度关系

		0%—19%	20%—39%	40%—49%	50%—59%	60%—69%	70%—79%	80%—89%	90%—99%	100%
产品生产	是	5.56	0.00	0.00	5.56	0.00	5.56	0.00	16.67	66.67
	否	12.00	0.00	8.00	8.00	0.00	8.00	8.00	4.00	52.00
产品销售	是	11.76	5.88	0.00	5.88	0.00	0.00	5.88	5.88	64.71
	否	16.00	0.00	0.00	0.00	8.00	0.00	0.00	8.00	52.00
技术开发	是	17.65	11.76	5.88	11.76	0.00	0.00	0.00	5.88	47.06
	否	34.78	4.35	8.70	0.00	0.00	4.35	0.00	0.00	47.83
新增投资	是	38.89	0.00	0.00	5.56	0.00	5.56	0.00	0.00	50.00
	否	20.00	4.00	4.00	4.00	4.00	0.00	4.00	0.00	60.00
员工雇佣	是	0.00	0.00	0.00	0.00	0.00	0.00	15.79	5.26	78.95
	否	4.00	4.00	0.00	0.00	0.00	4.00	8.00	0.00	80.00

表3-11的数据显示，从产品生产的角度来看，在商务部备案的企业中，超过半数的企业自主程度为100%，自主程度在90%以上，已备案的企业要比未备案企业高27.3个百分点，已备案企业的自主程度在20%以下的占比仅为5.6%，比未进行备案的企业低6.4个百分点。组内比较来看，在已备案的企业中，自主程度为100%的企业占66.7%；而在未备案的企业中，自主程度为100%的企业占52%。可以看出，在产品生产上，已备案的企业的自主程度要高于未备案的企业。

从产品销售的情况来看，在商务部备案的企业中，有64.7%的企业自主程度为100%，比未在商务部备案的企业高12.7%，11.7%的企业自主程度低于20%，比未备案的企业低4.2%。在产品销售方面，在商务部备案的企业有更高的自主程度。

从技术开发的角度上看，自主程度为100%的企业占比最高，将近达半数。具体来看，在已备案的企业中，47.1%的企业自主程度为100%；在未备案的企业中，47.8%的企业自主程度为100%。其次是自主程度在0%—19%的企业，在已备案的企业中，17.7%的企业自主程度低于20%；在未备案的企业中，34.8%的企业自主程度低于20%。从整体上看，半数企业的自主程度在90%及以上，但没有进行过海外投资备案的企业在技术开发上的自主程度要略微低于已经备案的企业。

从新增投资的情况来看，自主程度为100%的企业占比都在50%以上。其中，未备案的企业要比已备案的企业高10个百分点。自主程度在20%以下的企业中，已备案的企业占38.9%，比未备案的企业高18.9%。总的来看，在新增投资方面，未在中国商务部进行海外投资备案的企业自主程度要高于已备案的企业。

从员工雇佣的角度上看，企业的自由程度大多都为100%，所有已备案的企业的员工雇佣自由度都在80%以上。在未备案的企业中，仅有4%的企业，其员工雇佣自由度在19%以下。总体来看，已备案的企业自主程度与未备案的企业相差不大。

接下来将分析是否加入在缅甸的中国商会的企业自主程度。结果如表3-12所示。

表3-12　　　是否加入缅甸的中国商会与企业自主程度关系

		0%—19%	20%—39%	40%—49%	50%—59%	60%—69%	70%—79%	80%—89%	90%—99%	100%
产品生产	是	13.64	2.27	2.27	9.09	0.00	4.55	6.82	6.82	54.55
	否	11.11	0.00	11.11	11.11	0.00	0.00	0.00	11.11	55.56
产品销售	是	13.64	2.27	0.00	4.55	4.55	2.27	9.09	6.82	56.82
	否	12.50	0.00	0.00	0.00	0.00	12.50	0.00	0.00	75.00

续表

		0%—19%	20%—39%	40%—49%	50%—59%	60%—69%	70%—79%	80%—89%	90%—99%	100%
技术开发	是	34.15	7.32	4.88	2.44	4.88	4.88	0.00	0.00	41.46
	否	44.44	0.00	0.00	0.00	0.00	0.00	0.00	11.11	44.44
新增投资	是	25.58	2.33	2.33	9.30	2.33	6.98	0.00	0.00	51.16
	否	44.44	0.00	0.00	0.00	0.00	0.00	0.00	0.00	55.56
员工雇佣	是	0.00	2.22	0.00	0.00	0.00	2.22	8.89	4.44	82.22
	否	0.00	0.00	0.00	0.00	0.00	0.00	11.11	11.11	77.78

数据显示，从产品生产的角度来看，超过半数的企业的自主程度为100%。具体来看，在加入商会的企业中，自主程度在49%以下的企业占18.2%，而自主程度在50%及以上的企业则占81.8%，其中，自主程度为100%的企业占比为54.6%。在未加入商会的企业中，自主程度在50%以下的企业占22.2%，自主程度在50%及以上的企业占总企业数量的77.8%，其中，自主程度在90%及以上的企业占66.7%。可以看出，在产品生产方面，加入商会的企业的自主程度与未加入商会的企业的自主程度无明显差异。

从产品销售的情况来看，在加入商会的企业中，自主程度为100%的企业占56.8%，比未加入商会的企业低18.2%；自主程度在20%以下的企业占13.6%，比未加入商会的企业高1.1%。可以看出，在产品销售方面，未加入商会的企业具有更大的自主程度。

从技术开发的角度上看，在加入商会的企业中，企业自主程度为100%的企业占41.5%，比未加入商会的企业低3%。自主程度在20%以下的企业占34.2%，比没加入商会的企业低10.3%。组内比较来看，在已加入商会的企业中，自主程度超过90%的企业占41.5%；而在未加入商会的企业中，自主程度超过90%的企业占55.6%。

从新增投资的情况来看，在加入商会的企业中，自主程度为100%的企业占比要比未加入商会的企业低4.4个百分点。自主程度在 20% 以下的企业占 25.6%，比未加入商会的企业低 18.9%。总的来看，在新增投资方面，加入商会的企业展现出了一定的差异。

从员工雇佣方面来看，大部分企业的自由程度为 100%。在加入商会的企业中，仅有 2.2% 的企业自主程度在 20%—39%，其余企业的自主程度均在 70% 以上，而未加入商会的所有企业的自主程度均在 80% 以上。总体来看，在员工雇佣的问题上，不论是否加入商会，企业都展现出了很大的自主程度。

七 企业承担缅甸项目情况

本部分将从注册时长和运营时长两个角度探讨在缅甸投资的中资企业所承担的各类项目状况①。按注册时长划分的企业承担缅甸各类项目的情况如表 3-13 所示。

表 3-13　　企业注册时长和运营时间与承担各类项目中回答"是"的比例　　（单位：%）

	注册超过五年	注册低于五年	运营超过五年	运营低于五年
建筑项目	28.57	9.52	17.65	12.82
公路项目	25.00	25.00	0.00	40.00
铁路项目	0.00	25.00	0.00	20.00
水电项目	25.00	25.00	33.33	20.00
火电项目	25.00	25.00	33.33	20.00
航运项目	0.00	0.00	0.00	0.00
其他项目	75.00	50.00	66.67	60.00

注：回答"否"的比例略，下同。

---

① 在本书中，将企业承担缅甸项目分为七大类：1. 建筑、电力；2. 公路项目；3. 铁路项目；4. 水电项目；5. 火电项目；6. 航运项目；7. 其他项目。

通过上表可知，从承担建筑、电力类的角度来看，在注册时间超过五年的企业中，有28.6%的企业承担建筑、电力类；而在注册时间低于五年的企业中，仅有9.5%的企业承担该类项目。在承担公路项目方面，注册时间超过五年的企业与注册时间低于五年的企业数量一致，分别占25%。在铁路项目方面，仅有25%的注册时间低于五年的企业承担过该项目。承担水电和火电项目的企业数量分布相似，在注册时间超过五年的企业中，均有25%的企业承担项目，同样地，在注册时间低于五年的企业中，也均有25%的企业承担了项目。在承担其他项目的企业中，注册时间超过五年的企业占75%，注册时间低于五年的企业占25%。此外，没有企业承担航运项目。

由表3-13可知，运营时间超过五年的企业中，承担建筑、电力的企业占17.7%，略高于运营时间低于五年的企业（12.8%）。承担公路项目的企业中，运营时间低于五年的企业占40%，而运营时间超过五年的企业中，没有企业承担此类项目。铁路项目方面，仅有20%的运营时间低于五年的企业承担过该项目。承担水电和火电项目的企业数量相似，在运营时间超过五年的企业中，分别占企业总数的33.3%，而在运营时间低于五年的企业中，分别只占20%。在承担其他项目的企业中，运营时间超过五年的企业占66.7%，运营时间低于五年的企业占60%。值得注意的是，没有企业承担航运项目。

在本部分中，将着重探讨缅甸政府的履约程度。企业在缅甸的投资环境是企业主所关心的重要问题之一，政府的诚信度更是企业关注的重中之重。如果政府为了吸引外资而过度承诺，或者因为政治因素导致承诺最终难以兑现，则会沉重地打击企业在缅甸投资的积极性，缅甸政府履约程度如图3-6所示。

从图3-6可以直观地看出缅甸政府的履约程度，本书将缅甸政府履约程度大体上分为三个层次：履约程度较好、履约程度尚可以及履约程度一般。从整体上看，缅甸政府的信用程度尚可，政府按时履约的企业占71.4%。具体来看，在缅甸投资的中资企业中，有28.6%的企业认为缅甸政府的信用程度较好，可以提前履约。有

履约程度较好，提前履约 28.57%

履约程度一般，需要3—5次催促能正常完成合作 28.57%

履约程度尚可，不用催促准时履约 42.86%

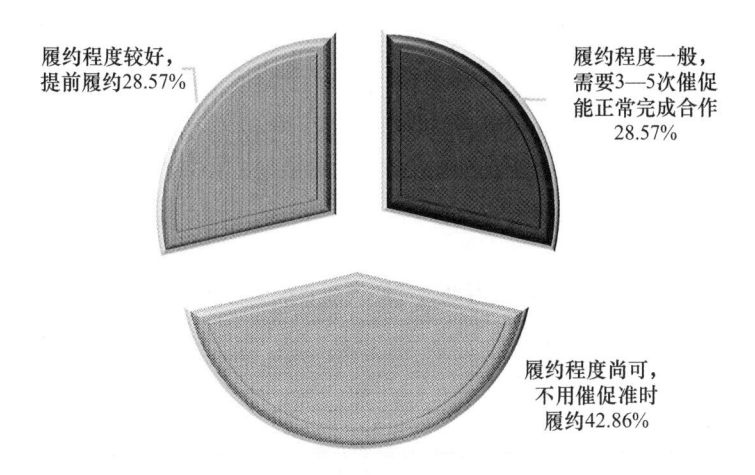

图 3-6　企业报告的缅甸政府履约程度

42.9%的企业认为缅甸政府信用程度尚可，不用企业催促即可按时履约。但有28.6%的企业则认为缅甸政府履约程度一般，需要3至5次的催促方能履约正常完成合作。

八　企业销售渠道

现代企业的销售渠道，大体上分为两类，即传统销售渠道和互联网销售渠道。传统营销渠道主要是指在传统营销模式中，产品从研发生产到最终到消费者手中所经过的渠道。传统营销渠道是建立在传统传播与交易工具基础上的，而互联网营销是指以互联网为主要手段开展的营销活动。不同的企业会根据其产品的特征和市场客户目标群体的不同，而采取不同的销售方式。传统销售渠道和互联网销售渠道各有利弊，对于传统营销模式来说，厂商可以采用现款支付的方式，保证了企业资金的正常流动，面对面的交易方式也可以为客户降低购买风险。此外，一些行业并不适用于互联网销售模式，比如对于工业设备等大型机械设备的销售，大多采用销售人员一对一的传统销售方式。对于互联网销售模式来说，可以有效地降低交易成本，具有跨地区、高效率、交互性强等特点，但其缺点也显而易见，信任问题、物流问题、广告成本过高等。销售渠道的本质是构建企业与消费者的桥梁，在市场竞争异常激烈的今天，如何选取高效率、低费用的销售渠道对于企业的发展意义重大，有效的销售渠道可以帮助企业获取更高的利润。本部分将分析在缅甸投资的中资企业的销售渠道。企业销售渠道比较结果如表3-14所示。

表3-14　　　　企业的互联网销售渠道和传统渠道比较　　　　（单位：%）

组别	互联网更高	传统渠道更高	差不多	不清楚
工业	0.00	33.33	33.33	33.33
服务业	7.14	78.57	7.14	7.14
在商务部备案	0.00	80.00	0.00	20.00
未在商务部备案	12.50	62.50	25.00	0.00

由表3-14可知，从总体上看，在缅甸投资的中资企业更偏好于选择传统的销售渠道。具体来看，在被访问的工业企业中，没有企业选择互联网渠道，有33.3%的企业选择传统的销售渠道。此外，还有33.3%的企业认为两种渠道无明显差异，而另有33.3%的企业表示不清楚。在服务业企业中，有7.1%的企业选择互联网销售渠道，78.6%的企业选择了传统销售渠道，7.1%的企业认为两种销售渠道无明显差异，还有7.1%的企业表示不清楚。

从是否在商务部备案的角度来看，在已备案的企业中，有80%的企业选择传统销售渠道，20%的企业表示不清楚。而在未备案的企业中，有12.5%的企业认为互联网销售渠道更好，62.5%的企业则认为传统渠道更好，认为两种渠道差不多的企业占25%。

可以看出，传统销售渠道仍然是在缅甸投资的中资企业的主要销售渠道，选择互联网渠道的企业较少。对于工业企业来说，由于其产品的特殊性，使得客户更偏好于面对面的传统销售渠道，而对于服务业来说，大多数企业选择传统销售渠道的原因在于服务业的商品服务具有"一对一，面对面"的特性。但总体来看，缅甸的互联网销售渠道仍然处于一个起步的状态。Barlolo 电商平台针对 200 名消费者和商家进行了调查，83% 的民众表示网购存在风险，不放心。12% 的民众认为支付是主要的问题，另外还有 5% 的民众认为物流也是主要的问题①。此外，缅甸零售商协会（Myanmar Retailers Association）副主席 U Myo Min Aung 表示，"在缅甸，电子商务的普及率很低，仅有 1% 的人口使用电子商务"②。2018 年 11 月 11 日，阿里巴巴集团正式进军缅甸市场，可以看出，互联网销售渠道在缅甸还有很大的发展空间。

从以上数据可知，企业对销售渠道的选择产生了明显的偏好，即大部分企业均选择了传统销售渠道。在传统销售渠道中，电商广告一直以来被视为品牌建设的最佳渠道，表 3-15 为在缅甸投资的中资企业投放电视广告的情况。

表 3-15　　　　　　　　企业投放电视广告情况　　　　　　（单位：%）

组别	是	否
工业	0.00	0.00
服务业	26.92	73.08
在商务部备案	0.00	100.00
未在商务部备案	25.00	75.00

数据显示，总的来看，少数企业选择了投放电视广告，而多数企业没有投放电视广告。具体来看，所有的工业企业均没有选择投放电视广告，而服务业企业中，有 26.9% 的企业选择投放电视广告，73.1% 的企业没有选择投放电视广告。从是否在商务部备案的企业来

---

① 缅甸金凤凰中文报：《缅甸网购发展的瓶颈》，2018 年 6 月 8 日，http://www.mmgpmedia.com/sino-mm。

② 《缅甸电子商务发展仍有巨大阻碍》，2017 年 12 月 4 日，缅康网（http://www.mhwmm.com/Ch/NewsView.asp?ID=27544）。

看，在商务部备案的企业中均没有选择投放电视广告。而未在商务部备案的企业中，有25%的企业选择投放电视广告，75%的企业没有选择投放电视广告。

为何选择投放广告的企业占如此小的比例？我们对没有选择投放电视广告的企业进行进一步的访问，结果如图3-7所示。

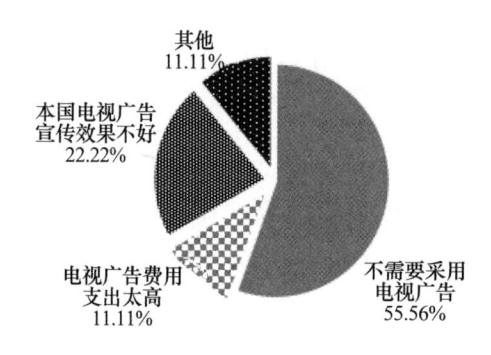

图3-7 未投放电视广告的不同原因

从图中可以看到，企业未投放电视广告的主要原因是认为不需要采用电视广告的宣传模式，占总企业数量的55.6%，次要原因是企业认为缅甸电视广告的宣传效果不理想，占总企业数量的22.2%。还有11.1%的企业认为电视广告费用支出太高。

第三节 融资状况分析

对于企业来说，企业融资意味着获得更多的资金来源，企业融资能广泛吸收社会资金，迅速扩大企业规模，提升企业知名度，增强企业竞争力，进行资金运作，实现规模的突变，迅速跨入大型企业的行列。但对于中小企业来说，规模较小，信誉度相对于大型企业较低，因而其在银行等金融机构贷款会面临诸多困难，会在一定程度上制约企业的发展。在本节内容中，将对在缅甸投资的中资企业的融资状况

第三章　缅甸中资企业生产经营状况分析 / 71

进行分析。

图 3-8 给出了企业融资的来源分布，具体来看，52.8% 的企业由中国国内母公司拨款，有 11.5% 的企业融资来自中国国内银行或正规金融机构，有 3.8% 的企业融资来源于缅甸国内银行或正规的金融机构，有 7.6% 的企业融资来源于赊购和商业信用，融资来源于社会组织贷款的企业占 1.9%，还有 7.7% 的企业融资来自于亲戚朋友借款，而 15.1% 的企业融资来自于其他方式。

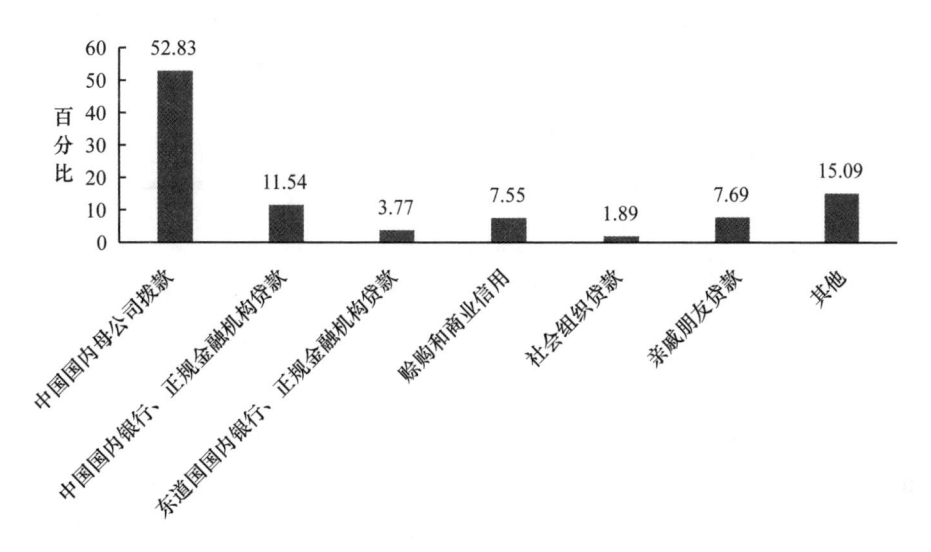

图 3-8　企业融资来源分布

总体上看，超过半数的中资企业的资本来源于企业自筹资金，仅有 15.3% 的企业来自于金融机构或银行，这表明企业大部分的融资属于内源性融资，这种融资方式虽然成本较低并且不会稀释原有股东的每股收益和控制权，有一定的自主性，但内部融资受公司盈利能力及积累的影响，融资规模受到较大的制约，不可能进行大规模的融资，从而在一定程度上限制了企业的发展。

图 3-9 是企业未申请贷款的原因，可以看出，在未申请贷款的企业中，主要原因有：没有贷款需求、申请程序复杂、银行利率过高

和缺乏贷款相关信息。详细来看，73.6%的企业认为没有贷款需求，50.9%的企业认为申请贷款的程序过于复杂从而放弃申请，39.6%的企业认为银行利率过高，9.4%的企业认为贷款担保要求过高，15.1%的企业认为公司资产、规模、实力不够，有35.9%的企业缺乏贷款的相关信息，此外还有3.8%的企业认为申请贷款需要特殊支付并且难以负担，还有41.5%的企业未申请贷款是由于其他原因。

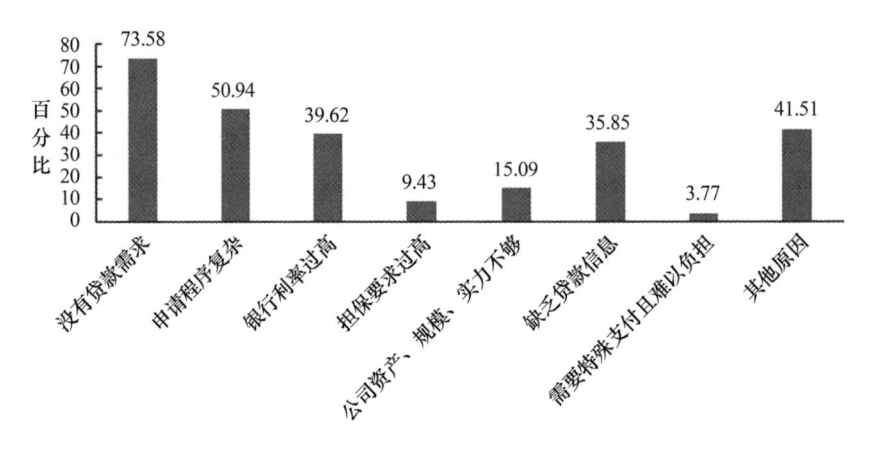

图3-9 企业未申请贷款的原因分布（多选）

小　结

尽管缅甸政治转型以来中国对缅投资总额大幅度下降，但在缅甸投资的中资企业数量在2013年之后呈现出大幅上涨的态势，并且在缅甸投资企业的中国母公司大多数为私营企业，其次是国有控股企业。此外在缅甸投资的中资企业中，控股方多为中国股东。

在综合考虑注册时间、是否在经济开发区、商务部备案情况和商会加入情况后，早期在缅甸注册的企业，其产品的主要市场多为企业所在地附近市场或者缅甸市场，而鲜有主要市场为中国或者国际的企业。而在注册时间低于五年的企业中，其产品市场多为国际市场和缅甸市场，但不论是注册时间超过五年还是低于五年的企业，其产品的主要市场均鲜有面对中国市场。对于产品面向国际销售市场的企业来说，大多数企业会选择将公司注册在经济开发区内，并且加入了在缅甸的中国商会。

大部分在缅甸投资的中资企业是为了满足顾客提出的要求，加工后贴买主品牌的代工企业，少部分企业是贴牌加工，拥有独立自主研发设计能力的企业占比较少。

从整体上看，在缅甸投资的企业拥有较高的自主程度，其中产品销售和雇佣的自主程度最高。

从企业与缅甸政府合作的经历来看，缅甸政府的信用程度尚可，履约程度较高。

传统销售渠道仍然是在缅甸投资的中资企业的主要销售渠道，选择互联网渠道的企业较少。此外，缅甸的电子商务的普及率很低，电子商务仍然有很大的发展空间。

有超过半数的中资企业的资本来源于企业自筹资金，少数企业来自于金融机构或银行，企业大部分的融资属于内源性融资，这种融资方式可能会在一定程度上限制企业的发展。

第四章

缅甸营商环境和中国企业投资风险分析

全球经济日益一体化和区域化已成为人类历史发展的趋势。任何抗拒这一趋势的国家或经济体都是徒劳无益的，因为只有主动顺应这一趋势才能为自己谋得生存和发展的空间。人类的这一发展趋势与资本和技术的无国界流动密切相关。资本在全球范围内的流动，其根本目的是源源不断地追求收益，而且这是由资本存在的本质决定的。资本的这种通过不断获取收益来实现自身的再生产和壮大的能力正是技术发展的重要驱动力之一，也正是出于资本和技术紧密共生的原因，世界才出现东西、南北的发展差距。因此，各个国家，尤其是欠发达国家，只有通过改革开放才能有效融入世界发展的大环境中，获得生存的空间。改革的目的是提升自身的造血能力，主要通过优化和调整国内体制结构来实现；开放的目的是为自身扩大输血来源的渠道，主要通过引进外资和技术来实现。在当今世界，即使是最发达的经济体，如美国、日本和欧盟自身的发展都离不开引进资本和技术[①]，更不用说发展中和欠发达的经济体。

然而，发达经济体由于社会制度成熟和法制健全水平较高，营商环境也因之相对优越，所以长期以来吸引外资和技术的力量强劲，成为全球商业资本的主要聚集地。相比之下，发展中和欠发达经济体需

---

① 由科学研究成果转化来的生产工艺是技术的外在表现，而研发和掌握技术的具体应用的人才是技术的核心，所以此处所指的技术既包括前者也包括后者。

要不断地推进体制改革、不断地健全法制,才能提升自身的营商环境,才能为外资的驻留提供安全的政治环境和公正的法治环境。但有一个现象值得我们思考,那就是为什么一些国家和地区,不仅社会制度成熟度和经济发展水平都极度滞后,而且国内政治也极其不稳定,却还能成为外来资本青睐的对象?究其原因主要有两个方面:一是国际资本为了实现收益最大化,就必须不断参与全球资源配置,甚至不惜承担一定的风险,以达到占领市场和控制成本的双重目的,而欠发达国家和地区则往往具备土地资源和劳动力资源成本较低,以及可开发自然资源丰富的优势;二是欠发达经济体为了融入全球经济圈,以获得自身的发展,政府通常会借助外交政治杠杆加强与世界各国和国际资本集团开展投资和经贸合作。缅甸正是这样的国家之一,并且近年来该国的外资投资数额、投资主体数量及投资行业的种类都不断增长。[①] 中国和缅甸山水相连,两国在政治安全和经济发展方面一定程度上有依存关系。同时,中国也是缅甸最大的投资国和援助国之一。[②] 因此,透彻了解缅甸的营商环境,以保障投资收益及最大限度地降低投资风险对中国在缅投资企业来说至关重要。针对中国企业的这一客观需要,本章将对目前在缅投资中资企业对该国基础设施、公共服务水平及服务治理现状的问卷调查反馈进行比较分析,为已在缅投资的中资企业及有计划到缅投资的中资企业提供投资风险分析和防范建议。

第一节　缅甸基础设施供给分析

一个国家的基础设施水平主要体现在水、电、网络、建筑、公路

---

① 薛紫臣、谢闻歌:《缅甸国际直接投资环境分析》,《现代国际关系》2015 年第 6 期。

② 卢光盛、李晨阳、金珍:《中国对缅甸的投资与援助:基于调查问卷结果分析》,《南亚研究》2014 年第 1 期。

等硬条件方面,也是吸引外资入驻的保障性前提。所以,在不具备一定水平的基础设施条件下谈招商引资是没有多少实际意义的。但在基础设施能达到吸引外资的前提条件下,如何有规范、按质量和廉政地供给基础设施对一个国家留住外资的能力是一种考验,因为投资收益和安全是外来资本投资意愿的保障。本节将从在缅投资中资企业的视角来评述该国基础设施供给的规范性、质量保障和廉政水平。

一 基础设施供给的规范性

基础设施供给的规范性指的是基础设施的申请使用是否有一套统一、完整的行政审批程序。规范的行政审批程序则有利于为外来投资商提供制度信心保障。通过以下数据分析,我们可以了解缅甸基础设施供给的规范程度。

其一,从企业是否位于经济开发区来分析缅甸政府对水、电、网和建筑的管理水平,如表4-1所示。

表4-1 企业是否提交水电网建筑申请的询问中回答"是"的比例 (单位:%)

	水	电	网	建筑
不在经济开发区	11.11	27.78	72.22	27.78
位于缅甸经济开发区	20.00	47.06	75.00	50.00
工业	20.00	44.83	80.00	53.33
服务业	12.00	36.00	65.38	30.77

注:回答"否"的比例略,下同。

从表中可以看到,不论企业是否位于经济开发区,相比对网络资源的管理,缅甸政府对水、电和建筑的管理存在明显的不规范问题。根据问题的严重程度依次表现为:首先是水资源的管理问题,仅11.1%的非经济开发区企业提交过用水申请,而近九成的非经济开发区企业未提交过用水申请;同样,提交过用水申请的经济开发区企业也仅为20%，而八成企业没有提交过用水申请。其次是电力资源的管理问题，仅27.8%的非经济开发区企业提交过用电申请，而七成以上企业未提交过用电申请；相比之下，提交过用电申请的经济开发区企业占47.1%，而半数以上企业没有提交过用电申请。再次是建筑的管理问题，仅27.8%的非经济开发区企业提交过建筑使用申请，而大部分企业没有提交过建筑使用相关申请；相比之下，交过和未提交过建筑使用相关申请的经济开发区企业各占一半。最后是网络的管理问题，72.2%的非经济开发区企业提交过网络使用申请，与经济开发区企业75%的比例接近。可见，该问题与企业是否处于经济开发区的关系不大，大部分企业都提交过网络使用相关申请。

根据以上分析可以看出，缅甸政府对经济开发区的管理比对非经济开发区的管理更规范，但总体来说存在的问题都很严峻。

其二，从企业的行业类型来分析缅甸政府对水、电、网和建筑的管理水平。从表4-1可以看到，不论企业是属于工业还是服务业，相比对网络资源的管理，缅甸政府对水、电和建筑的管理存在明显的不规范问题。根据问题的严重程度依次表现为：首先是水资源的管理问题，仅有两成（20%）的工业类企业提交过用水申请，而八成（80%）的企业未提交过相关申请；同样，仅12%的服务类企业提交过用水申请，而近九成企业没有提交过相关申请。其次是电力资源的管理问题，四成以上（44.8%）的工业类企业提交过用电申请，而半数以上企业未提交过相关申请；相比之下，只有三成以上（36%）的服务类企业提交过用电申请，而未提交过相关申请的企业占六成以上。再次是建筑管理的问题，一半以上（53.3%）的工业类企业提交过建筑使用申请，将近半数（46.7%）的企业没有提交过相关申请；相比之下，仅有三成（30.8%）的服务类企业提交过建筑使用申请，而大部分企业未提交过相关申请。最后是网络的管理问题，八成（80%）工业类企业提交过网络使用申请，仅两成（20%）的企业未提交过相关申请；相比之下，服务类企业提交过网络使用申请的只有六成以上（65.4%），可见，近三成以上企业未提交过相关申请。

根据以上分析,我们可以看到,缅甸政府对工业的管理明显比对服务业的管理更加规范,但总体上存在的问题都比较突出。

二 基础设施供给的质量保障

基础设施供给的质量指的是基础设施的耐用性和稳定性。良好的基础设施供给质量是增加外来投资的生产效率和长期驻留的硬件保障。通过以下数据分析,我们可以了解缅甸基础设施的质量保障状况。

其一,从企业位于经济开发区与否来看断水、断电、断网的发生率,如表4-2所示。

表4-2 企业是否遭遇断水断电断网情况的询问中回答"是"的比例(单位:%)

	断水	断电	断网
不在经济开发区	22.22	88.89	50.00
位于缅甸经济开发区	22.22	91.67	83.33
工业	20.00	86.67	83.33
服务业	26.92	96.15	57.69

从表4-2可看出,非经济开发区和经济开发区企业发生断电和断网的情况都十分频繁,相比之下断水的情况发生率比较低。根据问题的严重程度依次表现为:首先是断电问题,88.9%的非经济开发区企业发生断电情况,与经济开发区企业91.7%的发生率接近,可见,九成左右的企业都遇到过断电问题。其次是断网问题,50%的非经济开发区企业发生断网情况,也就是一半受访企业遇到过断网问题;相比之下,高达83.3%的经济开发区企业发生断网情况,可见,绝大多数经济开发区企业遇到过断网问题。最后是断水问题,非经济开发区和经济开发区企业发生断水情况的比例均为22.2%,说明大部分

企业都没有遇到过断水问题。

根据以上分析，我们可以看到，缅甸在电力和网络供应方面存在的问题十分严重，而且经济开发区出现的情况尤为突出。

其二，从企业的行业类型来看断水、断电、断网的发生率。从表4-2中，我们可以看到，绝大部分工业类企业出现过断电和断网的情况，而服务类企业的断电问题远比断水问题严重。根据问题的严重程度依次表现为：首先是断电问题，近九成（86.7%）的工业类企业遇到过断电问题；96.2%的服务类企业发生过断电情况，即接近百分之百的服务类企业遇到过断电问题而且情况明显比工业类企业更为严重。其次是断网问题，八成以上（83.3%）的工业类企业遇到过断网问题；近六成（57.7%）的服务类企业发生过断网情况，可见，四成左右的服务类企业未遇到过断网问题，问题的严重程度低于工业类企业。最后是断水问题，仅两成（20%）的工业类企业发生过断水情况，可见，八成的工业类企业没遇到过断水问题；相比之下，近三成（26.9%）的服务类企业发生过断水情况，可见，大多数服务类企业未遇到过断水问题，但其情况比工业类企业更为严重一些。

根据以上分析，我们可以看到，缅甸频繁出现的断电和断网问题给绝大多数工业类企业造成困扰。断电问题对服务类企业的影响最为严重（近百分之百的企业受影响），相比之下，断水问题的影响要小得多。

三 基础设施供给的廉政水平

基础设施供给的廉政水平指的是行政部门在审批基础设施使用权的过程中出现的腐败现象的严重程度。良好的基础设施供给廉政水平能为外来投资提供健康的发育和成长环境。通过以下数据分析，我们可以了解缅甸基础设施供给的廉政水平状况。

其一，从企业位于经济开发区与否来看企业提交水、电、网、建筑使用申请过程中发生的非正规支付比例情况，如表4-3所示。

表 4-3　　企业申请水电网建筑中是否有非正规
支付时回答"是"的比例　　（单位：%）

	水	电	网	建筑
不在经济开发区	50.00	60.00	15.38	20.00
位于缅甸经济开发区	25.00	85.71	12.50	80.00
工业	33.33	81.82	9.52	61.54
服务业	33.33	77.78	17.65	75.00

从表 4-3 中，我们可以看到，位于非经济开发区企业在申请电力和水使用许可过程中产生非正规支付的比例较高，而绝大多数位于经济开发区企业在申请电力和建筑使用许可过程中普遍产生非正规支付。根据问题的严重程度依次表现为：首先是电力使用申请方面，高达 85.7% 的经济开发区企业在申请电力使用许可时存在非正规支付的情况，可见，非正规支付行为发生率接近九成，程度极其严重；相比之下，非经济开发区企业申请电力使用许可时出现非正规支付的占比为 60%，程度也相当严重。其次是建筑使用申请方面，高达八成（80%）的经济开发区企业因申请建筑使用许可的原因而产生非正规支付，程度十分严重；相比之下，非经济开发区企业因申请建筑使用许可的原因而产生非正规支付的占比仅为两成（20%），比位于经济开发区企业的境况要好得多。再次是用水申请方面，有 25% 的经济开发区企业在申请用水许可时出现非正规支付的情况，即非正规支付行为发生率占比不到三成，程度不算太严重；相比之下，一半（50%）的非经济开发区企业因申请水使用许可而产生非正规支付，程度很是严重。最后是网络使用申请方面，经济开发区企业和非经济开发区企业在申请网络使用许可时产生非正规支付的比例分别为 12.5% 和 15.4%，两者基本接近。可见，两者在网络使用申请方面发生非正规支付的企业总体上各不超过两成，情况较为乐观。

根据以上分析，我们可以看到，不论是在经济开发区还是在非经济开发区，缅甸政府在水、电、网、建筑供给方面的廉政水平让人担忧,而且电力和建筑方面存在的问题尤为突出。

其二,从企业行业类型来看企业提交水、电、网、建筑使用申请过程中发生的非正规支付比例情况。从表4-3可以看出,工业类企业和服务类企业在申请电力和建筑使用许可时普遍存在非正规支付的情况,水使用申请的情况次之,最后是网络使用的申请。根据问题的严重程度依次表现为:首先是电力使用申请方面,八成以上(81.8%)的工业类企业在申请电力使用许可时存在非正规支付的情况,可见,绝大部分企业涉及非正规支付,程度极其严重;同样,因申请电力使用许可而产生非正规支付的服务类企业的比例也接近八成(77.8%),可见,相当大一部分企业涉及非正规支付,程度也十分严重。其次是建筑使用申请方面,六成以上(61.5%)的工业类企业因申请建筑使用许可而产生非正规支付,可见,大部分工业类企业涉及非正规支付;相比之下,服务类企业申请建筑使用许可时产生的非正规支付比例则高达75%,即相当大一部分服务类企业涉及非正规支付,程度相当严重。再次是水使用申请方面,工业类和服务类企业因申请水使用许可而产生的非正规支付比例均为33.3%,即逾三成的企业发生非正规支付,程度较为严重。最后是网络使用申请方面,只有不到一成(9.5%)的工业类企业因申请使用网络许可而产生非正规支付,程度不算严重;相比之下,接近两成(17.6%)的服务类企业因申请网络使用许可而产生非正规支付,程度比工业类企业严重。

根据以上分析,我们可以看到,不论是针对工业类企业还是服务类企业,缅甸政府在水、电、网、建筑供给方面的廉政水平让人堪忧,而且电力和建筑方面存在的问题最为突出。

第二节 缅甸公共服务供给分析

良好的公共服务条件有利于营造健康的营商环境,而且营商环境指数与外资的引进效率成正比。因此，本节将根据在缅中资企业的受访反馈，从投资管理行政部门的廉政水平、劳动力市场规制政策的影响及企业人才因素的影响三个层面对缅甸公共服务进行分析。

一 投资管理行政部门的廉政水平

政府公共服务部门的廉政水平直接影响着一个国家营商环境的健康程度，同时，反映出一个国家的法制健全程度。从政府职能部门的角度来看，税务机构和进出口管理机构属于两个直接管理外来投资的重要部门。借助受访企业对这两个部门的廉政水平的反馈，我们可以对缅甸投资管理相关行政部门的廉政水平有一个基本的了解。

首先，对税务机构的廉政水平进行分析。如表4-4所示，不论是工业类还是服务类的企业，相当一部分企业接受过税务机构检查，而且在此过程中都普遍出现非正规支付的情况。其中，服务类的情况较为突出。具体表现为：首先，有四成以上（41.4%）的工业类企业接受过税务机构的检查，而且在这些受检查的企业中，四成企业产生过非正规支付。可见，工业类企业在接受税务机构检查时，产生非正规支付的现象比较普遍。其次，四成以上（42.3%）的服务类企业接受过税务机构的检查，而且在这些受检查的企业中，半数以上产生过非正规支付。可见，服务类企业在接受税务机构检查时，产生非正规支付的现象相当普遍。

表4-4　　　　　　企业税务机构检查与非正规支付比例　　　　（单位：%）

	税务机构走访或检查		税务机构非正规支付	
	是	否	是	否
工业	41.38	58.62	40.00	60.00
服务业	42.31	57.69	55.56	44.44
不在经济开发区	38.89	61.11	42.86	57.14
位于缅甸经济开发区	42.86	57.14	45.45	54.55

又如表 4-4 所示，相当一部分位于经济开发区企业和非经济开发区企业都接受过税务机构的检查，而且在此过程中，四成以上企业都出现过非正规支付的情况。具体表现为：首先，有将近四成（38.9%）的非经济开发区企业接受过税务机构的检查，而且在这些受检企业中，四成以上（42.9%）的企业出现过非正规支付的情况。可见，非经济开发区企业在接受税务机构检查时，产生非正规支付的现象比较普遍。其次，有四成以上（42.9%）的经济开发区企业接受过税务机构的检查，而且在这些受检查的企业中，近五成（45.5%）出现过非正规支付的情况。可见，经济开发区企业在接受税务机构检查时，产生非正规支付的现象相当普遍。

综合而言，我们可以看到，不论企业是属于工业还是服务业或不论企业是否位于经济开发区，在接受税务机构检查的过程中，产生非正规支付的现象总体来说相当普遍，所以缅甸税务机构的廉政水平令人担忧。

其次，对进出口管理机构的廉政水平进行分析。如表 4-5 所示，从企业是否位于经济开发区来看，绝大多数位于经济开发区企业都向进出口管理机构提交过进出口许可申请，而且半数以上企业在该过程中出现过非正规支付的情况；相比之下，位于非经济开发区企业出现非正规支付的比例更低。根据问题的严重程度依次表现为：首先，多达 80.6% 的经济开发区企业向进出口管理部门提交过进出口许可申请，但在此过程中，出现非正规支付的比例也高达 56.5%。可见，近六成位于经济开发区企业在提交进出口许可申请时涉及非正规支付的问题，程度相当严重。其次，半数的非经济开发区企业向进出口管理部门提交过进出口许可申请，但在该过程中，出现非正规支付的企业也在四成以上（44.4%）。可见，涉及非正规支付的非经济开发区企业的比例也较高，程度较为严重。

表4-5　　　　　　企业进出口许可申请与非正规支付比例　　　　（单位：%）

	进出口许可申请		进出口许可申请中非正规支付	
	是	否	是	否
不在经济开发区	50.00	50.00	44.44	55.56
位于缅甸经济开发区	80.56	19.44	56.52	43.48
工业	76.67	23.33	58.82	41.18
服务业	60.00	40.00	46.67	53.33

从企业的行业类型来看，大多数工业类和服务业类的企业都向进出口管理机构提交过进出口许可申请，而且在该过程中，出现非正规支付的比例相对较高。根据问题的严重程度依次表现为：首先，有76.7%的工业类企业向进出口管理机构提交过进出口许可申请，在此过程中出现非正规支付的比例也高达58.8%。可见，近六成工业类企业在提交进出口许可申请时涉及非正规支付，程度相当严重。其次，六成服务类企业向进出口管理机构提交过进出口许可申请，且在该过程中出现非正规支付的比例也接近50%。可见，涉及非正规支付的非经济开发区企业的比例也较高，程度较为严重。因此，我们可以看到，不论企业是否位于经济开发区或不论企业是属于工业还是服务业，在申请进出口许可的过程中，都普遍存在非正规支付的情况。所以，缅甸进出口管理机构的廉政水平令人担忧。

二　劳动力市场规制政策的影响

首先，从企业的行业类型进行分析。如表4-6所示，从企业的行业类型来看，劳动力市场规制政策不仅对工业类企业的影响范围更广，而且程度更深。逐级分析，不同程度的影响依次表现为：在"没有妨碍"级别中，工业类企业的比例只有43.3%，也就说近六成的工业类企业受劳动力市场规制政策的影响；相比之下，服务类企业没有受到妨碍的比例高达57.7%，即只有四成左右的服务类企业受劳动力市场规制政策的影响。在"一点妨碍"级别中，工业类企业的比例近两成,而服务类企业的比例近三成,高出前者十个百分点左右。在"中等妨碍"级别中,工业类企业占比10%,稍高于服务类企业7.7%的比例,但工业类企业受影响的严重程度正是从这个级别开始凸显。在"较大妨碍"级别中,工业类企业的比例为23.3%,显著高于服务类企业7.7%的比例,这一级别是两类企业受影响程度的最大差距所在。在"非常严重妨碍"级别中,工业类企业的比例降为6.7%,而服务类企业却为零,这一级别凸显了劳动力市场规制政策对工业类企业的集中影响。

表4-6　　　　劳动力市场规制政策影响公司生产经营程度　　　(单位:%)

组别	没有妨碍	一点妨碍	中等妨碍	较大妨碍	严重妨碍
工业	43.33	16.67	10.00	23.33	6.67
服务业	57.69	26.92	7.69	7.69	0.00
位于缅甸经济开发区	38.89	19.44	13.89	22.22	5.56
不在经济开发区	66.67	27.78	0.00	5.56	0.00

其次,从企业是否位于经济开发区来看,劳动力市场规制政策不仅对经济开发区企业的影响范围更广,而且程度更深。逐级分析,不同程度的影响依次表现为:在"没有妨碍"一级,经济开发区企业的比例接近四成(38.9%),也就是说大部分经济开发区企业受劳动力市场规制政策的影响;相比之下,非经济开发区企业没有受到妨碍的比例接近七成(66.7%),即只有少部分非经济开发区企业受劳动力市场规制政策的影响。在"一点妨碍"一级,经济开发区企业的比例接近两成(19.4%),与非经济开发区企业近三成(27.8%)的比例有一定差距。在"中等妨碍"一级,经济开发区企业的比例为13.9%,而非经济开发区企业的比例为零,所以两者差距显然,这个程度级别凸显出劳动力市场规制政策对经济开发区企业的影响。在"较大妨碍"一级,经济开发区企业的比例超过两成(22.2%),而非经济开发区企业的比例仅为5.6%,所以两者差异同样显然,这一

级别是两类企业受影响程度的最大差距所在。在"严重妨碍"级别中,经济开发区企业的比例为5.6%,而非经济开发区企业的比例为零,所以两者差距亦较明显。

综合而言,我们可以看到,劳动力市场规制政策对工业类企业和位于经济开发区企业的影响远比对服务类企业和位于非经济开发区企业的影响严重,而且受影响的程度逐级递增。

三 企业人才因素的影响

首先,从员工素质的角度进行分析。如表4-7所示,从员工素质层面来看,员工素质对工业类企业和服务类企业的影响比例相当,但对工业类企业的影响程度更为严重。逐级分析,不同程度的影响级别依次表现为:在"没有妨碍"级别中,工业类企业13.3%的比例和服务类企业15.4%的比例接近,也就是说绝大部分工业类和服务类企业的生产经营都受到员工素质的影响。在"一点妨碍"级别中,服务类企业的比例接近四成(38.5%),差不多高出工业类企业一倍。在"中等妨碍"级别中,工业类企业的比例为23.3%,与服务类企业26.9%的比例接近,两类企业在这一级别受到的影响程度相当。在"较大妨碍"级别中,工业类企业的比例超过三成(33.3%),而服务类企业的比例不足两成(19.2%),正是在这一程度级别,工业类企业受员工素质影响的严重程度凸显。在"严重妨碍"级别中,工业类企业的比例为10%,而服务类企业的比例为零,

表4-7 缅籍管理人员和普通员工素质妨碍公司生产经营程度 (单位:%)

	组别	没有妨碍	一点妨碍	中等妨碍	较大妨碍	严重妨碍
普通员工	工业	13.33	20.00	23.33	33.33	10.00
	服务业	15.38	38.46	26.92	19.23	0.00
管理人员	工业	23.33	13.33	13.33	30.33	20.00
	服务业	15.38	15.38	3.85	46.15	19.23

所以两者差距显然。总体来说，员工素质是影响绝大多数企业生产经营的一个重要影响因素，虽然在轻度和中等程度的影响范围中，服务类企业的比例较高，但在较大程度和严重程度的影响范围内，工业类企业的比例较高。

其次，从管理人员的层面看，管理人员对服务类企业的生产经营的比例更高，而且在"较大妨碍"一级，服务类企业受影响的严重程度明显高于工业类企业。逐级分析，不同程度的影响级别依次表现为：在"没有妨碍"级别中，服务类企业的比例为15.4%，即高达八成以上服务类企业的生产经营受管理人员因素的影响；相比之下，工业类企业的比例为23.3%，即七成左右的工业类企业的生产经营受管理人员因素的影响。在"一点妨碍"一级，服务类企业的比例为15.4%，仅以两个百分点稍高于工业类企业13.3%的占比，可见，两类企业在这一程度级别受管理人员因素影响的严重程度基本接近。在"中等妨碍"级别中，服务类企业的比例为3.9%，明显低于工业类企业13.3%的占比，可见，在该程度级别，工业类企业受管理人员影响的严重程度较为突出。在"较大妨碍"级别中，服务类企业的比例接近五成（46.2%），而工业类企业的比例只有三成，所以，在该级别中，服务类企业受管理人员因素影响的严重程度明显高于工业类企业。在"严重妨碍"一级，服务类企业的比例为19.2%，与工业类企业两成的占比十分接近，甚至两者的差距可以忽略。由此可知，虽然在不同影响程度级别，工业类企业和服务类企业受管理人员因素影响的严重程度有一定差别，但是，两类企业的受影响程度趋于均衡。

经济开发区是东道国吸引外来生产型企业和技术开发型企业落户的集中区域，而专业技术人才和管理人才是外资扎根东道国，开展生产经营不可或缺的人力资源。

如表4-8所示，从企业是否位于经济开发区来看，非经济开发区企业的生产经营受专业技术人才招聘难度的影响比例更高，而受影响的严重程度总体上更为突出。逐级分析，不同程度的影响级别依次表现为：在"没有妨碍"一级，非经济开发区企业的比例为5.6%，明显低于经济开发区企业16.7%的占比，说明非经济开发区企业受专业技术人才招聘困难因素的影响程度更高。在"一点妨碍"级别中，非经济开发区企业的比例超过两成（22.2%），而经济开发区企业的比例不到一成（8.3%），由此可见，前者受专业技术人才招聘困难影响的严重程度远远高于后者。在"中等妨碍"级别，经济开发区企业的比例为11.1%，约为非经济开发区企业5.6%占比的两倍，所以在这一级别中，经济开发区企业受专业技术人才招聘困难影响的严重程度明显高于非经济开发区企业。在"较大妨碍"一级，非经济开发区企业的比例为55.6%，而经济开发区企业的占比为47.2%，前者受专业人才招聘因素影响的严重程度高于后者。在"严重妨碍"级别中，非经济开发区企业的比例为11.1%，比经济开发区企业低5.6%，两类企业在这一级别存在一定差别。

表4-8　专业技术人员和管理人员招聘难度妨碍公司生产经营程度　（单位：%）

	组别	没有妨碍	一点妨碍	中等妨碍	较大妨碍	严重妨碍
专业技术人员招聘难度妨碍生产经营的程度	位于缅甸经济开发区	16.67	8.33	11.11	47.22	16.67
	不在经济开发区	5.56	22.22	5.56	55.56	11.11
	有企业工会	21.05	0.00	0.00	47.37	31.58
	无企业工会	10.81	18.92	13.51	48.65	8.11
管理人员招聘难度妨碍生产经营的程度	有企业工会	10.53	5.26	15.79	36.84	31.58
	无企业工会	24.32	18.92	5.41	37.84	13.51
	有女性高管	13.89	16.67	5.56	41.67	22.22
	无女性高管	30.00	10.00	15.00	30.00	15.00

综合表4-8的分析结果，我们可以看到，经济开发区是缅甸专业技术人才就业的集中区域。所以，经济开发区企业招聘专业技术人才相对非经济开发区企业来说要容易得多。

从企业有无工会的角度来看，没有工会不仅对企业专业技术人才招聘的影响比例更高,而且影响的严重程度也相对突出。逐级分析,不同程度的影响级别依次表现为:在"没有妨碍"一级,有工会的企业占21%,而无工会的企业仅占10.9%,没有工会对企业招聘专业技术人才造成了影响,有工会的企业在招聘专业技术人才方面具有相对优势。在"一点妨碍"和"中等妨碍"两个级别,有工会的企业在专业技术人才招聘方面没有困难,而没有工会的企业中,近两成(18.9%)企业遇到了困难。在"较大妨碍"级别中,无工会企业的比例为48.7%,而有工会企业的比例为47.4%,两者在招聘专业技术人才时遇到的困难相当。在"严重妨碍"一级,三成以上(31.6%)有工会的企业认为有工会与否直接影响到专业技术人才的招聘,而无工会企业的比例不到一成,与前者的差别很明显。

由此可知,虽然在"严重妨碍"级别没有工会的企业招聘专业技术人才时受工会因素影响的严重程度低于有工会的企业,但总体来看,有工会的企业在招聘专业技术人才时具有相对优势。

从企业有无工会的角度来分析,总体上,有工会的企业招聘管理人员的难度比无工会的企业难度大。逐级分析,不同程度的影响级别依次表现为:在"没有妨碍"一级,无工会的企业占两成以上(24.3%),而有工会的企业则仅为一成(10.5%)。在"一点妨碍"一级,无工会企业的比例为18.9%,而有工会企业的只占5.3%。在"中等妨碍"级别中,有工会企业的比例为15.8%,明显高于无工会企业5.4%的比例,所以前者在招聘管理人员时受工会因素影响的严重程度显著高于后者。在"较大妨碍"级别中,有工会和无工会企业的比例相当,都接近四成。在"严重妨碍"一级,有工会企业的比例超过三成(31.6%),是无工会企业13.5%占比的两倍以上。因此,有工会的在缅中资企业在招聘管理人员时遇到的困难明显比无工会的企业更严重。所以,工会不利于企业招聘管理人才。

表4-8也显示,从企业有无女性高管的角度来看,有女性高管的企业在招聘管理人员时遇到的困难比没有女性高管的企业更为突出。逐级分析,不同程度的影响级别依次表现为:在"没有妨碍"

一级，有女性高管的企业比例为13.9%，即近九成的企业在招聘管理人员时受女性高管的因素影响；相比之下，受该因素影响的无女性高管企业的比例为七成，明显低于前者。在"一点妨碍"级别中，有女性高管企业的比例为16.7%，明显高于无女性高管企业刚好有一成的占比。在"中等妨碍"一级，有女性高管企业的比例只有5.6%，约为无女性高管企业的三分之一，而且只有这一级别后者在招聘管理人员时受女性高管因素的影响明显超过前者。在"较大妨碍"级别中，有女性高管企业的比例超过四成（41.7%），而无女性高管企业的比例刚好为三成，在这一级别中，前者在招聘管理人员时受有女性高管的因素影响的严重程度明显高于后者。在"严重妨碍"一级，有女性高管企业的比例超过两成（22.2%），高于无女性高管企业15%的占比，在这一级别中，前者在招聘高管时受女性高管因素影响的严重程度也超过后者。因此，有无女性高管与在缅中资企业招管理人员时遇到的困难直接相关，在招管理人员时，有女性高管的企业遇到的困难比无女性高管的企业突出。

第三节　中资企业对缅甸公共服务治理的评价

一个国家公共服务的治理水平与诸多因素相关，而且每一个层面的因素都很重要。因此，本节将根据在缅中资企业的受访反馈，从税率因素、工商许可因素、政治形势因素、治理腐败因素、土地许可因素及政府审批因素六个层面分析中资企业对缅甸公共服务治理的评价。

一　税率和工商许可因素的影响

税率对企业的生产经营通常会产生直接影响，而如今，多数发展中国家都会设立经济开发区，并配套有别于国内其他经济区域的税收政策。此外,很多国家对企业的不同行业类型施加的税收政策也有所差别。表4-9分别从企业位于经济开发区与否以及企业的行业分类来分析受访中资企业对缅税率因素影响企业生产经营的差异。

表4-9　　　　税率和工商许可妨碍公司生产经营程度　　　（单位：%）

	组别	没有妨碍	一点妨碍	中等妨碍	较大妨碍	严重妨碍
税率妨碍公司生产经营程度	位于缅甸经济开发区	45.71	22.86	17.14	11.43	2.86
	不在经济开发区	27.78	27.78	27.78	11.11	5.56
	工业	51.72	13.79	20.69	10.34	3.45
	服务业	26.92	34.62	23.08	11.54	3.85
工商许可妨碍公司生产经营程度	位于缅甸经济开发区	57.14	17.14	11.43	8.57	5.71
	不在经济开发区	66.67	16.67	5.56	11.11	0.00
	工业	60.00	13.33	13.33	10.00	3.33
	服务业	60.00	20.00	8.00	8.00	4.00

从企业是否位于经济开发区的角度来看,非经济开发区企业不仅受税率因素影响的比例更高,而且受影响的严重程度更为突出。逐级分析,不同程度的影响级别依次表现为:在"没有妨碍"一级,非经济开发区企业的比例接近三成(27.8%),而经济开发区企业的比例超过四成(45.7%),所以,绝大多数非经济开发区企业的生产经营受税率因素影响,而受该因素影响的经济开发区企业只有五成左右。在"一点妨碍"级别中,非经济开发区企业的比例为27.8%,高出经济开发区企业五个百分点,在这一级别中,税收因素对前者的影响比后者稍微严重。在"中等妨碍"一级,非经济开发区企业的比例为27.8%,比经济开发区企业高10.6%,该级别前者受税收因素影响的严重程度明显超过后者。在"较大妨碍"级别中,非经济开发区企业和经济开发区企业的比例基本相同,该级别两类企业受税收因素影响的严重程度相当。在"严重妨碍"一级,非经济开发区企业的比例为5.6%,高出经济开发区企业约一倍,在该级别中,前

者受税收因素影响的严重程度超过后者。

综合表4-9的分析结果，我们可以看到，缅甸税率因素对企业生产经营的影响与企业是否位于经济开发区直接相关，非经济开发区企业受影响的严重程度超过经济开发区企业。

从企业行业类型的角度来看，服务类企业不仅受税率因素影响的比例更高，而且受影响的程度更为突出。逐级分析，不同程度的影响级别依次表现为：在"没有妨碍"一级，服务类企业的比例为26.9%，约为工业类企业的一半，即大多数服务类企业的生产经营受税率因素影响，而受该因素影响的工业类企业只有一半左右。在"一点妨碍"级别中，服务类企业的比例为34.6%，相比之下，工业类企业的比例只占13.8%，在该级别中，两类企业受税收因素影响程度的差距达到最大值。在"中等妨碍"级别中，服务类企业的比例仅比工业类企业高出两个百分点，而且比例都为两成左右，该级别的两类企业受税收因素影响的严重程度接近。在"较大妨碍"级别中，服务类企业的比例为11.5%，与工业类企业10.3%的比例十分接近，该级别的两类企业受税收因素的严重程度基本一致。在"严重妨碍"一级，两类企业受税收因素影响的比例分别为3.5%、3.9%，该级别的两类企业受税收因素影响的严重程度基本一致。因此，缅甸税率因素对企业生产经营的负影响与企业类型直接相关，服务类企业不论是受影响的比例还是受影响的严重程度都超过工业类企业。

工商许可是企业获得合法经营权的第一步，即企业合法权益的前提保障。表4-9也分别从企业位于经济开发区与否以及企业的行业分类来了解受访中资企业对缅工商机构的不同看法。

从企业是否位于经济开发区的角度来看，经济开发区企业受工商许可因素的影响范围更广，且受影响严重程度总体上更为凸显。逐级分析，不同程度的影响级别依次表现为：在"没有妨碍"一级，经济开发区企业的比例为57.1%，低于非经济开发区企业约十个百分点，即超过四成的经济开发区企业受工商许可因素的影响，而受该因素影响的非经济开发区企业的比例在三成左右。在"一点妨碍"级别中，经济开发区企业和非经济开发区企业的比例基本一致，都占两成左右，该级别的两类企业受工商许可因素影响的严重程度基本相当。在"中等妨碍"级别中，经济开发区企业的比例为11.4%，是非经济开发区企业的一倍，在这一级别中，两类企业受工商许可因素影响的严重程度差距明显。在"较大妨碍"级别中，非经济开发区企业的比例为11.1%，高于经济开发区企业不到三个百分点，该级别的两类企业受工商许可因素影响的严重程度接近。在"严重妨碍"一级，经济开发区企业的比例为5.7%，而非经济开发区企业的比例为零，该级别的两类企业受工商许可因素影响的严重程度差距比较明显。由此可知，受访的在缅中资企业的生产经营受工商许可因素影响的严重程度与企业是否位于经济开发区相关，经济开发区企业不仅受该因素影响的范围更大，而且总体上受影响的严重程度更突出。

从企业行业类型的角度来看，服务类企业和工业类企业受工商许可因素影响的比例相当，并且受影响的严重程度总体上趋于平衡。逐级分析，不同程度的影响级别依次表现为：在"没有妨碍"一级，工业类企业和服务类企业的比例都为60%，故两类企业受工商许可因素影响的范围均为四成。在"一点妨碍"级别中，工业类企业的比例为13.3%，低于服务类企业约七个百分点，而且只有在该级别，工业企业受工商许可因素影响的严重程度明显低于服务类企业。在"中等妨碍"级别中，工业类企业的比例为13.3%，而服务业类企业的比例只有8%，在该级别中，前者受工商许可因素影响的严重程度明显高于后者。在"较大妨碍"级别中，工业类企业的比例为10%，仅高出服务类企业两个百分点，该级别的两类企业受工商许可因素影响的严重程度接近。在"严重妨碍"一级，工业类企业和服务类企业的比例十分接近，该级别的两类企业受工商许可因素影响的严重程度趋于一致。总之，受访的在缅中资企业的生产经营受工商许可因素影响的严重程度与企业的行业类型关系不大，服务类企业和工业类企业不仅受该因素影响的数量比相当，而且受影响的严重程度也趋于平衡。

二 政治形势和治理腐败因素的影响

一个国家政治局势稳定与否直接关系到外来投资商的生命和财产安全。所以,稳定的政局是外商安全的前提和保障。表4-10分别从企业位于经济开发区与否以及企业的行业分类来了解受访中资企业对缅工商机构的不同看法。

表4-10　　政治形势和治理腐败妨碍公司生产经营程度　　（单位：%）

	组别	没有妨碍	一点妨碍	中等妨碍	较大妨碍	严重妨碍
政治形势不稳妨碍公司生产经营程度	位于缅甸经济开发区	41.67	27.78	16.67	8.33	5.56
	不在经济开发区	33.33	22.22	11.11	33.33	0.00
	工业	30.00	26.67	23.33	16.67	3.33
	服务业	50.00	23.08	7.69	15.38	3.85
治理腐败妨碍公司生产经营程度	位于缅甸经济开发区	38.89	27.78	16.67	13.89	2.78
	不在经济开发区	27.78	16.67	33.33	16.67	5.56
	工业	36.67	16.67	33.33	10.00	3.33
	服务业	38.46	30.77	7.69	19.23	3.85

如表4-10所示,从企业是否位于经济开发区的角度来看,非经济开发区企业受政治不稳定因素影响的比例更高,除了"中等妨碍"级别,非经济开发区企业受政治不稳定因素影响的严重程度都更为突出。逐级分析,不同程度的影响级别依次表现为：在"没有妨碍"一级,非经济开发区企业的比例为33.3%,可见,近七成企业受政治不稳定因素影响；相比之下,经济开发区企业的比例为41.7%,即受政治不稳定因素影响的企业比例不到六成,所以非经济开发区企业受该因素影响的范围显然更大。在"一点妨碍"和"中等妨碍"级别,经济开发区的比例都高于非经济开发区企业约六个百分点,所以在这两个级别中,前者受政治不稳定因素影响的严重程度较高于后者。在"较大妨碍"一级,非经济开发区企业的比例高达33.3%,

是经济开发区企业的四倍，所以虽然前者只有在这一级别受政治不稳定因素影响的严重程度超过后者，但两者的差距显然。在"严重妨碍"级别中，经济开发区企业的比例为5.6%，而非经济开发区企业的比例则为零。由此我们可以看到，虽然经济开发区企业受政治不稳定因素影响的数量没有非经济开发区企业多，但总体上对政治不稳定因素的影响的反应更为敏感。

从企业行业类行的角度来看，工业类企业不仅受政治不稳定因素影响的比例比服务类企业更多，而且总体上受影响的严重程度也更为突出。逐级分析，不同程度的影响级别依次表现为：在"没有妨碍"一级，工业类企业的比例为30%，也就是说多达七成的企业受政治不稳定因素影响；相比之下，有半数的服务类企业受该因素的影响，所以前者受政治不稳定因素影响的范围显著超过后者。在"一点妨碍"级别中，工业类企业的比例为26.7%，高于服务类企业约四个百分点，两类企业在该级别受政治不稳定因素影响的差异不太明显。在"中等妨碍"级别中，工业类企业的比例为23.3%，而服务类企业的比例只有7.7%，在该级别中，前者受政治不稳定因素影响的严重程度明显超过后者。在"较大妨碍"级别中，两类企业的比例差异仅仅约为一个百分点，该级别的两类企业受政治不稳定因素影响的严重程度十分接近。在"严重妨碍"一级，工业类和服务类企业的比例差异可以忽略，该级别的两类企业受政治不稳定因素影响的严重程度相当。综合分析结果，我们可以看到，缅甸政治不稳定因素对工业类企业产生较大影响，而相比之下，服务类企业受影响程度相对较小。总体而言，工业类企业受影响的严重程度超过服务类企业。

治理腐败是一个国家经济和社会环境的健康水平的晴雨表，也是一个国家法治水平的集中表现。表4-10也分别从企业位于经济开发区与否以及企业的行业分类来了解受访中资企业对缅政治腐败程度的看法。从企业是否位于经济开发区的角度来看，非经济开发区企业不但受政治腐败因素影响的比例更高，而且总体上受影响的严重程度也更为突出。逐级分析，不同程度的影响级别依次表现为：在"没有妨碍"一级，非经济开发区企业的比例为27.8%，明显低于经济开发区企业38.9%的比例，即七成以上非经济开发区企业受政治腐败因素影响，而受该因素影响的经济开发区企业在六成左右。在"一点妨碍"级别中，经济开发区企业的比例接近三成，而非经济经开发区企业的比例只有16.7%，所以在该级别中，前者受政治腐败因素影响的严重程度显著超过后者。在"中等妨碍"级别中，非经济开发区企业的比例约为经济开发区企业的两倍，所以在该级别中，前者受政治腐败因素影响的严重程度远远超过后者。在"较大妨碍"级别和"严重妨碍"级别，非经济开发区企业的比例均高于经济开发区企业约三个百分点，所以在这两个级别中，两类企业受政治腐败因素影响的严重程度差异不太明显。因此，大多数经济开发区和非经济开发区企业都受不同程度的政治腐败因素的影响，但非经济开发区企业的反应比经济开发区企业更为敏感，而经济开发区企业受影响的严重程度只有在"一点妨碍"级别中才比较突出。

从企业行业类型的角度来看，工业类企业和服务类企业受政治腐败因素影响的比例相当，但除"中等妨碍"级别外，服务类企业受该因素影响的严重程度都相对凸显。逐级分析，不同程度的影响级别依次表现为：在"没有妨碍"一级，工业类和服务类企业的比例都接近40%，两类企业受政治腐败因素影响的比例都接近六成。在"一点妨碍"级别中，服务类企业的比例约为工业类企业的两倍，该级别的两类企业受政治因素影响的严重程度差距十分明显。在"中等妨碍"级别中，工业类企业的比例是服务类企业的四倍，两类企业受政治腐败因素影响的严重程度差距达到最大值。在"较大妨碍"级别中，服务类企业的比例约为工业类企业的两倍，两类企业受政治因素影响的严重程度差距明显。在"严重妨碍"一级，工业类企业和服务类企业的比例相当，该级别的两类企业受政治腐败因素影响的严重程度十分接近。总之，我们可以看到，超过60%的工业类和服务业类企业都因政治腐败因素受到不同程度的影响，而且工业类企业除了在"中等妨碍"一级受影响的严重程度比较突出外，服务类企业对政治腐败的反应更为敏感。

三 土地许可和政府审批因素的影响

土地使用权的政策性优惠和便捷的使用权申请条件通常是外商投资选择的重要参考性因素，而东道国往往也会借助提供土地使用相关优惠政策的方式来吸引外资入驻。表4-11分别从企业位于经济开发区与否以及企业的行业分类来了解受访中资企业对缅土地使用许可的看法。

表4-11　土地许可和政府审批妨碍公司生产经营程度　　（单位：%）

	组别	没有妨碍	一点妨碍	中等妨碍	较大妨碍	严重妨碍
土地许可妨碍公司生产经营程度	位于缅甸经济开发区	58.33	2.78	13.89	13.89	11.11
	不在经济开发区	61.11	5.56	22.22	5.56	5.56
	工业	46.67	0.00	23.33	13.33	16.67
	服务业	73.08	7.69	11.54	7.69	0.00
政府审批妨碍公司生产经营程度	位于缅甸经济开发区	30.56	27.78	8.33	16.67	16.67
	不在经济开发区	11.11	27.78	11.11	22.22	27.78
	工业	23.33	16.67	16.67	20.00	23.33
	服务业	30.77	38.46	0.00	15.38	15.38

从企业是否位于经济开发区的角度来看，经济开发区和非经济开发区企业受土地许可因素影响的数量都比较多，在"一点妨碍"和"中等妨碍"级别，前者受影响的比例低于后者，但从"较大妨碍"级别开始则相反。逐级分析，不同程度的影响级别依次表现为：在"没有妨碍"一级，经济开发区企业和非经济开发区企业的比例都约为六成，即该级别的两类企业受土地许可因素影响的比例均为四成左右。在"一点妨碍"级别中，非经济开发区和经济开发区企业的比例都比较低，前者是后者的两倍，所以在该级别中，非经济开发区企业受土地许可因素影响的严重程度明显高于经济开发区企业。在"中

等妨碍"一级,非经济开发区企业的比例为22.2%,而经济开发区企业的比例只有13.9%,前者受土地许可因素的影响明显超过后者。在"较大妨碍"级别中,经济开发区企业的比例是非经济开发区企业的两倍以上,并且在"严重妨碍"级别,经济开发区企业的比例也约为非经济开发区企业的两倍,所以在这两个级别中,经济开发区企业受土地许可因素影响的严重程度显著超过非经济开发区企业。因此,相当大一部分经济开发区和非经济开发区企业都受到土地许可因素的影响,但经济开发区企业受该因素影响的严重程度更为突出。

从企业的行业类型来看,工业类企业不仅受土地许可因素影响的数量比更高,而且受影响的严重程度也明显超过服务类企业。逐级分析,不同程度的影响级别依次表现为:在"没有妨碍"一级,工业类企业的比例为46.7%,而服务类企业的比例高达73.1%,所以过半数的工业类企业受土地许可因素影响,但服务类企业受影响的比例不到三成。在"一点妨碍"级别中,服务类企业的比例为7.7%,而工业类企业的比例为零,前者受土地许可因素影响的严重程度明显。在"中等妨碍"级别中,工业类企业受影响的数量比例达到最大值,而且是服务类企业的两倍,两类企业受土地许可因素影响的严重程度差距显著。在"较大妨碍"级别中,工业类企业的比例为13.3%,而服务类企业的比例为7.7%,前者受土地许可因素影响的严重程度明显超过后者。在"严重妨碍"一级,工业类企业的比例为16.7%,而服务类企业的比例为零,两类企业受土地许可因素影响的严重程度差距达到最大值。综合分析,我们可以看到,土地许可因素对工业类企业产生集中性影响,而服务类企业的情况相对好一些。

东道国政府对外商投资项目的管制和审批过程能直接反映出该政府的管理水平和服务效率,同时,也是外资企业运行效率的保障条件之一。表4-11也分别从企业位于经济开发区与否以及企业的行业分类来了解受访中资企业对缅政府管理水平的看法。从企业是否位于经济开发区的角度来看,非经济开发区企业不仅受政府管制与审批因素影响的数量比经济开发区企业高,而且受影响的严重程度也更为突出。逐级分析，不同程度的影响级别依次表现为：在"没有妨碍"一级，非经济开发区企业的比例仅为11.1%，而经济开发区企业的比例则高达30.6%，即近九成的非经济开发区企业受政府管制和审批因素的影响，而非经济开发区企业有七成左右受影响。在"一点妨碍"级别中，非经济开发区和经济开发区企业的比例一致，即该级别的两类企业受政府管制与审批因素影响的严重程度相同。在"中等妨碍"级别中，非经济开发区企业的比例为11.1%，高出经济开发区企业不到三个百分点，该级别的两类企业受政府管制和审批因素影响的严重程度基本接近。在"较大妨碍"级别中，非经济开发区企业的比例为22.2%，而经济开发区企业的比例为16.7%，该级别的两类企业受政府管制和审批因素影响的严重程度有一定差距。在"严重妨碍"一级，非经济开发区企业的比例为27.8%，而经济开发区企业的比例只有16.7%，该级别的两类企业受政府管制和审批因素影响的严重程度差距明显。因此，绝大多数非经济开发区企业受政府管制和审批因素的影响，且非经济开发区企业受影响的严重程度明显高于经济开发区企业。

从企业行业类型的角度来看，工业类企业受政府管制和审批因素影响的比例比服务类企业更高，而且受影响的严重程度也更突出。逐级分析，不同程度的影响级别依次表现为：在"没有妨碍"级别中，工业类企业的比例为23.3%，而服务类企业的比例为30.8%，即近八成的工业类企业受政府管制和审批因素的影响，而服务类企业受影响的比例为七成左右。在"一点妨碍"级别中，服务类企业的比例接近四成，而工业类企业的比例则仅为16.7%，服务类企业受政府管制和审批因素影响的严重程度远远超过工业类企业。在"中等妨碍"级别中，工业类企业的比例为16.7%，而服务类企业的比例则为零。在"较大妨碍"和"严重妨碍"两个级别，工业类企业的数量比都为两成左右，而服务类企业的数量比均为15.4%，所以在这两个级别中，工业类企业受政府管制和审批因素影响的严重程度相对突出。综合而言，政府管制和审批因素对大部分工业类和服务类企业都产生了影响，只是工业类企业受影响的数量比相对突出一些；另外，服务类企业的占比只有在"一点妨碍"级别明显高于工业类企业，而工业类企业受影响的数量与受影响的严重程度成正比。

第四节　投资风险分析

投资风险分析是企业风险防控的重要环节，因为明确潜在风险因素有助于企业管理人员预见企业在未来一段时间内可能出现的各类风险，并采取预防性措施。因此，本节将根据受访的在缅中资企业对投资考察、安全生产成本、政治环境、未来一年企业主要潜在风险因素四个层面的反馈结果，展开对在缅中资企业投资风险的分析。

一　投资考察

企业出境投资必须先对东道国进行投资考察，包括对可行性、市场竞争、法律、宗教等多方面的系统考察。首先，来看投资可行性考察。从调查数据的总体来看，九成以上中国企业赴缅投资之前都做过投资可行性考察。考察的具体情况表现为：首先，从企业的行业类型的角度来看，进行过投资可行性考察的工业类和服务类企业的比例分别为93.1%和92%，两类企业的数量比十分接近，而没有进行过投资可行性考察的企业只有极少数。其次，从企业是否位于经济开发区的角度来看，进行过投资可行性考察的经济开发区企业的比例高达94.1%，高出非经济开发区企业约五个百分点，非经济开发区企业没有进行过投资可行性考察的比例高于经济开发区企业。最后，从企业有无女性高管的角度来看，有女性高管的企业进行过投资可行性考察的比例为91.4%，低于无女性高管企业约三个百分点。可见，有女性高管的企业没有进行过投资可行性考察的比例相对较高。因此可以说，受访的在缅中资企业都十分重视投资可行性考察，预先不做投资可行性考察的企业数量比很低。

从投资考察类型来看，如表4-12所示，绝大多数中国赴缅投资企业的投资考察类型都相当全面。考察的具体情况表现为：首先，从企业的行业类型的角度来看，工业类企业对法律法规和劳动力素质重视程度相对于服务类企业更高，但相比之下，服务类企业对市场竞争重视程度更为突出。其次，从企业是否位于经济开发区的角度来看，经济开发区和非经济开发区企业只在对市场竞争的重视程度方面比较接近，而且做过市场竞争考察的企业的数量比都超过九成。两类企业对其他考察类型的重视程度的差异较大，如只有81.3%的非经济开发区企业重视对缅甸宗教文化和生活习惯的考察，而重视该层面的经济开发区企业的数量比高达90.6%；又如，仅75%的非经济开发区企业对缅甸劳动力素质的考察，而重视该层面的经济开发区企业的数量比却高达93.8%。最后，从企业有无女性高管的角度来看，有女性高管和无女性高管的企业只是在对市场竞争的重视程度方面比较接近，而且做过市场竞争考察的企业的数量比都超过九成。两类企业对其他考察类型的重视程度的差异较大，如有女性高管的企业只有84.4%的比例重视对缅甸外国直接投资法律法规的考察，而高达100%的无女性高管的企业重视对该层面的考察；又如，在对缅甸宗教文化和生活习惯，以及对缅甸劳动力素质考察的重视程度方面，无女性高管企业的比例均高出有女性高管企业约十个百分点。

表4-12　企业被问及投资前是否赴缅甸考察时回答"是"的比例　（单位：%）

	市场竞争调查	外国直接投资法	宗教文化和生活习惯	劳动力素质
工业	88.89	96.30	88.89	92.59
服务业	95.65	82.61	86.96	82.61
不在经济开发区	93.75	93.75	81.25	75.00
位于缅甸经济开发区	90.63	87.50	90.63	93.75
有女性高管	90.63	84.38	84.38	84.38
无女性高管	94.44	100.00	94.44	94.44

综合来说，虽然绝大多数中国赴缅投资企业的投资考察类型比较全面，但是考察的深入程度存在较为明显的差异，而且这种差异还能凸显出企业有无女性高管的事实。

二 安全生产成本

任何企业的正常生产和运营都涉及安全成本投入，但有一部分安全成本投入则属于计划外范畴。表4-13和表4-14分别反映了2017年度受访的在缅中资企业因安全生产需要而产生额外支付及因偷盗问题而产生损失的状况。

表4-13　　　　　2017年企业安全生产额外支付　　　（单位：%）

	安全生产有额外支付	安全生产无额外支付
工业	33.33	66.67
服务业	19.23	80.77
不在经济开发区	16.67	83.33
位于缅甸经济开发区	33.33	66.67
有女性高管	25.00	75.00
无女性高管	30.00	70.00

首先，来看安全生产需要的额外支付状况。如表4-13所示，相当一部分受访企业在2017年度因安全生产需要而产生额外支付。具体情况表现为：首先，从企业的行业类型的角度来看，工业类企业的比例在三成以上（33.3%），而服务类企业的数量比仅接近两成（19.2%），相比之下，前者在安全生产方面的预算外资金投入量明显更多。其次，从企业是否位于经济开发区的角度来看，经济开发区企业的比例为33.3%，是非经济开发区企业的两倍，相比之下，前者在安全生产方面的预算外资金投入额度远远高于后者。最后，从企业有无女性高管的角度来看，有女性高管企业的比例为25%，低于无女性高额企业五个百分点，两类企业在安全生产方面的预算外资金

投入量的差距不是十分明显。

综合表 4-13 的分析结果，我们可以看到，受访的在缅中资企业因安全生产需要而产生额外支付的现象具有一定的普遍性，但工业类企业和经济开发区企业因此而产生的额外投入显著高于服务类企业和非经济开发区企业。另外，企业有无女性高管的事实对该类额外支付数量差异的影响不是很明显。

其次，再来看企业偷盗损失状况。如表 4-14 所示，相当一部分受访企业在 2017 年度因偷盗问题导致意外损失。具体情况表现为：首先，从企业的行业类型的角度来看，工业类企业的比例为 23.3%，而服务类企业的数量比刚好超过三成，相比之下，后者因偷盗问题产生的意外损失要严重得多。其次，从企业是否位于经济开发区的角度来看，经济开发区企业的比例为 25%，而非经济开发区企业的比例为 33.3%，相比之下，后者因偷盗问题产生的意外损失更严重。最后，从企业有无女性高管的角度来看，有女性高管企业的比例为 27.8%，仅高出无女性高管企业不到三个百分点，所以两类企业因偷盗问题产生的意外损失比较接近。

综合表 4-14 的分析结果，我们可以看到，受访的在缅中资企业因偷盗问题而产生意外损失的现象具有一定的普遍性，但服务类企业和非经济开发区企业因此而产生的意外损失显著高于工业类企业和经济开发区企业。另外，企业有无女性高管的事实与该类损失的差异关系不明显。

表 4-14　　　　　　　2017 年企业偷盗损失状况　　　　　　（单位：%）

	发生过偷盗损失	未发生偷盗损失
工业	23.33	76.67
服务业	30.77	69.23
不在经济开发区	33.33	66.67
位于缅甸经济开发区	25.00	75.00
有女性高管	27.78	72.22
无女性高管	25.00	75.00

三 政治环境

如图4–1所示，根据中资企业管理层对2017年缅甸政治环境的看法，可看出他们中的大部分人对缅甸政治环境的看法并不乐观，认为投资存在不同程度的风险。具体表现为：超过四成的人认为缅甸政治局势扑朔迷离，难以预测，所以存在不稳定的风险，而且持该观点人数比最大。有25.5%的人认为因为缅甸存在党派争斗，所以投资需要谨慎。有1.8%的人认为由于缅甸党派斗争比较激烈，所以政治冲突事件频繁发生，持该观点的人数比最小。有近两成的人认为缅甸政局比较稳定，所以投资也相对安全。另有12.7%的人认为缅甸政局稳定，所以投资风险也比较小。

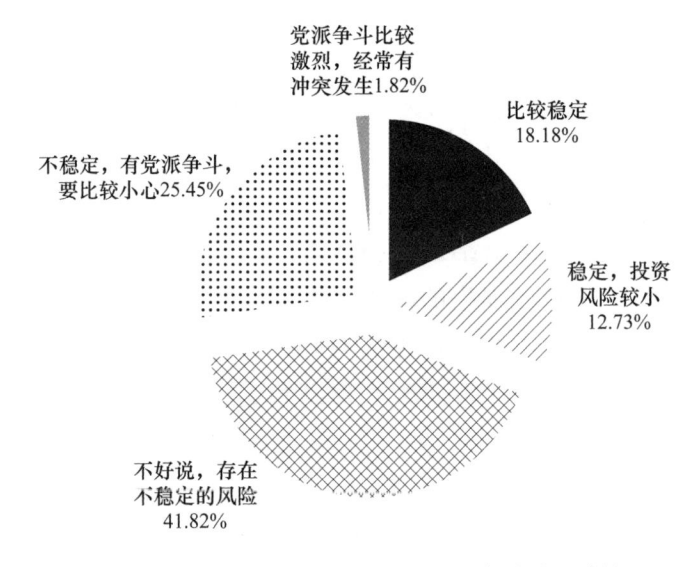

图4–1 中资企业管理层认为2017年缅甸政治环境情况

综合图4–1的分析结果，我们可以看到，大部分中资企业管理人员都认为缅甸政治不稳定给投资安全带来了风险，而且导致政治不稳定的原因集中表现为各党派之间的斗争。相比而言，他们中只有三成左右的人对缅甸政治环境持乐观态度。

四 风险预测

企业风险预测因能起到比较明确的指向性和针对性的作用，故对企业制定风险防范措施至关重要。

如表4-15所示，我们可以看到，员工工资增长和市场竞争上升是造成企业经营风险的两个主要因素，其次是政策限制加强。具体情况表现为：首先，从企业的行业类型的角度来看，工业类企业受员工工资增长因素影响的比例为63.3%，而服务类企业的数量比刚好是一半，所以前者受该因素影响的严重程度明显更为突出；工业类企业受市场竞争影响的数量比刚好为一半，而服务类企业受该因素影响的比例高达65.4%，后者受该因素影响的严重程度明显更高；工业类企业和服务类企业受政策限制加强因素影响的比例接近，故两类企业受该因素影响的严重程度相当。其次，从企业是否位于经济开发区的角度来看，非经济开发区企业受员工工资增长因素影响的比例为44.4%，显著低于经济开发区企业66.7%的比例，所以两者受该因素影响的严重程度差距显然；非经济开发区企业受市场竞争因素影响的比例高达72.2%，而经济开发区企业的比例为52.8%，两者受该因素影响的严重程度差距明显；非经济开发区企业受政策限制加强因素影响的比例高达六成以上，而经济开发区企业的比例仅为38.9%，两者受该因素影响的严重程度差距极大。最后，从企业有无女性高管的角度来看，有女性高管与无女性高管企业受员工工资增长因素影响的比例接近，故两类企业受员工工资增长因素影响的严重程度基本相当；有女性高管企业受市场竞争影响因素的比例为55.6%，而无女性高管企业的比例刚好为六成，两类企业受该因素影响的严重程度差距不大；有女性高管企业受政策限制加强因素影响的比例只有36.1%，而无女性高管企业的比例高达六成，所以两类企业受该因素影响的严重程度差距十分显著。

表4-15　　　　　企业未来一年主要经营风险类别　　　（多选；单位:%）

	员工工资增长	市场竞争上升	资源获取难度增加	研发后劲不足	政策限制加强	优惠政策效用降低或到期	政治环境变化	中资企业增多	产品或服务无话语权
工业	63.33	50.00	23.33	10.00	43.33	20.00	33.33	36.67	6.67
服务业	50.00	65.38	11.54	15.38	46.15	7.69	26.92	23.08	3.85
不在经济开发区	44.44	72.22	11.11	22.22	61.11	5.56	33.33	22.22	11.11
位于缅甸经济开发区	66.67	52.78	22.22	8.33	38.89	19.44	30.56	36.11	2.78
有女性高管	58.33	55.56	22.22	16.67	36.11	13.89	27.78	36.11	2.78
无女性高管	55.00	60.00	10.00	5.00	60.00	15.00	35.00	20.00	10.00

综合表4-15的分析结果，我们可以看到，在未来一年最有可能给企业带来风险的主要因素集中在员工工资增长、市场竞争上升和政策限制加强影响三个方面，而且这三方面因素给企业造成的风险的大小与企业的行业类型、企业位于经济开发区与否，以及企业有无女性高管有较为明显的关联。

小　结

在基础设施供给方面，缅甸的电力供应不稳定，断电现象频繁发生，而且经济开发区企业和工业类企业受该问题影响的程度比较突出。此外，企业在申请电力和建筑使用许可的过程中，非正规支付现象比较普遍。

在公共服务管理方面，缅甸行政管理部门的廉政水平让人担忧；劳动力市场规制政策对企业的影响较大，而且经济开发区企业和工业类企业受该因素影响的严重程度尤为突出；企业受管理人才和专业技术才人才招聘难度大问题的影响较大，表现为管理人才招聘难的问题主要集中在服务业，而专业技术人才招聘难的问题主要集中在工业和经济开发区企业。

在公共服务治理方面，税率因素对非经济开发区企业和服务类企业的影响较大；工商许可因素对经济开发区企业的影响比较突出，但对工业类和服务类企业的影响程度比较接近；政治局势因素对经济开发区企业和工业类企业的影响尤为明显；政治腐败因素对非经济开发区企业的影响较为显著，但对工业类和服务类企业的影响程度相当；土地许可因素对经济开发区和非经济开发企业的影响程度比较接近，但对工业类企业的影响较为突出；政府管理因素对非经济开发区企业和工业类企业的影响比较显著。

在投资风险方面，绝大部分企业都进行过投资可行性考察，并且考察类型比较全面；相当一部分企业都存在因安全生产风险需要而导致计划外投入；绝大部分企业管理人员认为在缅投资存在政治安全风险；员工工资增长、市场竞争上升和政策限制加强三个方面的因素将成为未来一年加重企业生产经营困难的主要原因。

第 五 章

缅甸中资企业雇佣行为与劳动风险分析

自"一带一路"倡议提出后,激励着越来越多的中资企业"走出去",到沿线国家为当地员工提供了更多的就业岗位。但缅甸中资企业在创造就业岗位后,亟须解决营造稳定的雇佣关系的问题,以保障当地员工的福利获得,并确保企业海外工作的顺利开展。

在缅甸的营商环境下,中国企业可能面临来自政治、法律、经济、政策、文化(宗教)、社会等方面的风险,而中国企业的劳动力雇佣是否能调适当地的规范和习惯,将是直接影响企业投资及经营风险的主要因素之一。其中,缅甸中资企业经营中的劳资纠纷,尤其是规模不等的罢工事件,对企业的影响是深远的。因此,中资企业的雇佣行为与当地社会文化背景下的劳动(力)风险不可忽视。本章将从缅甸中资企业员工构成、雇佣行为、劳资纠纷及解决途径三方面进行讨论。

第一节 员工构成分析

随着我国越来越多的中资企业开始海外业务的拓展,用工形式也更加多样,其中,主要包括三大类:第一类是中方员工,包括国内派遣的中国员工以及通过在东道国招募到的中方人员,第二类是东道国员工,第三类是除去中国和东道国的其他国家的人员。在最初"走出去"时，中国企业在境外项目执行过程中，非常喜欢用中国工人。从某种程度上而言，这是为了保障项目的质量和工期不受影响，中国工人管理起来更容易。从另一角度看，这是中国人口红利的外移，在境内市场竞争激烈且日趋饱和的情况下，这些工人在境外的劳动将继续为中国带来红利。但是，我们应该认识到，想要提高国际竞争力，核心还是本地化的能力。近几年从整体来看，海外中资企业使用东道国员工以及其他国家员工的数量和占比有明显的增长。为更清楚地了解目前在缅投资的中资企业员工雇佣情况，本节主要从企业员工构成及员工的流动情况入手，并从企业规模的维度进行考察。考察企业员工流动时，除了分析整体的流动情况，还需要从中方员工、缅方员工两个方面进行衡量。

表5-1为企业内部员工的国籍以及性别分布情况。可以看出，在受访企业中，女性员工的平均占比为55.9%，也就是性别比（男：女）平均达到79:100，而在女性占比最高的企业，该比例达到2.5:100；从员工的国别分布可以看出，当地员工在企业的占比平均可达到86.3%，占比最少的为3.3%；中国和其他国家的员工较少，平均占比分别为13.6%和0.2%。

表5-1　　　　　　　　企业员工人数构成　　　　　　　（单位：%）

各类员工占比	均值	标准差	最大值	最小值
女性员工占比	55.89	31.83	97.56	3.33
缅甸员工占比	86.27	20.17	100.00	3.33
中国员工占比	13.57	20.14	96.67	0.00
其他国家员工占比	0.16	1.21	9.09	0.00

对于受访企业整体上女性员工要多于男性员工的现象，与本次调研访问的企业有相当一部分来自纺织业，而纺织业对女性员工的需求高于男性有关。从31.8%的标准差也可以看出，不同企业间女性员工占比差异较大，占比最少的仅为3.3%。这在一定程度上首先验证

了"一带一路"倡议提出后，到海外进行投资的中资企业中纺织业较多的现实状况；其次，说明并不是所有企业的女性占比均处于高比例，而是与企业所处的行业性质息息相关。员工的国别分布体现了在缅投资的中资企业本地员工的平均数量及占比是可观的，已经达到较高的比例。虽然存在占比很低的企业，例如最小值3.3%，但是均值能达到86.3%，说明大部分企业本地化雇佣程度是达到投资要求的。比例较低的企业或许应该结合企业现状考虑是否需要调整本地化雇佣程度。缅方和中方员工占比的方差相差不大，说明两者的波动性差别不大。而其他国家员工平均占比和方差都很低，也体现了海外中资企业中雇用其他国家员工的比例普遍较低。

以上从整体情况考虑了企业内部的员工分布，为了更深度地了解不同国籍员工在企业内的工种类型，有必要分析不同类型员工的国别分布。其中表5-2为企业一线工人的构成情况。由表5-2可以看出，一线员工在企业的平均占比为60.3%，39%的标准差体现了不同企业之间该比例差异较大，但大部分的企业一线员工占比比较高，才能实现总体达到60.3%的水平。其余极大或极小的值有可能是受到企业以及行业性质的影响。

表5-2 企业一线工人或生产员工人数构成 （单位：%）

	均值	标准差	最大值	最小值
一线员工或生产员工占比	60.32	38.95	100.00	0.00
一线员工或生产员工中缅甸员工占比	93.36	17.46	100.00	0.00
一线员工或生产员工中中国员工占比	6.15	17.01	100.00	0.00
一线员工或生产员工中其他国家员工占比	0.33	1.61	9.52	0.00

在一线员工中，缅甸籍员工的占比以17.5%的标准差在0到100%之间分布，平均占比达到93.4%，高于所有受访企业中86.3%的平均占比。也就是说本身占比很高的缅甸籍员工主要分布在企业的一线。与此同时，中国籍一线生产员工所占比值较低，虽然在极少数

的企业，如律师事务所、金融等行业中均为中国籍员工，但总体上中国籍一线生产员工的占比较低，均值仅为 6.2%，以 17% 的标准差在 0 到 100% 之间分布。与缅甸籍员工恰恰相反的是，一线员工中中方员工 6.2% 的占比低于整体的中方员工 13.6% 的比例，也就是说，中方员工为一线员工的可能性要小于缅甸籍员工或者其他国家员工；另外，类似于表 5-1 体现的整体情况，一线员工中的其他国家员工无论是占比还是不同企业间的差异都比较小。但对比发现，一线员工中其他国家员工 0.3% 的占比，略高于整体情况中其他国家员工 0.16% 的占比，即本身占比很少的其他国家员工更多地分布在一线员工中。

目前，境外中资企业仍处于海外拓展阶段，不断地寻求资源和市场，这就决定了企业更需要一个完善的管理与治理机制。有国内母公司的企业还会在管理方面与之有一定的互动，企业在海外经营的成功与否和企业的管理机制有很大的相关性，不仅要适应东道国的公司治理环境，做到合规，同时还要考虑企业绩效等问题。在经营过程中，有些境外中资企业的代理链过长，以防引发跨国代理问题，有些企业采用提高境外中资企业管理团队中当地人员比例的方法。不论是出于企业管理层的科学性研究，还是当地相关法律对在当地投资的中资企业的东道国管理层要求，本报告认为，有必要考虑在缅投资的中资企业内中高层管理员工的基本构成情况，分析结果如表 5-3 所示。

表 5-3　　　　　　　　企业中高层管理人员构成　　　　　　　（单位：%）

	均值	标准差	最大值	最小值
中高层管理员工占比	7.93	9.38	42.86	0.00
中高层管理人员中缅甸员工占比	31.49	32.07	100.00	0.00
中高层管理人员中中国员工占比	67.95	32.26	100.00	0.00

整体来看，中高层管理员工在企业内的平均占比为 7.9%，以 9.4% 的标准差在 0 到 42.9% 之间波动。从中高层占比来看，企业之间的差距较大，这种差距与企业的规模、行业性质等均有一定的关

系。不管规模大小,一般企业均会有相应的不同层级的管理人员,中高层管理人员占比为 0 的企业有可能是分公司或者是工厂,但此类情况在所有受访企业中占比极小。关于中高层管理人员在国别间的分布,在此重点了解中高层管理人员中缅甸人员和中方人员的占比,忽略其他国籍的中高层管理员工。可以看出,缅甸人员占比的标准差为 32.1%,略低于中方人员 32.3% 标准差的比例,两者的差异不大。另外,中高层管理人员中缅甸籍员工的均值为 31.5%,虽然该比例比中国籍员工 68% 的均值低很多,但已经算是较高比例,说明大部分在缅甸投资的中资企业,能够做到在当地招聘中高层管理人员,这对于企业在当地的雇佣本地化水平以及长期经营都是有一定帮助的。

对于一线员工等基本要求较低的员工的聘用,虽然当地工人的生产效率可能不如中国工人高,但平均工资只有中国工人的 1/2 甚至 1/3,所以招聘当地的员工还是具有明显的劳动成本优势,这也是近几年当地员工在中资企业内占比越来越高的原因之一。但是权衡技术与劳动成本,企业可能更看重技术。毕竟一个企业的技术水平,在企业的正常运转中扮演着至关重要的角色。为了解在缅投资的中资企业内技术人员的基本构成情况,接下来将分析此次受访企业内部的技术人员构成,结果如表 5-4 所示。

表 5-4　　　　　　　企业技术人员和设计人员构成　　　　　（单位:%）

	均值	标准差	最大值	最小值
技术人员和设计人员占比	8.92	19.03	100.00	0.00
技术人员和设计人员中缅甸员工占比	41.97	39.03	100.00	0.00
技术人员和设计人员中中国员工占比	52.92	39.94	100.00	0.00

整体来看,技术人员占比以 19% 的标准差在 0 到 100% 之间波动,均值为 8.9%,出现 0 或者 100% 的极值是由于企业性质等因素所导致的,技术人员均为缅甸员工或者均为中国员工的企业属于极少数。表 5-4 重点考察两国员工在企业技术人员中的占比均值,相对

于一线员工或者中高层管理人员来说,两国在技术人员方面的比例分配差别较小,其中缅甸员工平均占比为42%,中国员工平均占比为52.9%,虽有一定的差距,但两者在企业间的波动程度也很接近。这和中国企业在"走出去"的过程中,将技术带到"一带一路"沿线国家,对当地进行技术支持以及对当地工人进行技能培训是分不开的。

一家企业内的非生产员工指的是直接生产员工之外的人员,一般称为二三线人员。因各个企业的规模大小不同,具体的产品存在差异,企业内岗位职能专业性的范围划分不同,必然导致各个企业的人员配置比例具有差异,企业视自身的实际情况而定,不存在一个企业生产性员工与非生产性员工的比例为多少才最合适的问题,关键是企业根据自身业务需求对不同岗位的工作量及工作强度进行合理的分析,做到人尽其用。接下来将简要介绍本次受访企业的整体的非生产性员工分布情况,结果如表5-5所示。

表5-5 企业非生产员工构成 (单位:%)

	均值	标准差	最大值	最小值
非生产员工占比	20.21	28.21	100.00	0.00
非生产员工中缅甸员工占比	76.97	32.12	100.00	0.00
非生产员工中中国员工占比	19.30	29.28	100.00	0.00

由表5-5可以看出,非生产员工在缅甸中资企业中平均占到两成左右,以28.2%的标准差波动,另外,关于极大值和极小值出现的原因与表5-4类似,是由于企业性质等因素所导致的,属于极少数情况,后文均不再赘述。可以注意到,在这约占员工总数两成的非生产员工中,缅甸员工平均占到77%,中国员工平均占到19.3%,其中,不同企业之间缅甸员工占比相对高于中国员工占比。整体来看,在一定程度上非生产性员工的本地化程度是比较可观的。

如前所述,不同业务需求、不同企业结构与不同企业规模均会影响到企业内部的人员分配结构。为此,本报告接下来将选取不同企业规模下的各部分人员占比做进一步的分析。其中,小型规模为 19 人以下的企业、中型规模为 20—99 人的企业、大型规模为 100 人及以上的企业,分析结果如表 5-6 所示。

表 5-6　　　　　　按企业规模划分的企业员工构成　　　　　（单位：%）

	企业规模	均值	标准差	最大值	最小值
女性员工占比	小型企业	47.86	23.00	85.71	20.00
	中型企业	38.05	22.42	86.36	10.00
	大型企业	66.01	33.59	97.56	3.33
中高管理层占比	小型企业	23.41	11.93	42.86	12.50
	中型企业	11.63	7.48	30.00	0.00
	大型企业	2.58	2.96	10.00	0.11
技术/设计人员占比	小型企业	6.49	9.14	20.00	0.00
	中型企业	13.07	22.63	95.45	0.00
	大型企业	7.25	18.66	100.00	0.00
非生产员工占比	小型企业	40.37	43.30	100.00	0.00
	中型企业	22.14	27.91	100.00	0.00
	大型企业	14.60	22.64	90.48	0.00

由表 5-6 可以得出,在平均值方面,无论是女性员工占比、中高管理层占比、技术人员占比还是非生产员工占比,规模不同的企业之间差异都是很明显的。其中,差别最大的是企业内女性员工的占比,中型企业的平均占比最低,为 38.1%,而大型企业的平均占比最高,为 66.0%。除去像纺织业这样的行业性质带来的差异,其余部分的差别很大程度上可以体现性别的不平等状况。

通过不同规模企业的中高管理层占比的分布,可以很明显地看出,大型企业均值最低,为 2.6%,与小中型企业对应的占比相差较大,而且受访企业规模越大,中高管理层人数所占比越低。其原因主要在于大、中型企业的一线生产工人基数较大，所以，变小的是管理人员的占比，而不是数量。同样可以看出，非生产员工的占比也是随着企业规模的增大而降低。对于技术人员在企业中的占比，没有随企业规模变化而同向变化的明显规律，中型企业的均值占比最高，为13.1%，小型企业与大型企业之间相差不大。

以上从各类员工的占比分析了企业的雇佣结构，属于静态层面上的分析。除此之外，本报告认为有必要从动态层面进一步探讨在缅甸投资的中国企业的员工雇佣情况。企业内雇员的流动性在一定程度上可以反映出企业经营过程中的稳定性。正常的员工流动有利于避免企业经营与管理僵化，给企业带来新的管理理念与新鲜血液，有利于员工能动性与创造性的发挥。物极必反，过多的员工流动则会导致员工的流失，员工流失率高不利于企业项目、工序、工程的实施，会影响组织的稳定，企业也将为此付出高昂成本。这里的成本不仅包括直接成本，同时也包括间接成本。直接成本主要是指招聘、培训新员工的费用，而间接成本主要是指当员工流失后会出现一段时间的机器与资源的闲置，而销售员工的离职更会带来一定程度上销售额的降低与客户的流失。为关注企业的雇佣稳定性，在分析员工的流动情况时，重点应关注员工流失情况，并根据员工的类别进一步细化。接下来将针对不同企业规模、员工的不同国别进行分组分析，分析结果如表5-7至表5-9所示，分别为不同规模的企业整体员工流动情况、缅甸籍员工流动情况以及中国籍员工流动情况。

由表5-7可以看出，新增或离职的绝对数量并没有随企业规模的增加而增加。相比较而言，在小、中、大三种规模的企业中，中型企业的稳定性更高，无论是新增雇佣还是辞职人员的数量都较小，而且从标准差可以看出中型企业内部流动性的差异性也较低，也就是说大多数中型企业的稳定性均较好。大型企业之间相差比较大，辞职人员的极差为800，新增人员的极差更是达到了1000。这个差距有可能与企业性质、母公司性质等因素有关系。

表5-7　　企业人员流动情况

	企业规模	均值	标准差	最大值	最小值
新增雇员	小型企业	8.00	6.73	15	0
	中型企业	6.23	6.64	25	0
	大型企业	247.90	305.04	1000	0
辞职人员	小型企业	1.57	1.51	4	0
	中型企业	3.00	2.94	8	0
	大型企业	154.93	215.61	800	0
净流入人员	小型企业	6.43	6.11	14	0
	中型企业	3.00	6.61	21	-6
	大型企业	98.73	162.68	700	-50

表5-8为企业内缅甸员工的流动情况，各项数据均与表5-7的整体情况差别不大，一部分原因是对于大多企业来说，当地员工占员工总量的比例较高，但是不能排除的是缅甸当地员工本身流动性就较大。例如在中型企业中，整体的净流入均值为3，而缅甸员工的净流入情况低于整体，为2.77。尤其在部分中型和大型企业中，净流入为负值，也就是说这一年企业辞职的人员超过新增的雇佣人员。这类企业应结合自身情况，如果是因为企业本身问题导致辞职人员过多，应改善企业的雇佣制度与执行环节。

表5-8　　企业缅甸人员流动情况

	企业规模	均值	标准差	最大值	最小值
新增雇员	小型企业	6.43	6.08	15	0
	中型企业	5.23	5.40	19	0
	大型企业	245.27	296.86	1000	0
辞职人员	小型企业	1.43	1.40	4	0
	中型企业	2.29	2.37	8	0
	大型企业	157.76	218.77	800	0

续表

	企业规模	均值	标准差	最大值	最小值
净流入人员	小型企业	5.00	5.07	13	0
	中型企业	2.77	5.56	17	-4
	大型企业	93.38	142.22	505	-50

表5-9为中国籍员工的流动性情况，无论是企业的基本流动情况还是各企业之间的差异都较小，这与中国籍的员工相当一部分是由中国母公司派遣到缅甸当地有关。另外，值得注意的是，小中型企业新增雇员的均值均大于辞职员工的均值，也就是净流入为正。但是大型企业的净流入均值为负，且相对于小中型企业更加分散，以5.68的标准差分布在-28到7之间。这类员工流出比例高的企业，说明其雇佣关系不稳定，对于企业在海外的发展会有一定的阻碍作用。这会导致企业对员工没有太高的预期，因此在职工培训方面的投入力度可能会相对少一些。

表5-9　　　　　　　　　企业中国人员流动情况

	企业规模类型	均值	标准差	最大值	最小值
新增雇佣人员	小型企业	1.57	4.16	11	0
	中型企业	1.00	2.45	7	0
	大型企业	0.90	2.37	10	0
辞职人员	小型企业	0.14	0.38	1	0
	中型企业	0.43	0.85	2	0
	大型企业	1.48	5.62	30	0
净流入人员	小型企业	1.43	4.24	11	-1
	中型企业	0.54	1.85	5	-2
	大型企业	-0.55	5.68	7	-28

第二节　人员雇佣情况

企业雇佣涉及雇主和雇员两个主体，雇佣结果的好坏与否都应该从企业和员工两个层面考虑，高管能力、员工技能以及企业对员工的培训情况，都对企业的正常运转有着至关重要的作用。本节将从高管自中国到缅甸的平均派遣时间、企业高管英语流利程度、缅甸语流利程度、企业培训人员规模与次数、企业对员工培训的类型、企业招聘中遇到的问题以及企业在招聘中对员工各方面能力的要求等几个方面讨论中资企业的雇佣行为。

图5-1显示了本次访问企业中高管的平均派遣时间分布，可以看出，派遣时间为一到三年的企业数量最多，占有派遣情况企业的半数以上；接下来按占比由高到低依次为四到六年、未满一年、六年以上。

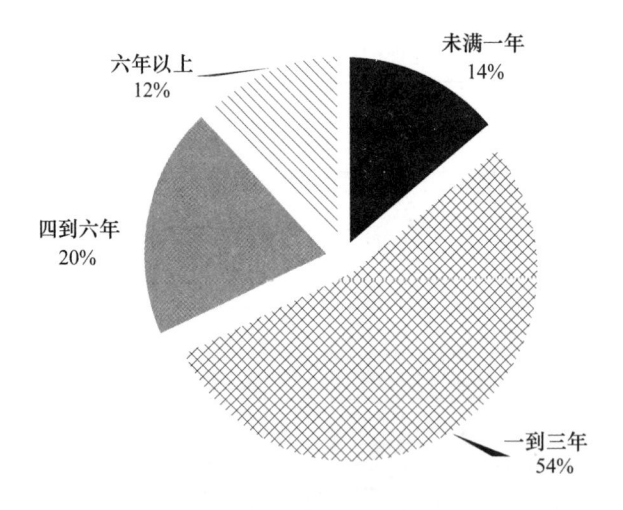

图5-1　母公司派遣高管到缅甸的不同时长占比

除了高管派遣到缅甸的时间长短外，高层管理者能否胜任工作也直接影响企业的发展状况，能力不足将直接制约企业的发展。中资企业在海外经营，面临更加复杂的运营环境，更需要有合格的高管。高管的能力是企业的厚度，是企业组织管理能力的体现。接下来将分析在缅甸投资的海外中资企业高管的语言能力，作为高管能力中很重要的一个维度，企业高管的语言能力强，会更好地与员工沟通，在发生类似劳动纠纷问题时更有可能及时解决，从而建立良好的企业与雇员间的关系。所以，本报告认为有必要从高管对英语、缅甸语的掌握程度来讨论高管在语言沟通方面的能力。为了初步判断高管语言沟通能力与行业性质、位于经开区情况的相关性，分别与行业、位于经济开发区情况进行交互，分析结果如表5-10—表5-11所示。

表5-10为企业高管对英语掌握程度的基本情况。可以看出，服务业高管的英语流利程度明显比工业更高，其中，工业行业中高管完全不会英语的占比达20%，比服务业高出了8.5%；可以用英语交流及以上水平（流利和非常流利）的企业高管在工业行业中占一半，而在服务业中则接近七成（69.2%）。综合来看，整体上服务业企业高管的英语掌握程度要优于工业企业。两者之间明显的差距在一定程度上可以由不同的行业性质来解释，服务业有更高的与外界接触的需求，这就要求更高的语言沟通能力。

表5-10　　　　　　　企业高管英语流利程度占比　　　　　　（单位：%）

	完全不会	会一点	可以交流	流利	非常流利
工业	20.00	30.00	23.33	16.67	10.00
服务业	11.54	19.23	34.62	7.69	26.92
不在经济开发区	0.00	11.11	22.22	22.22	44.44
位于缅甸经济开发区	25.00	33.33	27.78	8.33	5.56

通过是否在经济开发区与英语流利程度的交互结果可以看出，不在经济开发区企业的高管都不同程度地掌握英语，可以用英语交流及以上水平（流利和非常流利）的企业高管接近九成（88.9%），其

中,能非常流利地交流的占比高达44.4%;而在经济开发区企业高管中,完全不会用英语交流的占比高达25%,可以用英语交流及以上水平(流利和非常流利)的企业高管占41.7%,其中,能非常流利地交流的比例仅为5.6%。对比发现,不在经济开发区企业高管的英语掌握程度明显高于经济开发区企业高管。

表5-11为企业高管的缅甸语掌握水平。可以看出,在工业行业中,缅甸语掌握程度达到"可以交流"及以上水平(流利和非常流利)的占比为36.7%,而服务业中的占比为50%;结合表5-10可以发现,服务业企业高管对英语和缅甸语的掌握程度均高于工业企业高管,而且无论是哪个行业的高管,对英语的掌握程度均高于缅甸语。

表5-11　　　　　　企业高管缅甸语流利程度占比　　　　（单位：%）

	完全不会	会一点	可以交流	流利	非常流利
工业	13.33	50.00	13.33	10.00	13.33
服务业	15.38	34.62	15.38	11.54	23.08
不在经济开发区	27.78	27.78	16.67	11.11	16.67
位于缅甸经济开发区	8.33	52.78	13.89	8.33	16.67

通过是否在经济开发区与缅甸语流利程度的交互结果可以看出,不在经济开发区企业的高管中,完全不会用缅甸语交流的占比接近三成(27.8%),达到"可以交流"及以上水平的企业高管占比达四成以上(44.5%);在缅甸经济开发区企业高管中,会一点缅甸语的占比超过一半(52.8%),达到"可以交流"及以上水平的企业高管占比接近四成(38.9%),略低于不在经济开发区的企业。结合表5-10可以看出,无论是英语还是缅甸语,都是不在经济开发区的企业高管掌握程度高于在经济开发区的企业高管。

综合表5-10和表5-11可以看出,在缅甸投资的中资企业高管语言沟通能力还存在一定的不足,造成该问题的原因可能是:过度重视本职能力，综合能力出现"偏科"现象，忽视了管理的重要性。这就要求企业高管在日常工作中要重视自身综合能力的全面发展。

接下来就企业对员工的培训问题，对培训规模与频率、培训内容以及未展开培训的原因进行分析。

表5-12为各类型企业的培训情况。可以看出，所有企业培训的员工均值为396.4，并以618.3的标准差在2到3000之间波动；2998的极差以及618.3的标准差都说明不同企业之间培训涉及的缅甸员工人数相差较大，这在很大程度上可以用企业规模的差异来解释。除了企业规模以外，行业性质、是否位于经济开发区以及企业是否有工会等因素有可能也会影响到企业针对培训的决策。

表5-12　　　　　　　　企业培训规模与次数

	均值	标准差	最大值	最小值
去年培训的缅甸员工人数	396.38	618.29	3000	2
去年培训的次数	23.11	59.47	360	1
工业企业员工培训次数	33.05	79.64	360	1
服务业企业员工培训次数	13.18	26.31	120	1
不在任何经济开发区的企业员工培训次数	14.40	25.18	95	1
有自身工会的企业员工培训次数	15.79	24.34	95	1
没有自身工会的企业员工培训次数	26.53	70.29	360	1

由表中行业性质与培训次数的交互结果可以看出，工业行业培训较多，拉高了整体培训次数的均值，而且企业之间培训次数的差异也更高，极差达到359次。这和服务业雇佣关系更加稳定有关系，而工业企业中很多一线岗位实行工期制，而且要求不高的项目会在项目附近临时招募员工，导致培训次数变多，但增加的培训次数由于培训内容简单，并不必然会成比例地增加培训成本。

根据是否在经济开发区的企业培训情况，可以看出，对员工进行过培训的企业均不在任何经济开发区，这背后的原因有待进一步考证。另外，没有设置工会的企业培训的次数及不同企业之间的差异均大于设有工会的企业。

培训规模与次数会因企业类型的差异而有所不同，同样，不同类型的企业根据自身情况对员工进行选择性培训，在培训内容方面也会有一定差异。表5-13为各类企业的培训情况。

表5-13　　　　企业对员工培训的类型　　　　　（单位：%）

	管理领导能力	交往沟通技能	文字写作能力	职业道德责任	计算机技能	工作专用技能	英文读写	安全生产	其他能力
工业	65.22	56.52	8.70	52.17	17.39	91.30	0.00	91.30	8.70
服务业	33.33	37.50	12.50	50.00	20.83	83.33	16.67	45.83	12.50
不在经济开发区	43.75	50.00	18.75	43.75	18.75	81.25	12.50	43.75	6.25
位于缅甸经济开发区	53.33	46.67	6.67	53.33	20.00	90.00	6.67	80.00	13.33
有自身工会	64.29	57.14	14.29	50.00	28.57	100.00	0.00	92.86	0.00
无自身工会	42.42	42.42	9.09	51.52	15.15	81.82	12.12	57.58	15.15

需要说明的是，问题"企业对员工培训的类型"在问卷中为多选题，企业可同时选择一项或多项技能。所以，每类企业各项技能的培训占比总和是超过1的。首先，不同行业的企业差异很明显。工业企业平均占比排名前三的是：工作专用技能、安全生产、管理与领导能力，其中，选择前两项技能进行培训的企业超过九成。服务业中前三位技能分别为：工作专用技能、职业道德与责任心、安全生产。由此可见，工作专用技能和安全生产技能无论在哪个行业都受到企业的重视。另外，在工业和服务业行业中，培训最少的均是英文读写能力和写作能力，且没有一家工业企业进行过英文读写的相关培训。

从企业是否位于经济开发区的角度来看，两类企业在安全生产方面的培训有较大差距，在经济开发区的企业中，80%的企业进行过此项培训，而不在经济开发区的企业进行过此项培训的占比仅为43.8%，其他类别的培训无较大差异。两类企业培训最多的是工作专用技能，培训最少的仍然是英文读写能力和写作能力。

不管企业有没有工会，培训量位于前两位的均是工作专业技能与安全生产，每一家自身工会的企业均进行过工作专用技能的培训，而未设工会的企业中进行过此项培训的占比为81.8%。两类企业在安全生产培训方面的差异更大，有工会的企业进行过此项培训的占比达92.9%，而没有工会的企业仅达到57.6%。

除了上述进行过各项培训的企业，还有部分企业并没有针对员工进行过专项培训，原因如图5–2所示。

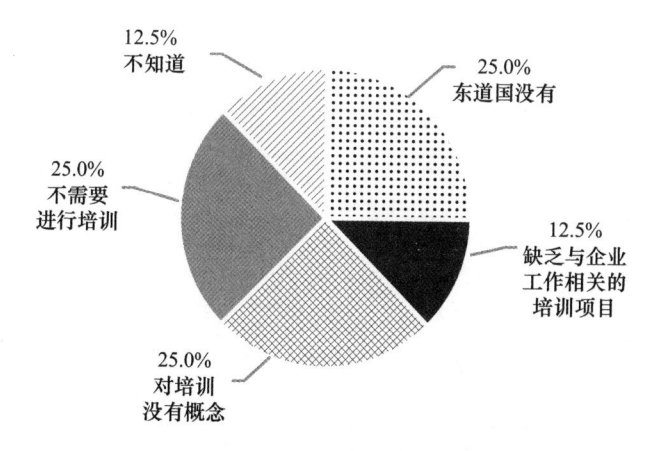

图5–2 企业未举办正规员工培训的原因

可以看出，没有特别集中的原因，其中，认为没有技能培训的需要、没有员工培训的概念、东道国缺乏专业的外部机构提供培训的企业相对较多，均占到没有进行培训的企业的1/4，另外还有1/8的企业是因为缺乏相关技能培训项目，也就是说此类企业由于自身原因限制了企业对员工进行专项技能的培训。

表5–14为2017年企业招聘过程中所遇到的困难分布，很明显，不管企业属于哪个行业、是否位于经济开发区以及企业是否设有工会，"缺乏所需技能"均是企业面临的最大的问题。正是由于各类企业招聘的新员工普遍存在缺乏工作所需技能的现象，为表5–13中有高比例的企业进行工作专用技能培训提供了解释的依据。

表 5–14　　　2017 年企业招聘遇到的问题类型占比　　　（单位：%）

	求职者少	缺乏技能	期望薪酬高	不满工作条件	交流困难
工业	20.00	80.00	26.67	23.33	53.33
服务业	42.31	80.77	46.15	26.92	38.46
不在经济开发区	38.89	77.78	33.33	22.22	33.33
位于缅甸经济开发区	25.00	83.33	36.11	27.78	55.56
有自身工会	15.79	89.47	21.05	21.05	57.89
无自身工会	37.84	75.68	43.24	27.03	40.54

从企业行业类型的角度来看，除缺乏技能外，工业行业面临的另外一个主要问题为"交流困难"，这与工业行业中很多一线员工的工作内容较简单且重复，对员工的要求相对较低，大部分员工的学历低有一定的关系。服务业企业则存在"求职者过少"与"期望薪酬过高"的现象，两者是相互支撑的，就业市场上求职者过少，也就是供不应求，形成了"雇员市场"。这样的就业市场背景，使得求职者有更高的话语权，便会出现"期望薪酬过高"的现象。

从企业是否位于经济开发区的角度来看，"求职者过少"成为不在经济开发区的企业遇到的相对较多的问题。而"交流困难"是缅甸经济开发区企业需要重点应对并解决的困难。从企业是否自身工会的角度来看，数据显示，有工会的企业在招聘员工时出现较多的交流困难的问题，而没有工会的企业有更多的员工期望薪酬过高。工会在很多方面是雇主与雇员之间沟通的桥梁，所以，有工会的企业中"交流困难"问题可以通过工会的渠道缓解这一问题。

对比以上数据，可以得出，在缅甸经营的中资企业都会出现较为严重的求职者素质与企业岗位所需技能不匹配的现象。另外，交流困难以及期望薪酬过高也是企业面临的相对较多的困难。

在前面部分，我们分析了企业高管在语言沟通方面的能力，同样，语言沟通能力作为工作中很重要的能力，不同企业对企业员工也会有一定的要求，只是不同企业会结合自身需要，对语言沟通能力重要性的态度不尽相同。图5-3为企业高管对员工的中英文听说能力、沟通能力重要性的态度分析。

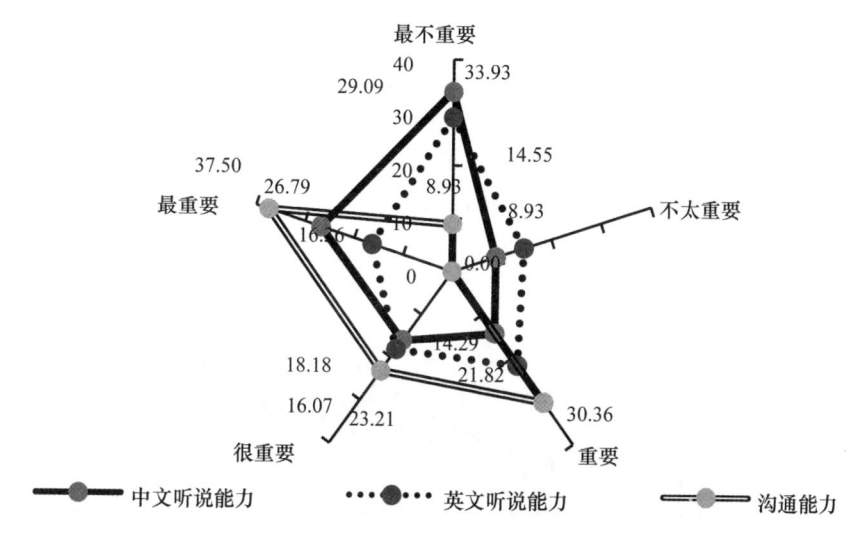

图5-3 企业高管对语言沟通能力重要性的态度（单位：%）

观察以上雷达图，从五边形的扁平形状来看，比较三种能力，企业对沟通能力的要求更加集中，没有企业认为沟通能力不太重要。企业对英文听说能力的要求最分散，各档次占比比较接近。另外可以看出，对几种能力重要性判定分为最不重要到最重要五个档次。经简单计算可得，认为中文听说能力"重要"及以上（很重要、最重要）的企业占比为57.2%，认为英文听说能力"重要"及以上的企业占比为56.4%，认为沟通能力"重要"及以上的企业占比则高达91.1%。认为中文、英文听说能力最不重要的企业占比均达到30%左右，也就是说企业对中英文的要求都较低而且两者相差不大。

以上为企业对员工语言沟通能力的要求，员工除了掌握语言能力外，还需要具备很多其他方面的能力，例如团队合作、独立工作等能力。因此，接下来本报告从以下5类技能分析企业对员工的基本要求。

由图5-4可以看出，企业认为这5项技能最不重要的比例明显减少，占比最高的相关技能也仅5.5%。按图中从上到下的顺序，企业对员工这5项技能的重要程度占比最多的分别是：团队合作、时间管理、问题解决都属于"最重要"，只有独立工作为"很重要"，也就是说，企业对员工独立工作能力的要求稍低一点。将以上五个阶段分为不重要和重要及以上，企业对于整体要求较低的员工独立工作能力的重视程度在"重要"及以上的还达到90%以上。由此可见，企业对员工这5项技能都有较高的要求。

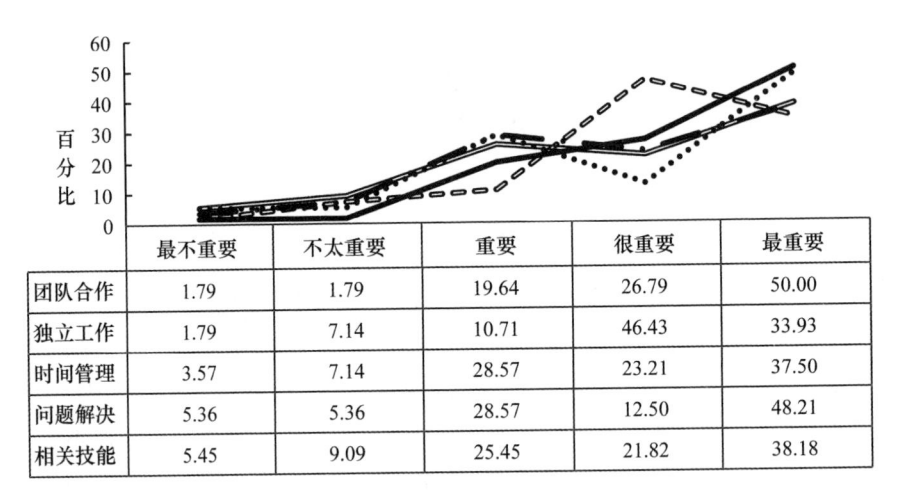

	最不重要	不太重要	重要	很重要	最重要
团队合作	1.79	1.79	19.64	26.79	50.00
独立工作	1.79	7.14	10.71	46.43	33.93
时间管理	3.57	7.14	28.57	23.21	37.50
问题解决	5.36	5.36	28.57	12.50	48.21
相关技能	5.45	9.09	25.45	21.82	38.18

图5-4 企业主对员工相关能力重要性的看法

第三节 劳资纠纷及处理效果分析

随着中国企业海外投资的不断增长，海外投资纠纷频繁发生且类型呈现多样化。中国企业遭遇海外投资纠纷的原因，一方面是企业自身对海外投资的复杂性认识不足，法律风险管理水平跟不上；另一方面则源自投资东道国与国内迥异的投资环境。企业在经营过程中，应该做到防微杜渐，降低纠纷发生的概率，一旦发生纠纷，企业也应当灵活地寻求多种有效途径化解纠纷，以防事态恶化。为了解缅甸中资企业是否存在劳资纠纷,本节将从劳动争议的持续时间、发生原因以及解决途径三个方面讨论分析。

劳资纠纷不仅会使员工产生损失,对企业的正常运转也会带来挑战,时间持续过长甚至导致停产给企业带来的损失都是很大的。所以,企业在发生劳资纠纷时一般都会选择尽快解决。将争议持续时间划分为0天,1到7天,7天以上,由图5-5可以看出,接近七成的企业在争议发生当天能够顺利解决问题。也有一小部分企业纠纷持续时间较长,达到7天以上。纠纷持续的时间长短与其产生的原因以及企业是否有工会均有一定的关系,所以有必要对纠纷产生的原因进行进一步的分析研究,结果如表5-15所示。

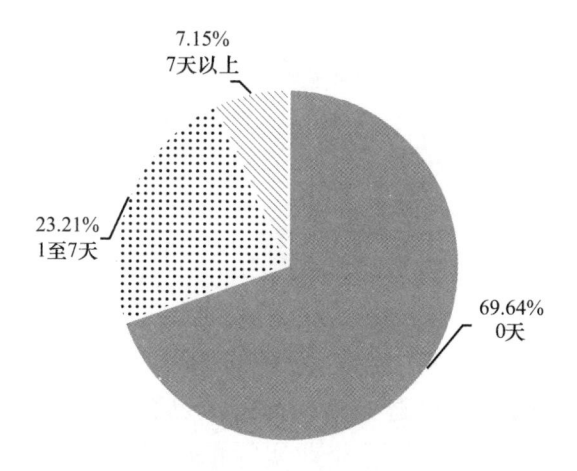

图5-5 中资企业劳动争议持续时间的占比

由表5-15可以看出,除了问卷中列举的六项原因,有很大一部分企业选择了其他原因,由此可见,企业纠纷发生的原因并不是特别集中。另外,值得注意的是社会保障纠纷、雇佣外籍员工引发冲突以及不满现有的安全生产条件三项原因没有出现在本次调研企业发生纠纷的原因中。其他几项原因出现最多的当数工资纠纷,无论哪类企业,由于工资引起的劳资纠纷的概率均较高。其中,服务业企业中的工资纠纷占75%,明显高于工业企业46.7%的比例。位于经开区与否对是否由于工资问题引发纠纷没有太大的关系,两者该比例均接近1/2。高管中有女性的企业更有可能出现工资纠纷,比高管中没有女性的企业高出17%。有自身工会的企业比无自身工会的企业发生工资纠纷的可能性更高,这与工会代表员工的利益有关,工会的存在使得员工有渠道反映自己对工资的诉求,这就提高了发生的概率。

表 5-15　　　　　　　　企业产生劳动争议的原因　　　　　　（多选;单位:%)

	工资纠纷	合同纠纷	环保不足	其他原因
工业	46.67	6.67	6.67	53.33
服务业	75.00	0.00	0.00	50.00
不在经济开发区	50.00	0.00	0.00	50.00
位于缅甸经济开发区	52.94	5.88	5.88	52.94
有女性高管	57.14	7.14	7.14	42.86
无女性高管	40.00	0.00	0.00	80.00
有自身工会	58.33	8.33	8.33	33.33
无自身工会	42.86	0.00	0.00	85.71

劳动争议有时是不可避免的,有内因也有外因,企业应该针对纠纷的严重性与主要问题并结合企业实际情况及时解决,以免事态蔓延影响企业的正常运转。本次受访企业解决纠纷的方式如表 5-16 所示。

表 5-16　　　　　企业近三年劳动争议解决途径占比　　　　　（单位:%)

	与行业工会调解		中国商会调停		法律途径		其他途径	
	是	否	是	否	是	否	是	否
工业	64.29	35.71	14.29	85.71	14.29	85.71	57.14	42.86
服务业	0.00	100.00	0.00	100.00	66.67	33.33	33.33	66.67
不在经济开发区	0.00	100.00	0.00	100.00	50.00	50.00	50.00	50.00

续表

	与行业工会调解		中国商会调停		法律途径		其他途径	
	是	否	是	否	是	否	是	否
位于缅甸经济开发区	60.00	40.00	13.33	86.67	20.00	80.00	53.33	46.67
有女性高管	50.00	50.00	8.33	91.67	16.67	83.33	58.33	41.67
无女性高管	60.00	40.00	20.00	80.00	40.00	60.00	40.00	60.00
有自身工会	72.73	27.27	18.18	81.82	18.18	81.82	45.45	54.55
无自身工会	16.67	83.33	0.00	100.00	33.33	66.67	66.67	33.33

与行业工会谈判解决以及中国商会调解都是通过第三方组织介入的方式，促使矛盾双方达成协议以解决纠纷。这两种解决纠纷的方式相对于寻求警察协助或法律途径成本更低，而且为企业带来的损失更小，其中包括经济损失以及品牌损失。可以看出，在发生过纠纷的企业中，没有一家企业会寻求当地警察协助解决。

从企业行业类型的角度来看，工业行业有半数以上的企业选择通过与行业工会谈判来解决纠纷，是其采用最多的一种方式。服务业企业则主要通过法律途径来解决，前三种方式均未涉及。从是否位于经济开发区的角度来看，不在经济开发区的企业主要通过法律途径来解决，在经济开发区的企业主要通过与行业工会谈判解决。企业高管中有无女性对解决纠纷的方式没有太大的影响，两者均是主要通过与行业工会谈判来解决，两类企业的比例均达到半数或以上，无女性高管的企业选择此方式的概率略高于有女性高管的企业。有自身工会的企业更倾向于选择与行业工会谈判，而大多数无自身工会的企业则选择其他方式来解决争议。

通过以上调查数据，我们可以看到，在由工资问题而引发的劳动纠纷方面，经济开发区企业多于非经济开发区企业，有自身工会的企业多于无自身工会的企业。在发生劳动争议后，企业主要通过与行业工会谈判来解决。通过法律途径解决以及通过中国企业商会调停也是重要的解决方式。此外，多数企业在发生劳动争议后，选择其他的途径解决，如私下解决等途径。值得注意的是，在发生劳动争议后，没有一家企业选择寻求当地警察协助解决。

小　结

了解海外中资企业在运营过程中的劳动雇佣关系与存在的雇佣风险，是研究中国企业"走出去"后的状态的基本问题，也是很重要的环节。伴随着越来越多的中资企业选择到"一带一路"沿线国家发展业务，这一问题的重要性日益凸显。本报告通过对缅甸受访中资企业的雇佣员工的相关数据进行分析，得出以下结论。

在企业雇佣结构方面，在缅甸投资的中资企业本地化平均程度较高。其中，本地员工在一线员工中的占比最高，很多企业也愿意雇用缅甸籍人员作为企业的中高层管理人员，为企业在缅甸的长期稳定发展提供了重要支撑。另外，从员工的流动情况判断企业的雇佣关系的稳定性，结果显示，中型企业的稳定性最高。

在企业雇佣行为方面，半数以上的企业从中国派遣高管到缅甸的时间为一到三年，企业高管的语言水平参差不齐，对缅甸语的熟练度普遍低于英语。其中，位于缅甸经济开发区的企业高管对英语的掌握程度较低，其他企业达到可以交流及以上水平（流利和非常流利）的高管占比都在六成以上。另外，大多数企业会对员工进行专项培训。其中，对安全生产和工作专用技能的培训最多。

在劳资纠纷发生和解决方面，部分缅甸中资企业遇到纠纷问题，一般会在当天解决，少部分企业在发生纠纷时不能快速地解决，对企业和员工造成了损失。企业遇到的劳动纠纷主要是由工资问题引发的纠纷，在解决纠纷的方式上，所有企业都不会寻求当地警察协助解决，工业企业和经济开发区企业主要通过与同行业工会谈判来解决，而服务业企业和非经济开发区企业则主要通过法律途径获得解决。

第六章

缅甸中资企业本地化经营与企业国际形象分析

企业作为基础经济单位，是经济系统中微观经济的主体，在地方经济发展中起到了决定性的作用。跨国公司是社会生产力发展到一定阶段的产物，具有全球经营战略，一体化生产体系和多样化经营的特点，无疑对东道国发展产生较大影响。"一带一路"倡议提出以来，中资企业在海外市场迅速发展，稳步扎根，使得中资企业的海外利益已成为企业整体利益和双方国家利益的重要组成部分，其跨国经营状况在很大程度上影响了当地经济社会发展质量和国家间的外交关系。同时，受当地法律体系、政策法规、经济环境及文化风俗等因素影响，中资企业在走出去的过程中并不一帆风顺，在企业利益、国家形象以及国际关系发展等方面存在众多挑战。从根本上看，提高中资企业本土化经营程度、全方位履行企业对东道国的社会责任，即可实现企业经济效益、东道国经济社会发展和中国国家形象宣传的多赢局面。

中资企业在缅甸因受当前政治环境、历史、经济发展状况、文化风俗及国际环境等因素的影响，面临诸多挑战。为了更好地了解中资企业适应缅甸的营商环境，本章将从在缅中资企业的本地化经营程度、社会责任履行程度、形象传播和当地认可度以及企业的公共外交等四个方面探讨中资企业在缅甸经营的现状。

第一节 本地化经营程度

企业本地化经营是在一套流程上实现生产和供销本地化，企业内部结构上实现人事架构本地化为一体的完整系统，开展本地化经营是企业在海外实现可持续发展的必经之路。从直接价值来看，企业开展本地采购、生产、销售，雇用本地员工，有助于企业削减资源和人力投入，降低经营成本。同时，能够带动当地相关产业的发展，增加东道国就业岗位及实现企业社会责任。缅甸中资企业在缅甸本地化经营程度是影响缅甸中资企业和缅甸经济社会发展的因素之一。同时，也是影响中国在缅甸的国家形象，甚至是影响中缅关系发展的因素之一。

一 产品供销的缅甸本地化程度

供应商是企业生产原材料的来源、经销商是企业产品和服务的销售渠道，供应商和经销商在东道国和其他国家之间的分布能够直接反映企业供销本地化水平。

首先，从供应商数量来看，如图 6-1 所示，有超过三分之一的

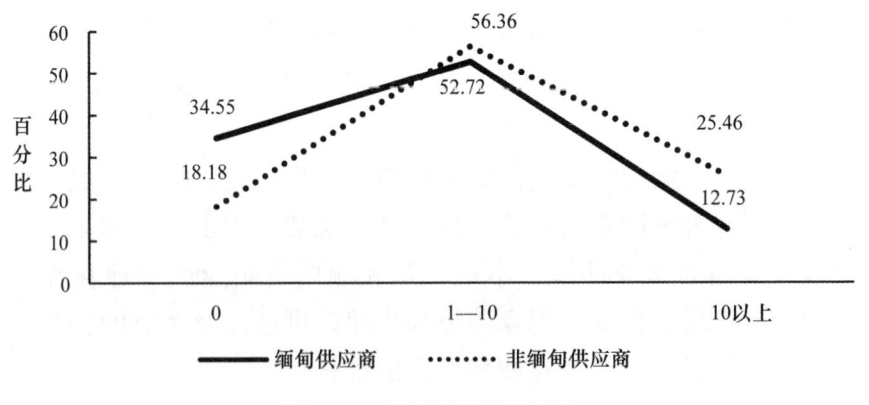

图 6-1 供应商数量的占比

受访企业表示该公司没有一家缅甸本土供应商，接近三分之二的企业表示有缅甸供应商。81.8%的受访中资企业表示有非缅甸的供应商。另外，不论是缅甸还是其他国家的供应商，大部分中资企业都是有10家以内的供应商，少部分企业的供应商在10家以上。

其次，从销售商数量来看，如图6-2所示。总体上，非缅甸销售商的数量多于缅甸销售商，32.1%的受访企业表示有缅甸销售商，而超过三分之二的企业没有缅甸销售商，44.8%的受访企业表示有非缅甸的销售商。同时，有10家以上缅甸销售商的企业数量远远低于有10家以上非缅甸销售商的企业数量，有10家以内缅甸销售商的企业占比不到30%。

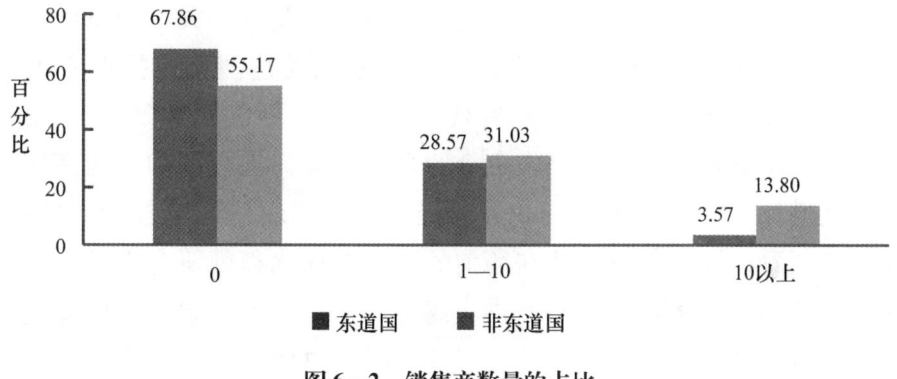

图6-2 销售商数量的占比

从不同供销商的合作年限上看，如图6-3所示。大部分供应商和销售商是从2010年以后开始合作的，合作年限在10年以内，这和中国提出"一带一路"倡议对中资企业成功"走出去"的推动作用息息相关。其中，94.3%的缅甸供应商、88.9%的经销商都是自2010年以后开始合作。2000—2005年间，没有合作的缅甸供应商，有11.1%的缅甸经销商。2006—2010年间，没有合作的经销商，只有5.7%的缅甸供应商。

从以上数据可以看出，首先，大多数缅甸中资企业有缅甸供应商，而缅甸经销商太少，说明大部分缅甸中资企业采取由缅甸供应原

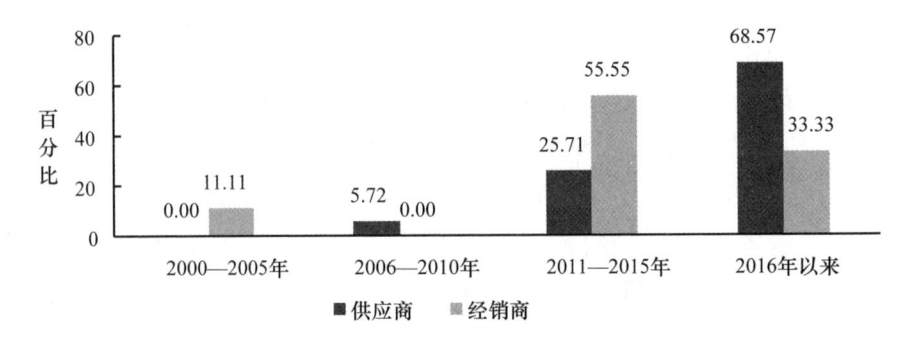

```
                    68.57
              55.55
         25.71        33.33
  11.11
0.00  5.72 0.00
2000—2005年  2006—2010年  2011—2015年  2016年以来
        ■ 供应商   ■ 经销商
```

图 6-3 缅甸供销商合作起始时间占比

材料进行生产加工，再销往国内的经营模式。其次，在缅甸中资企业中，非缅甸经销商较多，说明一些在缅中资企业重点关注的是缅甸生产及劳动力等廉价资源，生产出的产品销往发达国家以换取更大价值，不排除是作为国际大牌贴牌代工的存在。再次，自2010年缅甸走上民主化道路以来，在缅中资企业合作的缅甸供应商和经销商数量有较大增长，说明在缅中资企业的经营受缅甸政局影响较大。最后，从总体上看，缅甸中资企业在缅甸的供销本地化程度符合中资企业发展需求和缅甸经济发展水平。供应商主要来自缅甸本地，为中资企业提供丰富且廉价的生产原料等资源的同时，也使得缅甸大多数原料生产企业获利，为当地生产原料提供销路，促进缅甸的经济发展；同时，经销商大多不是来自缅甸本地，即产品或服务大多销往国外，也说明了缅甸经济发展程度较低，处于产业链发展的底端，经济发展较大程度上依赖自然资源和廉价劳动力，处于劳动力和资源密集型产业发展期。

二 缅甸中资企业生产本地化程度

生产设备作为一种生产工具，是整个生产过程中的核心部分，其发展水平和本地化程度对生产资料及其本地化程度起决定性作用，机器设备来源于东道国的比例直接体现了生产本地化程度。如图6-4

所示，截至2017年底，有14%以上的中资企业没有新增生产机器设备。剩余将近86%的企业都有新增机器设备等固定资产。另外，在新增机器设备的企业中，接近一半的受访企业表示只有来自中国的机器设备，超过四分之一的企业表示来自中国和非缅甸的机器设备都有，而只有来自缅甸本土机器设备的企业仅5%左右。

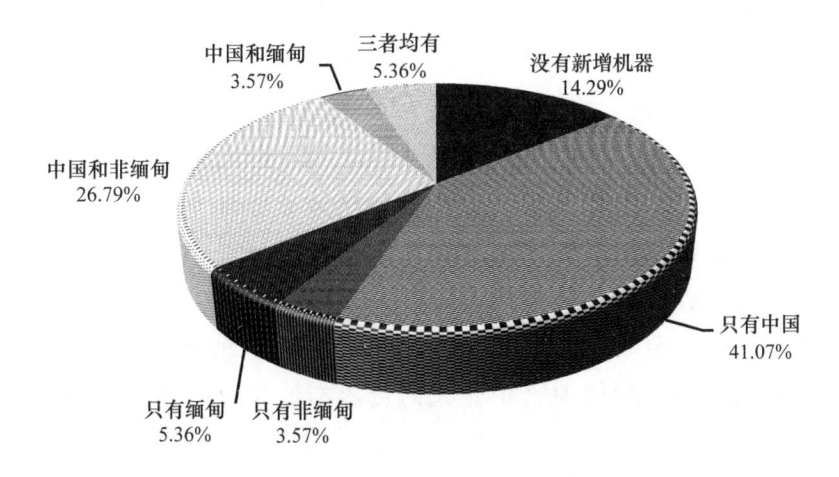

图6-4　企业固定资产来源国占比

总体上看，缅甸中资企业在缅甸生产本地化程度还有待提高。从生产工具的国别来看，大多企业主要选择的是中国生产的机器设备，少数企业还有来自除缅甸和中国以外的其他国家的机器设备，自然带来了企业生产成本过高的问题。同时也能看出，大多在缅中资企业进行的是较为简单的经济生产方式，而缅甸工业发展水平仍较低，不能满足中资企业简单生产的需求。

在缅中资企业生产本地化程度低会产生一系列的影响，首先，对中资企业本身而言，生产设备要从中国国内或非缅甸的其他国家购买运输至缅甸进行生产，增添了不少企业生产成本。其次，对于缅甸经济发展来说，能够倒逼缅甸相关产业的发展。最后，从"一带一路"在缅甸的推进和中缅关系发展来看，生产本地化程度低不利于"一带一路"在缅甸的纵深发展。因此，只有加大"一带一路"倡议在缅甸的推进力度，才能充分展现中资企业对缅社会责任。同时，企业也联合中缅商会，进一步推动缅甸工业和制造业发展，从而促进缅甸中资企业生产本地化程度，降低生产成本，提高生产效率。实现"一带一路"促进中缅两国共同发展、实现共同繁荣、合作共赢的目标。

三 缅甸中资企业人力资源本地化程度

在企业生产、经营过程中，人力资源是核心要素之一。因此，人力资源本地化是跨国公司在本地化经营战略中的重要组成部分。"一带一路"倡议推行以来，大量中国企业实行走出去战略，在这一过程中，实现人力资源本地化，促进企业在当地更好地本地化经营，使企业利益和企业在东道国的形象得到提升，履行解决东道国就业等民生问题和人才培养问题的国际社会责任，才能使走出去的企业真正做到留下来。因此，劳动力本地化程度是企业经营本地化程度非常重要的组成部分和条件。缅甸中资企业人力资源本地化程度将影响企业的效益甚至中缅关系。

如表6-1所示，从缅甸中资企业员工中本地员工的总人数来看，虽然存在一些缅甸员工占比极低的企业，例如表中占比最小值仅为企业总人数的3.3%，但这仅是个别情况。整体来看，在本次受访企业中员工来自缅甸的平均占比达86.3%，已经达到较高的比例，这足够说明在缅甸经营的中资企业愿意雇用本地劳动力，且人力资源本地化程度较高。从职业类别角度分析，可以看出，中高层管理人员、技术人员、非生产员工、生产员工中缅甸员工占比依次递增。其中，一线员工的本地化程度最高，均值达到56.2%，而管理人员的均值仅为2.7%，在各类员工中占比最低，两者对应的该比例差距达到50%以上。这也反映出雇用从事简单生产工作的本地员工劳动成本较低，是很多中资企业选择到海外进行投资的主要原因之一。正是这个原因，从员工受教育水平来看，当地员工的受教育程度普遍不高，在大学本科及以上学历的员工中，缅甸员工的占比不足16%。

表6-1　　　　　不同条件下的缅甸员工占总员工的比例　　　（单位：%）

	均值	标准差	最大值	最小值
缅甸员工总占比	86.27	20.17	100.00	3.33
中高层管理员中缅甸员工占比	2.74	3.82	15.00	0.00
技术/设计人员中缅甸员工占比	5.39	13.99	72.73	0.00
非生产员工中缅甸员工占比	13.48	20.76	94.00	0.00
一线员工中缅甸员工占比	56.24	39.07	99.10	0.00
初等教育及以下缅甸员工占比	22.77	33.59	96.15	0.00
中等教育水平的缅甸员工占比	35.51	35.45	95.00	0.00
大学本科及以上缅甸员工占比	15.75	23.55	86.36	0.00

缅甸本地员工在中资企业中所呈现出的结构是由多方面因素构成的。从根本上来说，缅甸经济和社会发展水平较低，大部分缅甸民众都是从事农业和简单的工业生产，这是缅甸社会的普遍现象；其次，大部分在缅中资企业为劳动力和资源密集型企业，企业之所以选择进入缅甸等东南亚国家，主要原因在于这些国家有廉价的劳动力和丰富的自然资源；最后，从企业的职位类别来看，企业职位本来就呈金字塔形，一线工人较多，管理层和技术人员较少，缅甸本地有大量的劳动力，且因教育水平低达不到管理层和技术员要求，自然就出现了大部分本地员工都是从事一线生产的情况。

从缅甸本地员工在企业员工结构中的地位可以看出：首先，缅甸中资企业的大部分员工都来自缅甸本地，一方面，大大降低了企业在缅甸的经营成本；另一方面，在较大程度上为缅甸社会解决了就业等民生问题。其次，缅甸本地员工大部分从事的是低级的简单劳动，在企业管理和技术研发等要求较高的职位的员工占比较少。在一定程度上不利于中资企业对缅甸政策、文化风俗等方面的把握，容易在企业和员工之间、企业和当地政府之间产生误解。另外，也不利于调动大部分员工的积极性，造成生产效率低下，甚至可能出现罢工等员工群体性事件。最后，在企业中，缅甸员工有较大的利用空间，只要重视对本地员工的职业技能培训或学历学位提升培训，即可以较大程度地实现管理和技术类员工的本地化，这必将更进一步减少企业人力成本，提高经营、生产效率，拉近中资企业和缅甸员工间的关系，改变缅甸民众对中国走出去战略的认识，进一步提升中国公共外交质量。

总之，缅甸中资企业经营本地化程度受供销本地化、生产工具及固定资产本地化和人力资源本地化三者的影响较大。首先，企业供销本地化程度符合缅甸经济和社会发展的现状，符合在缅中资企业大部分为劳动力和资源密集型的企业性质。中资企业大量地利用了缅甸本地的自然资源，将生产产品销往国外。这也在很大程度上造成了缅甸民众对中国企业甚至"一带一路"倡议的误解，如何消除误解，是企业走出去过程中必选的研究课题。其次，企业生产工具及固定资产本地化程度较低，大部分生产设备及固定资产不是来自本地，大大增加了企业运行成本，降低了生产效率。如此看来，抓住"一带一路"的机遇，在实现中国利益的同时也带动周边发展中国家的产业升级、经济发展，不仅有利于周边国家，也有利于中国自身。最后，企业人力资源雇佣的本地化程度较高，但存在数量多、质量低的现状。重视对缅甸本地员工的培训，将职业技能培训和学历教育提升结合，建立良好的企业晋升制度和规则，从而改变缅甸本地员工懒散、消极的做工态度不仅有利于企业生产效率的提升，还能够消除员工和民众对中国企业的误解，减少员工间的群体性事件的发生频率，保护中国海外资产，提升公共外交质量。

第二节　社会责任履行程度

随着世界经济发展模式的深度变化和国际交往的不断深入，特别是中国提出构建新型国际关系和"一带一路"倡议以来，跨国企业发展的根本模式和经济增长方式发生了本质变化。一是普遍亟须或已经建立了与国际社会接轨的现代企业制度和组织架构，为企业发展提供组织保障；二是从一味追求单纯的经济利益的发展，转变为追求经济效益、社会效益和环境效益等综合影响力的现代化发展模式；三是重视来自东道国员工的劳工权益和企业形象宣传，一般要求与东道国的员工建立良好关系，通过他们，树立在东道国的良好企业形象和国家形象，实现企业与东道国的合作共赢。因此，跨国公司的企业社会责任越来越被重视，甚至成为地缘经济时代国家形象宣传和公共外交的重要手段。缅甸中资企业在当地的社会责任履行程度，不仅影响企业发展，甚至将对中缅两国关系产生重要作用。

一 缅甸中资企业的现代企业制度体系和组织机构

现代企业制度是企业建立自身社会责任体系和输出效果的组织保障，只有良好的现代企业制度和组织架构体系才能有效保障企业认真履行社会责任，实现地方经济增长和企业永续发展。同时，良好的社会责任体系能代表企业对社会责任的重视程度，是影响企业和国家形象的重要因素。

如表6-2所示，总体来看，在建立社会责任相关的规章制度方面，除了参与国际标准化制定的企业达六成以上外，其他类企业均达不到一半。但值得注意的是，有接近70%及以上的受访企业在2015年到2017年间增加了社会责任支出，在访问的企业中，没有减少社会责任支出的企业。具体来看，第一，在有参与国际标准化制定的企业中，建立了社会责任和企业公益行为准则规章制度的企业数量多于没有建立该类制度的企业，而未参与国际标准化制定的企业恰恰相反；第二，相对来看，较多的从事工业生产的企业设置了专门社会责任办公室或主管，也建立了社会责任和企业公益行为准则的规章制度，服务业企业设置专门机构和建立专门制度的数量比工业企业少；第三，在缅甸经济开发区内的企业在设置专门社会责任办公室或相应主管的占比高于不在经济开发区的企业，但在建立相关规章制度、制订年度计划等方面，不在经济开发区的中资企业做得更到位；第四，有自身工会的受访企业比没有自身工会的企业更重视社会责任，设置机构、建立制度和增加社会责任支出的企业数量都多于没有自身工会的企业。

表6-2　　　　　中资企业制度体系和组织架构　　　　（单位：%）

	设置专门社会责任办公室或相应主管		建立社会责任、企业公益行为准则的规章制度		在公司年度计划中制订年度公益计划		2015—2017年企业社会责任支出变化	
	是	否	是	否	是	否	不变	增加
有国标制定	33.33	66.67	66.67	33.33	0.00	100.00	0.00	0.00
无国标制定	46.15	53.85	30.77	69.23	26.92	73.08	28.57	71.43
工业	46.67	53.33	36.67	63.33	26.67	73.33	25.00	75.00
服务业	19.23	80.77	36.00	64.00	32.00	68.00	0.00	100.00
不在经济开发区	27.78	72.22	44.44	55.56	38.89	61.11	28.57	71.43
位于缅甸经济开发区	38.89	61.11	34.29	65.71	22.86	77.14	0.00	100.00
有自身工会	42.11	57.89	42.11	57.89	31.58	68.42	33.33	66.67
无自身工会	29.73	70.27	33.33	66.67	27.78	72.22	0.00	100.00

从上述数据可以看出，大部分缅甸中资企业不太重视企业社会责任建设，根本原因在于缅甸中资企业性质和产业类型。首先，大多数缅甸中资企业为民办企业，民办企业一切以经济效益为目标，较少看重由履行企业社会责任而带来的优化国家形象，提升国际关系等附加效益；其次，大多数缅甸中资企业是资源和劳动力密集型企业，它们均处于企业发展的低级阶段，缺乏承担更多社会责任的实力，一切以获得经济效益以在缅甸站稳脚跟为目标。具体来看，一方面，在缅甸中资企业中，工业企业相对于服务类企业更加注重企业社会责任，原因可能在于工业涉及原料供应、生产制造和产品销售等完整经营环节，对社会和环境等因素有不可回避的影响，必须顾及和重视企业社会责任制度的建立和完善。相信随着中缅关系发展，工业类中资企业的社会责任制度和机构建设必将出现增加趋势。另一方面，中资企业受缅甸法律法规和政策影响较大，设立在位于缅甸经济开发区的中资企业享受了开发区和缅甸政府的优惠条件，必须比开发区外的企业更

加遵守当地法律法规、尊重风俗习惯，必须更多地参与援助、培训、基础设施建设等活动，即履行了社会责任。

二 缅甸中资企业社会责任履行方式

从中资企业参与缅甸社会责任的活动类别，能够看出中资企业社会责任履行的质量。

从图6-5中可以看出，直接捐钱和以实物形式为主的公益慈善是中资企业在缅甸履行社会责任的主要方式，六成以上（62.5%）的企业都采取这两种方式履行社会责任。近四成（39.3%）企业选择了提供社会服务设施的方式履行社会责任，选择修建寺院和教育援助方式的企业占比相近，分别为35.7%和33.9%。另外，选择培训项目、基础设施建设、文体交流活动和水利设施建设等方式履行社会责任的企业，占比均达到20%左右。以卫生援助和文化体育设施建设为企业社会责任履行方式的企业数量最少，均只占7.1%。

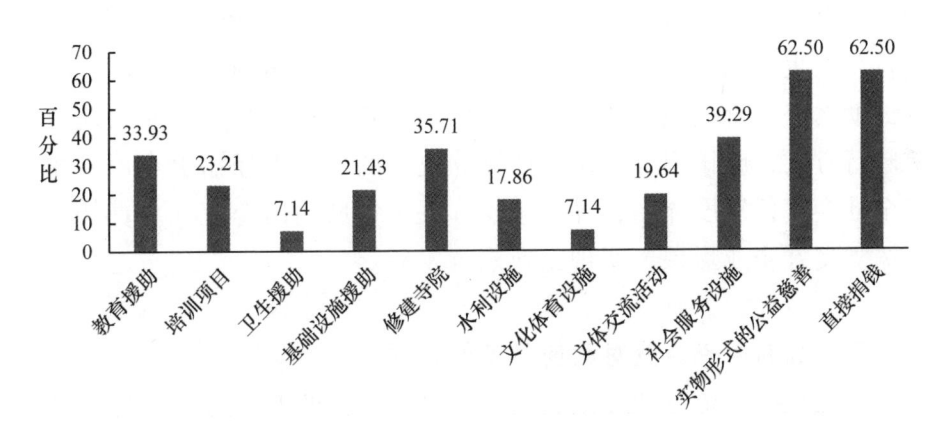

履行方式	百分比
教育援助	33.93
培训项目	23.21
卫生援助	7.14
基础设施援助	21.43
修建寺院	35.71
水利设施	17.86
文化体育设施	7.14
文体交流活动	19.64
社会服务设施	39.29
实物形式的公益慈善	62.50
直接捐钱	62.50

图6-5 中资企业社会责任履行方式（多选）

此图首先可以说明，物质馈赠是中资企业履行社会责任最主要的方式，简单直接的物质馈赠是大多数企业的选择，而这种简单的方式往往性价比较低。其次，参与修建、修缮缅甸社会服务设施和寺院的企业较多，证明有企业开始注意到企业社会责任履行应与缅甸当地风俗文化及需求相结合，特别值得指出的是，一半以上的中资企业对缅甸进行过教育和培训项目援助，将企业社会责任输出到缅甸民众，这是投资长远、意义非凡的社会责任履行方式，也符合"一带一路"民心相通的要求，证明缅甸中资企业的社会责任履行方式质量有不断提高的趋势。最后，中资企业参与缅甸文体、卫生援助程度较低，不利于更加深入地推行企业社会责任，也不利于构筑良好的企业形象。

究其原因，一是缅甸中资企业对企业社会责任认识较差，对良好企业社会责任履行状况的重要性缺乏清醒认识，履行在缅社会责任缺乏主动性。简单直接的物质馈赠，较大可能是受缅甸相关政策、风俗及经济发展现状影响而采取的行为。二是因为缅甸基础设施和社会服务设施薄弱，加之大部分民众信仰佛教，使得寺院修建成为大众所需，为中资企业参与援助建设和修缮此类设施和场所提供了机会。因此，中资企业在这些领域履行社会责任的空间较大，参与的企业相对较多。三是因为当今缅甸国内存在多国影响并存的局面，中资企业在缅甸社会责任履行空间受到多国势力挤压，如卫生和文化体育领域，是较多卫生条件和技术都较高的发达国家涉足最多的领域，也是除教育援助之外性价比最高的社会责任输出。基于在缅中资企业的社会责任履行方式，应该引导中资企业树立更强的社会责任输出意识，建立健全社会责任制度体系，并在重点和关键领域输出企业社会责任，方可树立良好企业形象，实现企业永续发展。

三 缅甸中资企业对缅甸员工的态度

员工是构成企业的细胞，尤其是对于本土员工占到90%以上的缅甸中资企业来说，雇用本地员工能表明企业对当地民生问题的关注，体现企业的社会责任，而对待本地员工的方式和态度则能体现企业关怀。总之，企业对当地员工的方式和态度是企业在当地履行社会责任最根本的表现。本书将从中资企业员工的福利待遇和企业对员工的亲疏程度两个角度进行分析。

表6-3从员工加班情况、食宿问题以及文体中心建设情况介绍

了在缅中资企业的福利待遇。可以看出，加班问题比较严重，加班最少的服务业也达70%以上，而参与国际标准化制定的全部企业均存在加班现象。比较而言，参与国际标准制定的、没有位于经济开发区的、有自身工会的企业以及工业企业加班的倾向性更高。大部分企业会为员工提供食宿，但参与国际标准化制定的企业均没有为员工提供食宿，不在经济开发区的企业为员工提供食宿的比例高于位于经济开发区的企业。没有自身工会的企业提供食宿的比例高于有自身工会的企业。另外，能够为员工提供文体活动中心的企业较少，其中，不在经济开发区的企业提供文体活动中心的占比相对较高，但也只有38.9%。

表6-3　　　　　　　　　中资企业福利待遇比较　　　　　　（单位：%）

	是否加班		员工食堂		员工宿舍		活动中心	
	是	否	有	无	有	无	是	否
有国标制定	100.00	0.00	0.00	100.00	0.00	100.00	0.00	100.00
无国标制定	92.31	7.69	69.23	30.77	61.54	38.46	19.23	80.77
工业	93.33	6.67	63.33	36.67	56.67	43.33	20.00	80.00
服务业	73.08	26.92	61.54	38.46	76.92	23.08	26.92	73.08
不在经济开发区	88.89	11.11	72.22	27.78	83.33	16.67	38.89	61.11
位于缅甸经济开发区	86.11	13.89	55.56	44.44	55.56	44.44	16.67	83.33
有自身工会	89.47	10.53	47.37	52.63	47.37	52.63	15.79	84.21
无自身工会	81.08	18.92	70.27	29.73	75.68	24.32	27.03	72.97

从数据来看，大部分企业都能保障员工食宿等基本福利问题，但并不能保障员工更深层次的需求，即相对自由的工作时间和适度的文体娱乐。其根本原因在于缅甸中资企业的性质，大部分缅甸中资企业都是劳动力密集型企业，到缅甸设厂的目的在于中国国内人力资源成本升高，不能较为有效地降低企业成本，而东南亚国家的劳动力不仅廉价，而且丰富。缅甸中资企业要充分利用这一点，所以采取高强度

的劳动，保障员工的食宿问题也是为了更好地节约员工时间，将更多的时间投入到工作中，从而为企业创造更大的生产价值。其次，劳动力密集型企业也只能通过增加工作时间、增加产品数量的方式来换取企业利润。

聚餐是一种国家性的文化，是关系亲疏的直接表现。从中资企业对缅甸员工的亲疏程度上看，如表6-4所示，绝大部分企业都会和缅甸员工聚餐。在这些企业中，企业所属行业类型、是否在缅甸经济开发区、有无企业自身工会等因素对是否和缅甸员工聚餐没有太大的影响。但是否参与国际标准化制定和与当地员工聚餐有一定的关系，未参与国际标准化制定的企业与缅甸员工聚餐的占比高达96.2%，而参与国际标准化制定的企业该比例仅为66.7%，但也比较可观。说明缅甸中资企业和缅甸员工之间有较好的感情，企业为缅甸员工提供了较多的非正式交流机会的同时，缅甸员工也愿意利用这些机会同企业进行交流，能够增强企业和员工间的互信，是一种企业履行社会责任的体现。

表6-4　　　　　　中资企业与缅甸员工聚餐情况比较　　　　　（单位：%）

	与缅甸员工聚餐	未与缅甸员工聚餐
有国标制定	66.67	33.33
无国标制定	96.15	3.85
工业	93.33	6.67
服务业	96.15	3.85
不在经济开发区	94.44	5.56
经济开发区	97.22	2.78
有自身工会	89.47	10.53
无自身工会	97.30	2.70

企业，特别是跨国企业的社会责任的海外宣传，一方面本身就是一种国际社会责任的体现，另一方面也将进一步影响企业社会责任的履行效果。就企业社会责任海外宣传来看，如表6-5所示。首先，从

总体来说，在缅甸中资企业中，没有进行过海外社会责任宣传的企业明显多于进行过海外宣传的企业。其次，企业是否进行海外社会责任宣传，与企业是否参与国际标准化制定、企业所属行业类型、是否设立在经济开发区内和是否存在自身工会等因素有一定的关系。在参与国际标准化制定的企业中，有接近七成（66.7%）的企业都对自身社会责任进行过海外宣传，而在未参与国际标准化制定的企业中，只有四成以上（42.3%）的企业对其社会责任进行过海外宣传，参与国际标准化制定的企业对社会责任进行过海外宣传的企业比例明显高于未参与国际标准化制定的企业；有将近五成（46.7%）的工业企业对其社会责任进行过海外宣传，而只有两成以上（24%）的服务业企业对社会责任进行过海外宣传，进行过企业社会责任海外宣传的工业企业比例明显高于服务业企业；在经济开发区外的企业中，有一半的企业对其社会责任进行过海外宣传，而在经济开发区的企业进行过社会责任海外宣传的占比仅为28.6%，说明经济开发区企业进行过社会责任海外宣传的比例明显低于经济开发区外的企业；在有自身工会的企业中，有接近一半（47.4%）的企业对其社会责任进行过海外宣传，而在没有自身工会的企业中，只有三成的企业进行过海外宣传，说明企业自身的工会在企业履行社会责任过程中会起到一定的促进作用。

表6-5 中资企业的社会责任海外宣传情况 （单位：%）

	对企业社会责任海外宣传过	未对企业社会责任海外宣传过
有国标制定	66.67	33.33
无国标制定	42.31	57.69
工业	46.67	53.33
服务业	24.00	76.00
不在经济开发区	50.00	50.00
位于缅甸经济开发区	28.57	71.43
有自身工会	47.37	52.63
无自身工会	30.56	69.44

因此，在社会责任海外宣传方面，参与国际标准化制定、工业型、不在经济开发区和有自身工会的缅甸中资企业较多，其原因需要从国际环境、缅甸现状以及企业自身建设等几个方面分析。首先，企业社会责任，特别是跨国公司的国际社会责任，是国际社会所一直推崇和强调的，也是众多国际标准中涉及的重要内容。因此，参与国际标准化制定的企业往往是实力较强、国际化水平较高，有相对更大国际化战略布局需要以及更接近世界标准的企业，因此，参与社会责任海外宣传的企业较多。其次，在缅甸的大多数工业企业是从事简单生产和重复劳动、较大程度上利用缅甸自然资源的劳动力密集型和资源密集型企业，与民生和环境等敏感问题联系紧密，加之受其他大国在缅甸影响力的影响，更是需要做好提高员工福利、解决当地就业等民生问题。同时，在保护环境方面履行社会责任，加大社会责任海外宣传是必选项。最后，完善和专门的企业职能部门体系，是企业社会责任在海外宣传的组织和制度保障，另外，有工会的企业也相对更加注重企业对待员工的态度，而对于缅甸员工占多数的在缅中资企业而言，员工的态度关乎解决缅甸就业、保护缅甸环境等一系列社会责任问题。

从对待员工态度、履行社会责任方式和对企业社会责任进行海外宣传等方面对缅甸中资企业履行社会责任情况进行分析后，关键要看缅甸中资企业履行的效果。缅甸是多个大国企业争相经营的国家，通过包括中资企业在内的各国企业在缅甸社会责任履行的效果比较，能够更直观地看出中资企业在缅甸的地位和受欢迎程度。调研小组将1—10的刻度作为受访企业对各国在缅甸社会责任履行程度的印象（"1"代表印象最不好，"10"代表印象最好），以此得出各国在缅甸社会责任的履行效果对比情况。

如图6-6所示，日本在缅甸的社会责任履行效果最好，其次是中国，两国在缅甸社会责任的履行效果远好于其他国家。美国、印度、法国、德国和英国等在缅甸的社会责任履行效果差别不大，俄罗斯在缅甸的社会责任履行效果最差。

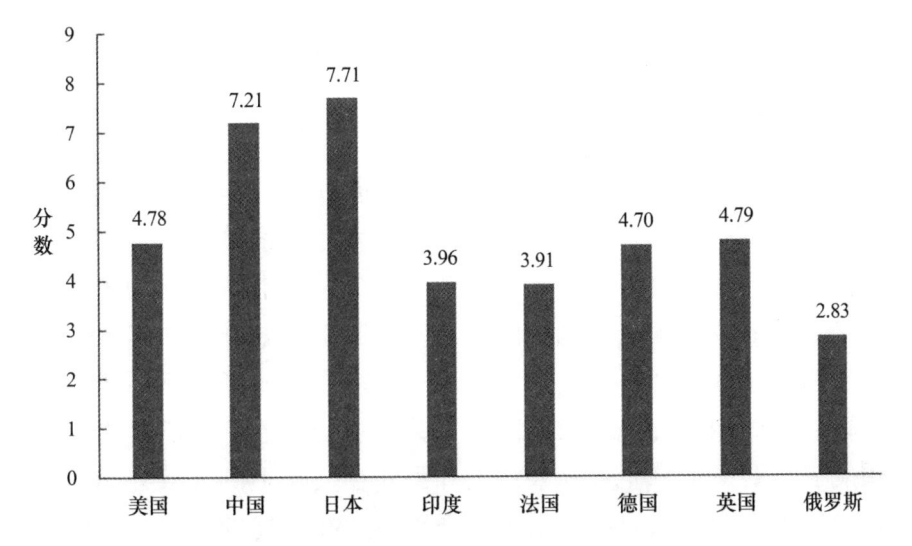

图 6-6　管理人员自评的各国驻缅企业履行社会责任情况（满分：10 分）

根据数据来看，中国在缅甸的印象完全不同于传统看法，而是显示出较好的趋势，紧逼日本在缅甸社会中的印象。首先，这和"一带一路"倡议的深入推进和中国实力增长有着不可忽视的关系，"一带一路"倡导合作共赢的发展理念不同于传统西方国际关系理论中此消彼长的零和博弈，而是在中资企业较好地履行社会责任，中国政府将企业和两国关系发展奠定在缅甸可持续发展的基础上，实现中资企业、缅甸经济社会和两国关系的永续发展。其次，基于合作共赢、共同发展的原则，出现了前文数据中缅甸中资企业为缅甸提供教育援助、修缮宗教设施和基础设施等履行社会责任行为，出现了前文数据中绝大多数企业都有和缅甸员工聚餐行为的良好局面。虽然在对待缅甸员工的福利待遇上还有待改善，但已出现良好的发展趋势。从本节数据和分析中也能看出，缅甸中资企业在其社会责任履行方式上，做到深入文化和宗教，给予缅甸员工或民众直击人心的温暖，是保障企业在缅甸实现永续发展的重要方式。

第三节 形象传播及缅甸认可度

"一带一路"倡议在沿线国家深入推进以来，作为国家战略推动走出去的中资企业和东道国之间的交往、发生的经济、政治和社会关系，已经成为国家公共外交的重要组成部分，企业形象成为国家形象最直接和重要的代表，对国家间关系发展起着重要作用。走上民主化发展道路的缅甸民意不断觉醒甚至出现民粹主义不断蔓延，相较于之前的军政府时期，传统的政府间外交关系和行为已不能满足当前中缅关系发展需要，依靠企业在经济上和民间在文化上的公共外交已逐渐成为中缅关系中的重要组成部分，中资企业在缅甸的形象和缅甸对中资企业的认可度对中资企业利益获得和中缅关系长远发展而言都尤为重要。

一 缅甸中资企业形象传播现状和趋势

如图6-7所示，缅甸中资企业形象宣传手段较为多样，纷纷利用缅甸媒体、华人媒体、新媒体等各种手段对其自身形象进行宣传，利用各种手段对其形象进行宣传的企业数量差别不大，均在30%左右。据此也能看出，很多企业可能同时利用了多种方式，以对其形象进行有效宣传。值得指出的有四点：第一，企业在宣传方式上除了利用传统媒体对其形象进行宣传外，还充分利用Facebook和微信公众号等社交网站和自媒体，将企业形象宣传到缅甸民众，尤其是年轻缅甸民众之中，对中资企业未来在缅甸的形象塑造有较大的促进作用，增加了宣传的深度；第二，在缅甸这样华人众多的国家，企业在宣传方式上不仅考虑到了利用缅甸本地媒体和国际通用社交网络加强在缅甸民众中的企业形象宣传力度，而且还利用华人媒体、微信自媒体等多种中国特有的宣传方式，加强了企业形象在当地华人中的宣传，并能够通过华人，进一步将企业形象宣传到缅甸各界，扩宽了形象宣传的宽度；第三，有接近三分之一的企业只做不说，没有对其企业形象进行宣传，除开企业自身所考虑的因素外，这将不利于企业的长远发展；第四，分别都有三分之一左右的企业利用传统媒体和Facebook等国际社交媒体对其企业形象进行宣传，而只有四分之一的企业利用微信公众号等中国特有的自媒体手段对形象进行宣传，是否说明微信等中国社交平台在缅甸利用率较低或缅甸中资企业更利用国际社交网络更为有效，需要进一步调查研究，但已经在缅甸市场形成了利用中国社交平台进行宣传的趋势。同时应该认识到，做强做大中国移动通信硬件和软件在海外的市场占有率，是"一带一路"倡议深入推进和海外中资企业深入当地发展的重要保障。

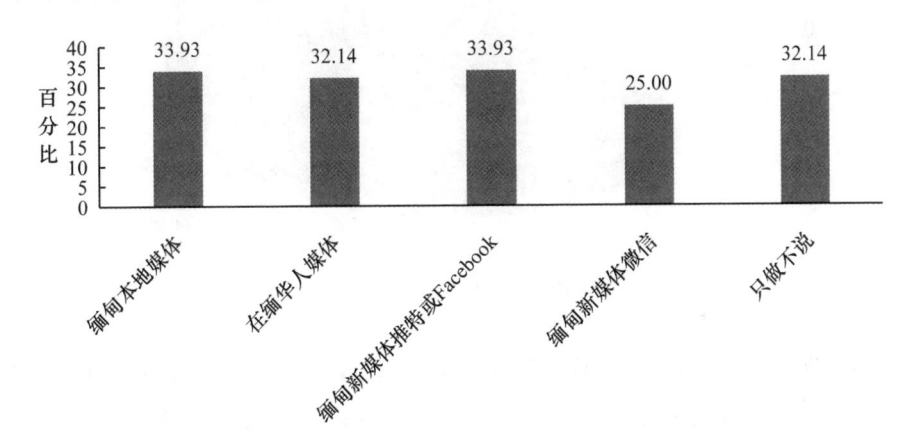

图6-7 缅甸中资企业形象不同宣传途径使用比例（多选）

利用Facebook和微信公众号等新自媒体平台在缅甸进行推广，不仅能够扩大企业形象宣传的受众面，更为重要的是，受新媒体影响的缅甸年轻人较多。因此，中资企业应充分利用新媒体的诸多优势，促进企业宣传，提升企业形象。

如图6-8所示，大多数缅甸中资企业没有社交媒体公众账号，将近四成（38.2%）的企业有1—6个社交媒体公众账号，仅有1.8%的企业有6个以上的社交公众账号。由此可以看出，虽然大部分企业没有社交公众账号，但已经有不少的企业开始使用社交公众账号,说明企业开始重视自身形象宣传,并展现出缅甸中资企业开始使用新兴社交公众账号的趋势。一是因为走上民主化道路的缅甸更加开放,引入了较多新兴国际社交平台,如开放 Facebook 在缅甸的服务等;二是因为各国势力争相进入缅甸,各国和其企业需要通过社交平台宣传国际形象。

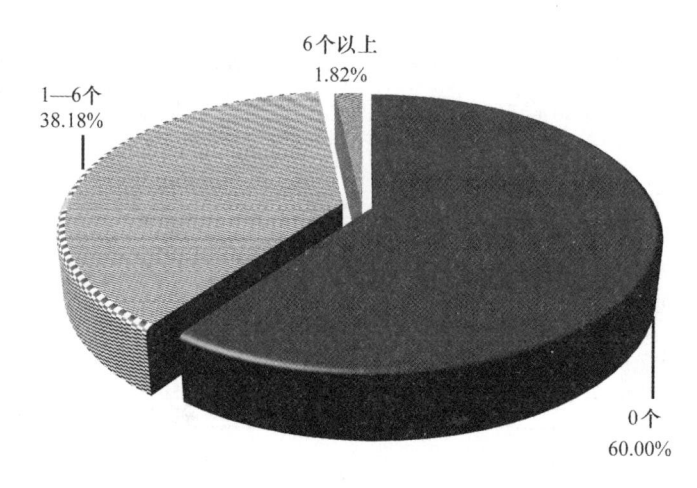

图 6-8 缅甸中资企业社交媒体公众账号数量比较

（6个以上 1.82%；1—6个 38.18%；0个 60.00%）

综上所述,当前缅甸中资企业在缅甸的形象宣传方式出现了多样化、深入化等特点,并能与时俱进。通过多种方式的宣传,中资企业形象能够深入缅甸大部分民众心中,使缅甸民众更加了解中资企业。

二 缅甸对中资企业及产品认可度分析

中资企业在缅甸的认可度,是企业形象宣传效果的终极评价,缅甸对中资企业的认可度不仅可以体现企业形象宣传的效果,并且能够在一定程度上反映出国家间关系发展。本次调查将缅甸对中资企业的好感度从 1—10 分为 10 个刻度,"1"代表好感度最低,"10"代表好感度最高,将不同类型中资企业在缅甸的认可程度做比较,分析提高中资企业在缅甸认可程度的有效路径。

如表 6-6 所示，不论如何划分企业性质，中资企业在缅甸的认可度较高。具体来看，企业注册时长、是否参与国际标准化制定、行业类别、有无自身工会等因素对企业在缅甸的认可度有较大影响，是否设立在经济开发区内对企业的受认可度影响不大。缅甸民众对注册时长超过 5 年的中资企业好感度较高，对没有参与国际标准化制定的企业的认可度高于参与国际标准化制定的企业，对服务业企业的好感度高于工业企业，而没有自身工会的企业受认可度高于有自身工会的企业。

表 6-6　　　　企业管理自评的中资企业产品在缅甸认可度

	均值	标准差	最大值	最小值
注册超过五年	8.17	2.59	10	1
注册低于五年	7.35	2.32	10	1
有国标制定	3.5	3.54	6	1
无国标制定	7.4	2.3	10	1
工业	7.17	2.61	10	1
服务业	7.96	2.14	10	3
不在经济开发区	7.56	2.83	10	1
位于缅甸经济开发区	7.46	2.2	10	1
有自身工会	6.67	3.17	10	1
无自身工会	7.88	2.01	10	3

首先，注册时长较长的企业在缅甸的经营状况较稳定，并且经历了缅甸民主化发展的变动时期，精英阶层和民众都熟悉这类企业，习惯该类企业为缅甸社会提供的产品或服务，因此认可度较高。其次，企业是否参与国际标准化制定是企业发展是否国际化的重要指标，参与标准或规则制定的企业国际化程度越高，可能正是因为对这种国际化的排斥，使得缅甸对该类企业认可度相对较低，如今许多发达国家争相进入缅甸，抢占缅甸市场，精英阶层或民众难免会对此产生不安或焦虑，需要一定时间对国际化进行了解、辨别和认可。再次，实体

的工业企业往往比服务业企业对人力、资源和政策等元素要求较多，从自然资源的开采和利用、人力资源的管理和培训到产品质量和安全的确保，整个流程都将对缅甸产生影响，而走上民主化道路的缅甸更加重视工业企业所涉及的自然资源、环境保护及民众利益等多个方面，而服务业涉及的方面相对较为单一，只要能满足大多数民众的需求，就能获得较高认可。最后，中资企业的工会同西方原始意义上的工会有较大差异，原始意义上的工会是从企业员工的角度，监督企业经营、协调政策制定，从而保障员工权利。而中资企业的工会承担得更多的是监督员的工作，严控员工管理等职责。缅甸员工本身工作积极性较低，工作懒散，会对工会产生抵触心理，进而对企业不满，员工将这种对中资企业的不满传递到缅甸社会，甚至上升到民族层面，认可度就会降低。

因此，要想提高中资企业在缅甸的认可度，可以从以下三方面入手：一是进一步提高中资企业在缅甸的社会责任履行程度，加大企业对缅甸民众、基础设施和宗教文化等方面的影响，优化缅甸精英阶层和民众对中资企业的认识；二是迎合缅甸民众对服务业中资企业的认可，大力支持服务业企业进入缅甸市场，进一步规范管理，强化服务意识，提高服务质量；三是建立健全企业管理机构和规章制度，改善缅甸中资企业自身的管理和服务，进一步提高企业产品和服务质量，在缅甸树立良好的企业形象和国家形象。

三　大国在缅甸的国家形象

从缅甸中资企业形象在缅甸的宣传方式和缅甸对中资企业的认可度可以看出，中资企业在缅甸的形象和所处环境并不像舆论所传的那样不堪，相反，中资企业在缅甸有较高的认可度，且相较于其他国家，中资企业所承载的国家形象也较好。

首先，就缅甸居民对中资企业投资缅甸的态度而言，如图6-9所示，75%的缅甸居民对中资企业在缅投资表示欢迎，23.2%的民众表示无所谓，而只有1.8%的居民表示排斥和拒绝。说明中资企业在缅甸受欢迎程度高，且中资企业在缅甸还有较大空间可以争取，如果能得到持无所谓态度的 23.2% 的缅甸居民的欢迎，中国企业在缅甸的认可度将得到进一步提升。

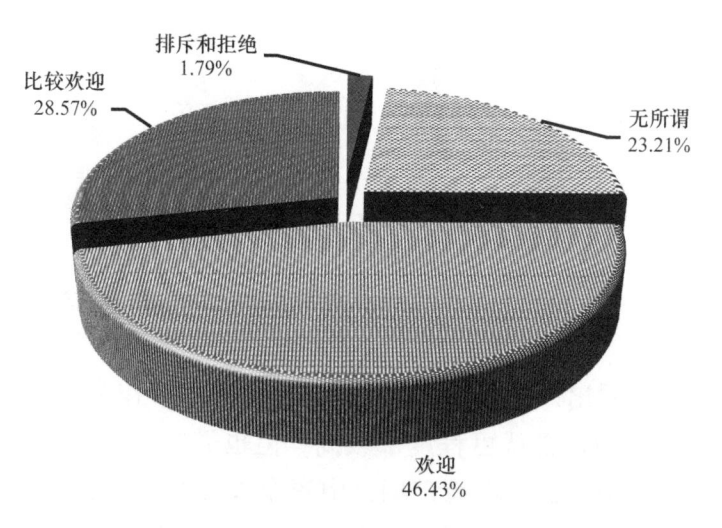

图 6-9　企业自评的当地员工对中资企业对缅投资态度

其次，从国家形象层面来看，如图 6-10 所示，中资企业的管理层人员认为，日本和中国的国家形象在缅甸最好且好感度接近，其次依次是英国、德国、美国和法国等西方国家，印度在缅甸的国家形象最不好，甚至低于"一般"的程度。值得指出几点：一是从大体上看，当前西方国家的国家形象在缅甸较好；二是日本国家形象在缅甸最好，除历史原因外，还和当前日本经营日缅关系的方式有关，在对缅交流和援助上，日本政府和企业大多涉及缅甸民生、文化和宗教等深层次领域，即使在简单的基础设施建设上，日本大多都涉及缅甸学校、医院和寺庙等社会福利性项目，其行为和印象往往深入人心，记忆深刻；三是不同于国内较多的中缅关系唱衰论，唱衰论认为缅甸走上民主化道路后，将严重影响中国在缅甸的国家形象，影响中缅关系发展。相反，当前中国国家形象在缅甸好于大多数西方国家，仅次于在缅甸形象最好的日本。

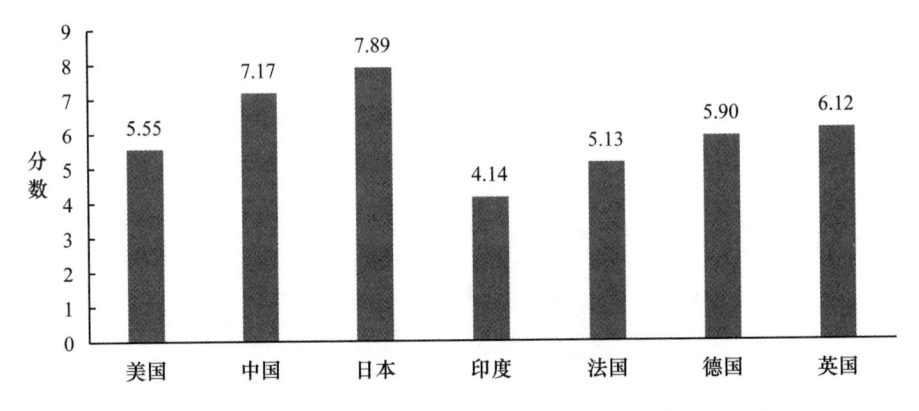

图 6-10　管理人员自评的大国在缅甸国家形象（满分：10 分）

美国 5.55；中国 7.17；日本 7.89；印度 4.14；法国 5.13；德国 5.90；英国 6.12

由此可以看出，中国企业以及地缘经济背景下作为企业"走出去"推手的国家在缅甸受认可程度都较高，但也需要注意以下几点：一是缅甸政局和经济仍处于不稳定期，中资企业在缅甸应该保持谨慎的态度，认真了解当地法律和政策，加强与缅甸精英、民众等各方交流，深化各方互信，保持在缅甸的良好发展态势；二是当前多国势力争相进入缅甸，中资企业和中国政府仍应保持高度警惕，密切关注各国在缅甸的实力变化，采取相应措施维护自身在缅甸的形象和利益；三是中资企业在缅甸发展环境和态势良好，中缅关系应更加重视以企业为重要参与者的公共外交建设，重视经济、文化等软实力对缅甸的输出，实现中资企业在缅甸永续发展的同时，促进中缅关系更高质量地发展。

第四节　公共外交

公共外交是一个国家整体外交的重要组成部分。而随着全球化以及计算机为代表的网络信息的发展，特别是在构建人类命运共同体和"一带一路"倡议提出以来，越来越多的中资企业踏上"走出去"之路，与"一带一路"沿线国家的政府和民众产生了较为密切的关系，

第六章　缅甸中资企业本地化经营与企业国际形象分析

国家和政府鼓励"走出去"企业发挥越来越重要的公共外交的角色，而国家和政府主导角色的让位，也使得企业承担起除自身利益以外的更大责任，如在东道国履行社会责任以及维护国家海外利益等多重责任。因此，企业公共外交在当今世界显得尤为重要。缅甸作为"一带一路"沿线的重要支点之一，在"一带一路"建设中起到重要作用，尤其在缅甸走上民主化道路以来，多国势力争相进入缅甸，给我国边疆安全、"一带一路"纵深推进和中国在缅甸的综合利益带来不小挑战和机遇。了解和分析缅甸中资企业在缅经营、社会责任履行以及公共外交推行状况，有利于维护企业及国家在缅甸的利益，有利于中缅关系的长远发展，进而维护中国国家安全。

缅甸中资企业对缅甸政治环境的看法是企业推行公共外交的根本依据和出发点，决定缅甸中资企业在缅进一步发展的意愿和推行公共外交的方法和途径。如图6-11所示，30.9%的受访企业管理层认为缅甸政治环境较为稳定，有27.3%的企业管理层认为缅甸政治环境不稳定，甚至经常有冲突发生。值得指出的是，有41.8%的企业管

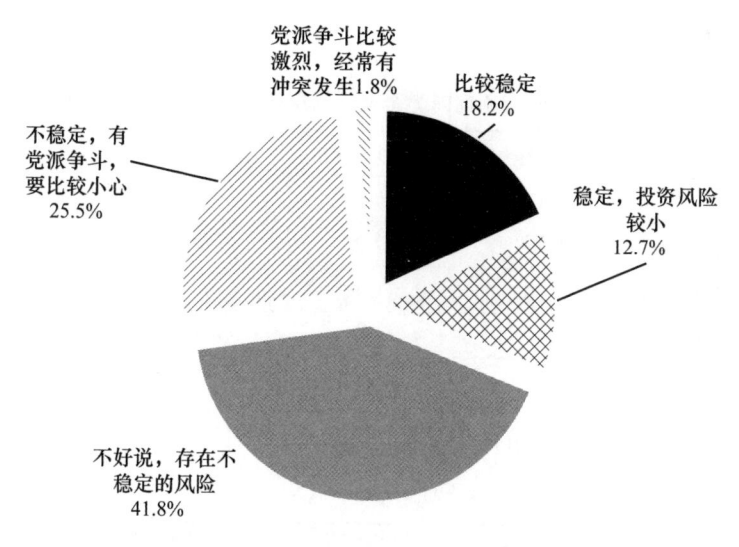

图6-11　企业管理人员自评的缅甸政治形势与投资环境

理层认为缅甸政治环境不好说,介于不稳定和存在不稳定风险之间。这部分企业管理层的看法是容易受缅甸一些政治事件影响的,有随时认为大环境好或不好的可能。其他受访者的观点相对而言更加根深蒂固,其公共外交选择和对策相对要随政治大环境的变化而发生变化。从总体上看,缅甸中资企业对缅甸政治环境的看法喜忧参半,且不稳定,中资企业的经营和公共外交的推行受缅甸政治事件影响较大。

通过不同类型的企业和缅甸各阶层的往来情况,能够直接看出中资企业在缅甸施展公共外交的水平和效果。

从中资企业与缅甸同类企业高层管理往来情况能够看出中资企业与当地同类企业的经济往来需求和意愿以及中资企业对缅甸同层次阶层的公共外交输出效果。整体来看,绝大部分中资企业与缅甸同类企业的高层管理者有往来,其中,工业企业和不在经济开发区的企业与同类企业的往来多于服务业和在缅甸经济开发区的企业。从表6-7可以看出,中资企业与缅甸同行之间交往较多,且工业和不在经济开发区的企业在开展经济往来上的需求更大,表现得更为主动,主要公共外交方向为经济外交。

表6-7 　　中资企业与缅甸同类企业的高层管理者往来情况　　(单位:%)

	没有往来	较少往来	有往来	往来频繁
工业	13.33	16.67	33.33	36.67
服务业	23.08	19.23	34.62	23.08
不在经济开发区	11.11	11.11	33.33	44.44
经济开发区	19.44	19.44	36.11	25.00

从企业与政治领袖的交往程度可以看出不同行业的中资企业在缅甸的影响力施展和公共外交动向。如图6-12所示,缅甸中资企业与政治人物交往较少,无论是工业还是服务业,都有超过一半的企业与相应政治人物从来没有来往,其中工业行业该比例更高,达到66.7%。相对来说,服务业企业与政治人物往来多于工业企业。但工

业企业与政治人物有频繁往来的占比达 6.7%，而服务业企业与政治人物无频繁往来，大多数服务业企业和政治人物有过接触，但不频繁。也就是说，服务业企业与政治人物的交往程度差异较小，而工业企业恰恰相反，没有往来的占比很高的同时，往来频繁的企业与服务业企业比较而言也较高。

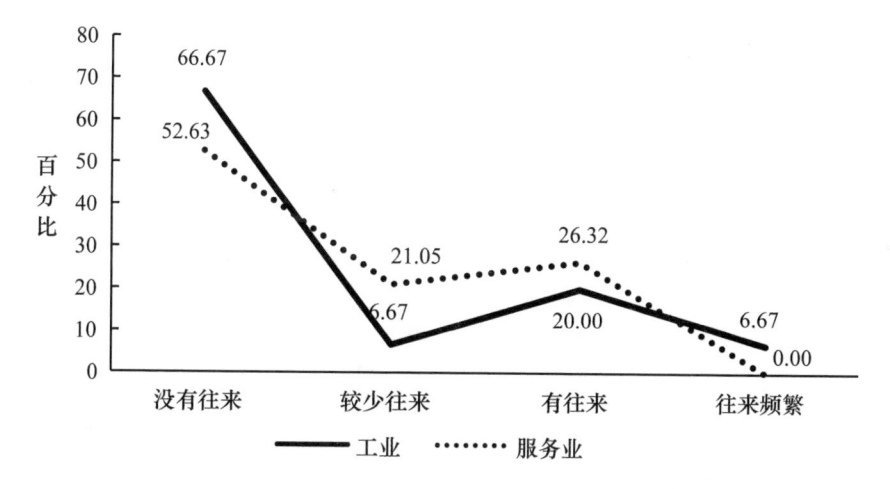

图 6-12　按行业划分的企业与政治人物交往程度

图 6-13 为企业位于经济开发区与否与政治人物来往程度的对比。可以看出，位于缅甸经济开发区的企业与政治人物没有往来的占比高达 75%，相比而言，不在经济开发区的企业与政治人物的往来程度较高。值得指出的是，在所有受访企业中，有 2% 的企业与政治人物交往较为频繁，而这 2% 是位于缅甸经济开发区的企业，也就是说，虽然缅甸经济开发区的企业没有往来的占比高，但往来频繁的比例也高于不在经济开发区的企业。以上数据一定程度上可以说明经济开发区可能是一个与政治人物交往的平台，只有进入这个平台的企业才会享有更多同政治人物来往交流、在政治人物中施展企业公共外交的机会。正因如此，不在经济开发区的企业只能依靠少有的同政治人物来往的机会争取进入经济开发区，以争取获得更多开展企业公共外交的机会，或者逐渐形成同政治人物有往来但并不频繁的关系。

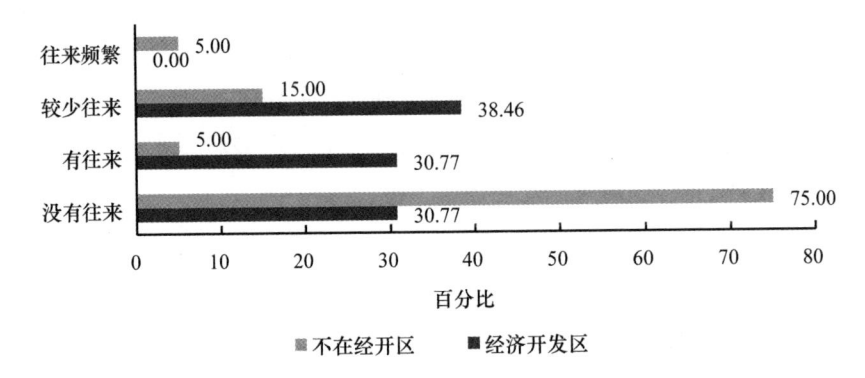

```
往来频繁   0.00  5.00
较少往来   15.00        38.46
有往来     5.00    30.77
没有往来           30.77                    75.00
         0    10   20   30   40   50   60   70   80
                          百分比
              ■ 不在经开区    ■ 经济开发区
```

图6-13 按是否在经济开发区划分的中资企业
与政治人物交往程度

小　结

首先，缅甸中资企业普遍对缅甸政治环境没有太消极的看法，缅甸中资企业对在缅施展其公共外交方面保持乐观积极的态度。同时，还有很大一部分企业可能因为刚进入缅甸市场，对缅甸政治环境的态度不稳定，这部分企业是开展公共外交的后备力量，他们一是将在态度不算明朗的时候通过更多地对当地企业和政府施展公共外交，增加互相来往而增加自身获取稳定政治环境的筹码；二是一旦缅甸民主化进程进入稳定期，政治环境明朗之后，这部分企业将会是全面施展公共外交的主力。

其次，虽然大部分缅甸中资企业都在自觉或不自觉地输出自身影响力，开展企业公共外交，但其水平和层次还处于较低状态。与缅甸同类企业来往相对较多，与企业所在地行政长官的来往相对较多，而其公共外交输出大多也限于这两个层次，与更高级别的行政长官，甚至与政治人物的来往较少，说明企业公共外交还没有很好地渗透到更高阶层或更有用的领域去，仅限于在同层次或较低层次输出公共外交影响力。

最后，企业影响力大小还同行业和环境有关。工业企业和不在经济开发区的企业在缅甸较低社会阶层（如同类企业、所在地行政长官或民众等）具有较大影响力，可能由于生产出的产品能够直接对同类企业带来相互的经济利益，能够给地方行政长官带来实在的 GDP 产出，或是需要进入经济开发区以享受更为优惠的政策支持而不得不在基层施展公共外交；服务业企业和经济开发区企业在较高社会阶层有较大影响力，可能因为服务业相比工业产品更加贴近这些阶层的需要，更能施展其公共外交影响力，也是因为只有进入经济开发区这个平台，才有更多的机会在更高的平台上施展企业影响力。

缅甸中资企业在缅甸的本地化经营程度是企业在缅甸立足的基础，履行社会责任是企业在缅甸实现永续发展的重要方式，施展企业公共外交则是企业顺利开展经营活动和履行更高层次社会责任的根本保障。企业更高程度的本地化经营、更高水平的社会责任履行和更高效率的公共外交施展，是"一带一路"倡议在缅甸纵深推进，实现中缅关系良好发展的必由之路。因此，维护企业和国家海外利益，必须做到以下几点。

一是提高缅甸中资企业本地化经营程度。本地化经营是企业在"走出去"活动中能否成功的基础。实现本地化经营首先要从供销本地化入手，因缅甸产业发展还处于产业链最底端，产业类型以资源密集型和劳动力密集型为主，所以出现缅甸中资企业供应本地化程度较高，而销售本地化程度较低的情况。加强中资企业产品和服务对缅甸市场的供给，不仅能使企业获得更高经济利益，还能提高中国产品在缅甸的占有率，强化中国产品在缅甸社会的影响力。同时，增强中国在缅甸的国家经济软实力。其次，经营本地化更要做优人力资源的本地化，不仅要利用好缅甸劳动力廉价的优势，更要做好缅甸籍员工的教育和培训。制定缅甸籍员工的培养机制，打通缅甸籍员工的上升通道，不仅能够增强员工生产和工作的积极性，提高企业生产效率，更是企业解决缅甸社会就业等民生问题，履行社会责任的最好体现，有利于优化中资企业的形象及中国在缅甸的国家形象，促进中缅关系发展。最后，企业经营本地化仍离不开国家在背后的支持，地缘经济时代拼的不是单纯的企业自身的实力，更根本的是企业背后的国家力量。因此，国家要一如既往地在政策和实际行动上支持缅甸中资企业，为在缅中资企业营造良好的两国关系和国际环境，使在缅中资企业更好地实现本地化经营。

二是优化缅甸中资企业的社会责任履行效果。当前中资企业在缅甸的社会责任履行效果较好，不仅有大量的企业对缅甸社会进行物资的直接捐赠，还有部分企业在教育、医疗和文化等领域履行企业社会责任，在缅甸初步构建起良好的合法性基础，但仍存在履行社会责任的体制机制不够健全、社会责任履行方式不够优化等问题。因此，中资企业要优化在缅甸的社会责任履行效果，应注意五个方面的问题。第一，应该提高对履行社会责任的重要性的认识，将社会责任履行的重要性和企业在缅甸生存发展放在同等重要的位置，不应将社会责任履行视为一种运营成本和负担，而应视其为对缅甸的投资，旨在提高企业社会价值，以获得长期经营合法性。第二，转变依靠物质资源捐赠等直接和简单的方式输出社会责任的思想，力求把企业社会责任履行效果做优做细，利用中资企业相对较强的经济和科技实力，积极在当地开展社会救助、改善民生和文化振兴等较高层次的活动，履行企业社会责任，将有助于中资企业与缅甸社会的和谐共存。第三，缅甸中资企业应充分了解和认识缅甸社会基本情况和需求，做好缅甸社会、文化习俗、宗教信仰等方面的调研工作，在社会责任履行过程中，充分了解和尊重缅甸本地文化和风俗，以避免出现不同文化之间的冲突，起到适得其反的作用。第四，缅甸中资企业要建立完善的社会责任履行机制和机构，加强在缅甸社会责任履行工作的制度和组织保障，从制度上将社会责任履行固定为企业实现在缅甸本地化经营和发展的常规工作。第五，企业社会责任在最基础的层面上应体现对人的责任，缅甸中资企业应将社会责任履行与对员工态度和培养等工作结合起来，将社会责任履行从关心和培养企业自身员工做起，将对缅甸教育、培训等的社会责任内化为企业员工职业技能和学历水平的培训和培养。

几乎所有的缅甸中资企业都在自觉或不自觉地开展企业公共外交，与缅甸当地同类企业来往，与所在地政府官员交流。但缅甸中资企业开展公共外交的层次仍然较低，效果有待提升。首先，在地缘经济时代，国家是企业走出去的重要推手和背后力量，国家层面应将中国企业"走出去"的公共外交纳入国家公共外交战略，整体规划，构建国家、企业和社会组织三位一体的公共外交体系，提高缅甸中资企业在缅交流平台。其次，缅甸中资企业要加强自身公共外交意识，加强本地化经营、主动将履行社会责任与开展企业公共外交结合起来，妥善处理好与缅甸各级政府、社会群体和民众的关系，塑造良好的企业形象，扩大企业在缅甸的影响力。同时，中资企业还应深化对缅甸的认识，加强对缅甸人文和国情的调查、研究，在尊重缅甸当地文化、宗教和风俗习惯的基础上，加强和缅甸各阶层的交流，提升企业公共外交水平。最后，国家和中资企业都应该将中资企业在缅甸开展公共外交放在当下国际环境和缅甸实际情况下进行考量。当前多国实力进驻缅甸，纷纷施展影响力，加之缅甸国内局势复杂，中资企业要在国家的指引下，突出合作"亲诚惠容"的理念和特色，以改进民意、加强沟通，共同探索出"一带一路"倡议下的中国特色企业公共外交体系，为"一带一路"在缅甸的纵深推进保驾护航、增光添彩。

第七章

缅甸中资企业员工的职业发展与工作环境

缅甸投资委员会（MIC）数据显示，1988—1989 财年至 2018—2019 财年，共有 49 个国家和地区在缅投资，其中，中国以 203.53 亿美元的投资额位居第二。2019 年 1 月份，中国投资 1800 万美元。中资企业在缅甸的注册类型主要为独资或合资公司，投资领域主要集中在油气资源勘探开发、油气管道建设、电力能源开发、矿业资源开发及纺织制造业等领域，投资项目主要采用 BOT、PPP 或产品分成合同（PSC）的方式运营。缅甸普通工人的工资水平很低，非技术型工人月薪平均 100 多美元，此工资水平对中国劳务人员吸引力较小，只能普遍招录缅甸本地员工。但就目前而言，所有投资项目，包括拟议的、即将实施的、正在实施的或已完成的项目，以及因公共压力、合同协议等问题搁置的项目，都不可避免地正在面临或即将面临人力资源支撑体系不足的问题，而职业发展与工作条件是两个重要的短板。职业发展是组织用来帮助员工获取当前以及将来工作所需的知识、能力和技术的一种规划和培训。随着缅甸中资企业数量的日益增多，缅籍员工的职业发展情况和工作条件成了本次研究的关注重点之一。

这一章利用本次调查的 1394 个员工样本，将员工的职业发展具体分为职业经历、职业培训和职业晋升等部分，意在更好地了解员工的基本素质，以及中资企业对员工的管理和要求。在工作条件方面，分别从工作环境、工作时间、工会组织、社会保障以及个人和家庭的经济情况等角度进行详细的描述，并在此基础上得出缅籍员工对当前工作的了解程度和满意度。同时，通过不同人群的家庭经济情况反映出缅籍员工家庭在当地的社会经济地位。

第一节 职业经历和工作环境

通常情况下，企业雇主会更加注重应聘者的职业经历和整体素质。例如，一个应聘者在某个岗位任职的时间长短也会或多或少地影响到企业主的选择，任职时间过短，可能会给人一种不稳定的感觉。同时，从应聘者获取工作信息的途径，也可了解到企业在社会上的宣传力度以及影响力。在此次调查问卷中，我们从员工的职业经历，即获取当前工作的途径、任职时长，可以大致掌握员工对当前中资企业的了解程度。同样，通过调查工作环境，也可了解中资企业对员工技术掌握的要求。

图 7-1 是缅籍员工在当前企业工作时长的差异分布。我们可以看出，在 1345 个有效样本中，超过三成的员工在当前企业工作已满

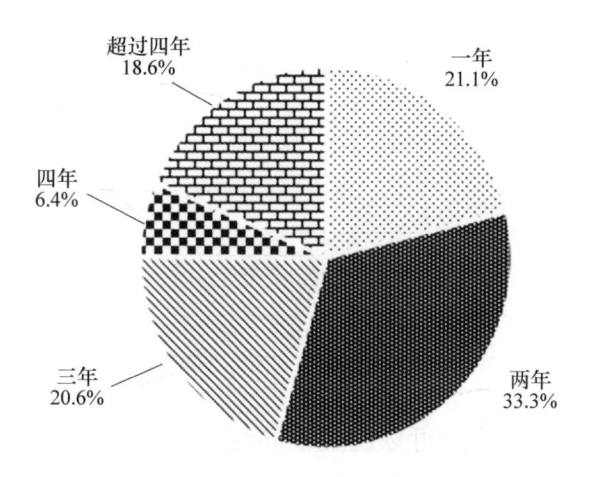

超过四年 18.6%
一年 21.1%
四年 6.4%
三年 20.6%
两年 33.3%

图 7-1 缅籍员工在受访企业的工作时长

两年，工作满一年或三年的员工各占两成，工作时长为四年及以上的员工约占四分之一。由此可知，缅甸中资企业的绝大多数都是有一定工作经验的老员工。因此，他们了解企业文化，并具备一定的技术运用能力。

表7-1为缅籍员工获得现工作的主要途径、频数及比例。从数据可以看出，频数及占比最多的是通过亲戚朋友介绍来工作的，占总人数的一半以上。三成以上的员工是自己直接来企业应聘工作的，有5.1%的员工是因为雇主直接联系而来工作的，自己看到招聘广告来应聘工作的员工占少部分，仅为3.6%，还有极少部分员工是通过职业介绍机构登记求职、参加招聘会、通过学校就业中心以及其他途径获得现工作的。由此可知，中资企业在缅甸的宣传力度还不够，影响力也还需提升。另外，企业还需改变过于单一的招聘方式，例如与缅甸高校合作、积极加入社区招聘会等也许会带来不错的效果。

表7-1　　　　　　　员工获得现工作的主要途径

就业途径	频数（人）	百分比（%）
职业中介	25	1.81
企业招聘会	14	1.01
学校就业中心	12	0.87
招聘广告	49	3.55
亲友介绍	737	53.41
直接应聘	457	33.12
雇主直接	70	5.07
其他	16	1.16
合计	1380	100.00

从表7-2中，我们可以看到不同缅籍员工在本企业的家人数量、频数和分布。在365位有家人在本企业工作的受访员工中，只有一个家人在本企业一同工作的占比最高，达55.3%。有将近三成的受访员工有两个家人在本企业一起工作，而有三个及以上家人一起在本企

业工作的受访员工约占两成。此外,我们还发现,有许多来自外省的员工都是独自一人在工厂、企业工作,没有家人陪伴。基于此,在缅中资企业应该更加关注员工的心理和情绪,尊重他们的宗教信仰和风俗文化,努力塑造一个温馨的企业大家庭形象。

表 7-2　　　　员工家属在同一个中资企业工作的人数

本企业工作的家属	频数（个）	百分比（%）
1 人	202	55.34
2 人	97	26.58
3 人	39	10.68
4 人及以上	27	7.40
合计	365	100.00

表 7-3 为员工日常工作中电脑使用状况。在 1389 个有效样本中,男性员工与女性员工在日常工作中对电脑的使用情况存在一些差别。男性使用电脑的比例比女性要高一些,但是无论男女员工,绝大部分员工在日常工作中都不需要使用电脑,男性占 78.0%,女性占 83.8%。据了解,一般一线工人在日常工作中都没有机会接触电脑,只有文员、管理等岗位的缅籍员工才会经常使用电脑。

表 7-3　　　　按性别划分的员工日常工作使用电脑情况　　　（单位:%）

使用电脑状况	男	女
使用电脑	21.96	16.20
不使用电脑	78.04	83.80

第二节　工作时间与职业培训、晋升

在企业现代化发展的过程中,工作时间投入固然是提高工作效率、获得工作晋升的途径之一，但是员工职业培训也发挥着举足轻重的作用。企业通过开展员工职业培训来培养人才，为企业自身和经济的发展提供源源不断的动力。工作时间的投入与职业培训对提高就业率、劳动生产率，进而提高收入具有积极意义。

据统计，目前一部分国家通过开展人力资源培训的方式与缅甸建立人力资源合作关系，就目前公开的资料来看，以卢森堡、日本两国的人力资源培训模式最具典型性。据缅甸《金凤凰》2014年1月的报道称，缅甸饭店和旅游部将在卢森堡的帮助下，在仰光开办关于旅游业的人力资源培训班。2013年，缅甸工商联合总会（UMFCCI）与日本国际协力机构（JICA）在缅甸合作开设缅甸—日本人力资源培训机构，人力资源开发中心设于曼德勒、仰光两大城市。中心第一阶段项目顺利实施后，为拓展该人才培训项目，第二期项目计划从2018年实施，至2021年底结束。内容包括增加开设商业领域专业人才培训的科目及班级，培育缅甸国内商业顾问人才，此外还计划在曼德勒和仰光以外的其他城市开设新的培训机构。

缅甸劳工部长吴登瑞于2018年9月在内比都会见（中国）"一带一路"国际合作发展基金管理委员会副主任崔耀祖一行时表示，缅方愿与中方加强在经贸合作等各领域特别是人力资源方面的合作，进一步拓宽就业渠道。中方则提出，希望在缅甸建立职业教育培训学校，引入中国先进的职业教育资源与技能培训体系，与中国优秀的职业技能学校合作，共同在缅甸开展职业教育培训，并将职业教育与学历教育相结合，进一步提高缅甸青年的技术能力与就业潜力，为中缅共建"一带一路"发挥积极作用。2018年9月，北京塞纳博瑞国际经济合作发展中心、金色缅甸人力资源有限公司和亚太大众传媒集团有限公司共同签署了关于建立中缅职业技能培训合作协议。2019年1月，《中缅人力资源服务框架协议》在缅甸驻昆明总领事馆签订。相对而言，中国在缅甸的人力资源管理处于一个较为薄弱的状态，员工的职业培训存在不足，如培训的比例有待提高、培训需求调查不到位、培训内容与工作不匹配、培训与职业发展的结合性不高等。人力资源市场存在对技术含量较高的劳动者的需求大幅增加与当前员工技能、职业能力较低的矛盾。职业培训与工资收入、工作时间、工作晋升之间具有相关性，职业培训内容和职业技能会对职业能力和岗位晋升产生影响。因此，应推动与专业相关的培训活动的宣传工作，健全企业员工职业培训机制，提高员工参与培训的积极性，创造良好的培训环境，以此来提高企业发展的活力和经济效益。本节主要分析管理人员与非管理人员中的男女比例、不同性别的员工入职后进行过的培训内容、不同性别的员工进入本企业后是否有过职业晋升以及管理人员与非管理人员上个月平均每周工作天数的差异等方面。

从表7-4可以看出，在是否是管理人员以及管理人员与非管理人员中的男女比例分布是有差异的。其中，男性管理人员占两成以上（21.4%），非管理人员接近八成（78.6%）；女性管理人员的比例为一成以上（11.6%），非管理人员的比例将近九成（88.4%）。从中可以看出，在管理人员中，男性所占比例几乎为女性的两倍，而在非管理人员中，女性比男性高十个百分点左右。

表7-4　　　　按性别划分的管理人员与非管理人员占比　　　（单位：%）

是否是管理人员	男	女
管理人员	21.41	11.60
非管理人员	78.59	88.40

表7-5为男女员工入职后的培训或进修情况。首先，中资企业对员工的培训最注重的是安全生产和中文能力两个方面，例如分别有12.3%和11.1%的男性员工接受了安全生产和中文读写相关的培训，女性在这两个方面接受培训的比例低于男性，分别为7.8%和7.5%，显示出这两个最重要的培训领域有一定的性别差异。其次，计算机技能、技术性技能和职业伦理这三个领域的培训无论是男性还是女性基本上都有超过4%的员工接受培训。最后，是性别差异较大的培训领域，例如在管理技能的培训方面，男性接受培训的员工（4.0%）远

高于女性接受培训的占比（2.5%），相反，在人际交往技能培训方面，女性（3.0%）远超过男性（1.7%）。但总体上，参加过培训的男女员工比例都较低，所有接受过培训的男性、女性所占比例均未达到一半。需要指出的是，企业层面的调查数据显示，企业对员工的各种培训非常重视，而且培训内容较为丰富，显然对此企业和员工的认知有一定的差距。要了解这种差距的根源，需要做更多更深入的调查与研究。

表7-5　　　　　　按性别划分的员工入职后培训内容　　　（多选；单位：%）

培训内容	男性员工	女性员工
管理技能	4.04	2.50
人际交往技能	1.70	3.04
写作能力	0.64	0.54
职业伦理	4.68	4.78
中文读写	11.06	7.50
英文读写	2.34	1.63
计算机技能	4.26	4.46
技术性技能	4.47	3.59
安全生产	12.34	7.83
其他培训	5.32	4.67
没有培训	63.40	69.57

本次调查问卷中"最近一次参与的培训"指除入职第一次参与的培训项目。从最近一次的培训内容来看（如表7-6所示），首先，员工参与的最近一次培训最多的为中文读写和安全生产培训，男女占比均在二成左右，其中参加中文培训的男性员工占比为24.6%，略低于女性员工占比；而参与安全生产培训的男性员工占比将近三成（28.1%），比女性员工占比高出8.7个百分点，性别差异较为明显。可能的原因是在参与调查的企业中有建筑企业、安保企业等，多为男

性员工，因此安全生产培训男性占比要比女性高。其次，参与管理技能、写作能力、英文读写技能培训的员工男女占比相当，性别差异较低。此外，在参与人际交往能力、职业道德、计算机技能、技术性技能培训的员工性别差异较大，如最近一次参与了人际交往能力培训的男性员工占比为2.4%，低于女性员工占比（5.6%），最近一次参与了职业道德培训的男性员工占比要比女性员工低2.9个百分点。最后，最近一次没有参与任何培训的男女比例较少，均低于9%。总体来看，最近一次参与过除入职培训之外的培训项目的员工较多，培训内容也非常丰富。

表7-6　　按性别划分的员工最近一次培训内容　　（多选；单位：%）

培训内容	男性员工	女性员工
管理技能	5.99	5.99
人际交往技能	2.40	5.62
写作能力	1.80	1.87
职业道德	8.38	11.24
中文读写	24.55	25.09
英文读写	2.40	2.25
计算机技能	8.98	10.49
技术性技能	8.98	7.49
安全生产	28.14	19.48
其他培训	11.38	14.23
没有培训	8.38	8.61

如表7-7所示，男性员工和女性员工在进入本企业后，有过职业晋升的占比十分接近，男性占23.4%，女性占23.7%。但是从同一性别来看，有过职业晋升的男性或女性占比还未达到没有过职业晋升人数的三分之一。造成这一结果的原因可能有两个：一是员工自身的综合素质还不够高，二是中资企业的员工发展及晋升管理制度有待完善。

表7-7　　　　　按性别划分的员工的职业晋升状况　　　　（单位：%）

有无职业晋升	男	女
有	23.40	23.66
无	76.60	76.34

如表7-8所示，从管理人员与非管理人员上个月平均每周工作天数的差异中可以看出，上月平均每周工作天数为6天的占比最高，管理人员占六成以上（63.7%），非管理人员则达七成以上（75.1%）；占比第二高的是上月平均每周工作天数为5天，管理人员占两成以上（21.6%），非管理人员占12.1%；上月平均每周工作天数为7天中，管理人员与非管理人员均各占一成左右。而上月平均每周工作天数为4天及以下的占比非常低，其中，平均每周工作天数为4天的管理人员和非管理人员均占1.5%左右；平均每周工作天数为1—3天中，管理人员的比例为1%，非管理人员仅占0.7%。每周每天都不工作的占比最低，管理人员仅为0.5%，非管理人员仅为0.4%。

表7-8　　　缅籍员工受访前一个月平均每周工作天数占比　　（单位：%）

每周工作天数	管理人员	非管理人员
0	0.49	0.43
1	0.98	0.34
2	0.00	0.09
3	0.00	0.26
4	1.47	1.55
5	21.57	12.05
6	63.73	75.13
7	11.76	10.15

根据数据可知，管理人员与非管理人员每周每天都不工作的所占

比例相差不大；管理人员中，上月平均每周工作天数为1—4天的比例仅为2.5%，非管理人员仅为2.2%；超过五天（包括五天）的管理人员高达97.1%，非管理人员达97.3%。

综上所述，在人力资源管理工作中，应重视对企业员工的培训工作。在培训之前，充分调研，了解员工的需求及职业规划，这样才能设置合理且有针对性的培训主题及内容，充分调动员工的积极性。在评估模式上，可以引进柯氏四级评估模型，从员工的反应、学习效果、行为改变以及成果等四个方面对员工培训进行全面评估。另外，可以把培训与员工的绩效考核、奖励等结合起来，加强员工对培训的重视并促使员工积极地转化培训成果。绩效管理分为员工绩效管理和企业绩效管理，两种绩效管理共同组成了完整的绩效管理体系。在绩效管理体系中，应引入定性与定量考核的方式，使绩效管理体系更全面、更完善、更科学。

第三节　工会组织与社会保障

近年来，因用工纠纷等问题引发的罢工事件频发，且多数为有组织的罢工行为，集中在纺织服装等劳动密集型行业，个别罢工事件演变为打砸抢等暴力事件，包括中资企业在内的多家企业受到影响。加之缅甸一些非政府组织曾组织抗议活动，对在缅甸投资开发水电、矿产的外资企业包括中资企业产生了较大的负面影响。缅甸《劳工组织法》自2012年生效至今，在服装和纺织品、农业和重工业等行业已形成约1200个企业级工会。2013年12月，缅甸《雇佣和技能开发法》要求雇主必须向"技能开发基金"提供强制性捐款。诸如上述法律的相关规定，以及缅籍员工在薪酬待遇、管理制度等方面的合理诉求，部分中资企业在人力资源管理工作中存在沟通不畅的问题，劳资关系频现紧张。随着缅甸进一步对外开放，工会等相关组织在缅甸快速发展壮大，在罢工、示威等活动中扮演策划者、组织者的角色，而中资企业未能及时、有效地与缅甸的工会，诸如缅甸全国总工会（CTUM）等相关组织建立联系。

本节主要根据问卷调查，阐述了缅甸职工加入中资企业工会组织以及企业为其提供社会保障的情况。分析不同性别的员工加入企业工会和行业工会的状况，并分析管理人员和非管理人员加入企业工会和行业工会的状况，社会保障情况以及解决纠纷方式的差异。总体而言，目前缅甸加入企业工会和行业工会的员工人数远远低于未加入的人数，社会总体维权意识较差；其次，在社会保障方面，仅有六成的劳动者获得了企业提供的社会保障，还有四成的劳动者并没有社会保障，而企业提供的社会保障也以医疗保险为主，社会保障类型较为单一。对于解决纠纷的方式，管理人员与非管理人员在选择上有所差异，但总体可以看出缅甸对劳动纠纷的解决机制还不够完善和规范，员工的维权存在随意性。

从表7-9可以看到，加入企业工会的人数占被调查总人数的23.5%，仅占员工总人数的五分之一左右。其中，加入工会的男性占被调查男性总人数的34.4%，加入工会的女性占被调查女性总人数的18.5%，男性加入企业工会的比例明显高于女性，几乎是女性工会成员的两倍。

表7-9　　　　　缅籍员工加入企业工会状况　　　　　（单位：%）

加入企业工会	男	女	总计
是	34.39	18.46	23.47
否	65.61	81.54	76.53

表7-10为不同性别的员工加入行业工会的情况，从表中可以看到，加入行业工会的人数仅占被调查总人数的7.5%，而未加入行业工会的比例高达九成，另外，还有少数的受调查者表示当地没有行业工会。再根据性别进行划分后可以看出，男性加入行业工会的占比为11.3%，是女性占比5.6%的两倍以上，未加入行业工会的女性比例

要高于男性。此外,通过与表7-9的数据进行比较,我们可以看出,加入企业工会的总比例明显高于加入行业工会的总比例,不同性别的员工加入工会的数据也符合该情况,但不论是企业工会还是行业工会,未加入工会的人数都远远高于加入的人数。

表7-10　　　　　　缅籍员工加入行业工会状况　　　　　　（单位:%)

加入行业工会	男	女	总计
是	11.26	5.57	7.48
否	85.21	92.20	89.85
当地无行业工会	3.53	2.23	2.67

如表7-11所示,为员工提供社会保障的企业多于未提供社会保障的企业,在受访者中,有60.4%的管理人员表示企业为其提供了社会保障,有62.1%的非管理人员表示企业为其提供了社会保障,两者差距不大。但仍有近四成的管理人员和近四成的非管理人员表示企业未提供社会保障。因此,企业应完善规章制度,切实保障员工的基本利益。

表7-11　　　　　　缅籍员工享有社会保障情况　　　　　　（单位:%)

享有社会保障	管理人员	非管理人员
是	60.40	62.12
否	39.60	37.88

如表7-12所示,总体来看,有八成以上的员工获得了企业提供的医疗保险,将管理人员和非管理人员进行划分,企业为管理人员提供医疗保险的占比为85.8%,为非管理人员提供医疗保险的占比达92.5%,高于管理人员。但在养老保险以外的其他社会保障方面,管理人员的比例要高于非管理人员。还有少数被调查者表示不清楚企业有哪些社会保障。由此可知,中资企业在保障员工利益方面做得比较

好，但可能因为传达、宣传不到位，使得部分员工不清楚企业提供给他们的福利。

表7-13　　　　　　　　缅籍员工享有的社会保障类型　　　　　　　（单位：%）

社会保障类别	管理人员	非管理人员
医疗保险	85.83	92.51
养老保险	6.67	3.11
其他	4.17	1.13
不清楚	3.33	3.25

从表7-13可以看出，管理人员加入行业工会的比例是9.2%，而没有加入行业工会的比例接近九成（87.8%），还有少量的管理人员表示当地没有行业工会。非管理人员加入行业工会的比例是7.2%，没有加入的人数达到九成以上（90.2%），也有极少数非管理人员表示当地没有行业工会。加入行业工会的管理人员所占比例稍高于加入行业工会的非管理人员，但总体来说，未加入行业工会的人员远远多于加入行业工会的人员。

表7-13　　　　　　　　缅籍人员加入行业工会状况　　　　　　　（单位：%）

加入行业工会	管理人员	非管理人员
是	9.18	7.16
否	87.76	90.22
无行业工会	3.06	2.62

如表7-14所示，管理人员在遇到企业纠纷时，有近四成（37.2%）的人会选择找企业管理部门投诉，两成以上（20.1%）的人选择向劳动监察部门投诉，超过一成（13.1%）的人选择找企业工会投诉，另有一成以上（10.6%）的人选择独自停工、辞职，9.6%的人选择找行业工会投诉，极少数的人选择参与罢工、上网反

映情况或采用其他方法,还有6%左右的人选择不采取任何行动。非管理人员在遇到企业纠纷时,接近三成(26.3%)的人会选择找企业管理部门投诉,接近两成(17.4%)的人选择向劳动监察部门投诉,15.9%的人选择找企业工会投诉,11.6%的人选择找行业工会投诉,13.4%的人选择独自停工、辞职,极少数的人选择参与罢工、上网反映情况或采用其他方法,还有超过一成(11.5%)的人选择不采取任何行动。根据比较我们可以发现,在遇到企业纠纷时,管理人员和非管理人员都更倾向于找企业管理部门投诉,但非管理人员采取独自停工、辞职、罢工和不采取任何行动的比例高于管理人员。由此可以看出,管理人员的维权意识相较于非管理人员要高一些。

表7-14　　　　　缅籍员工解决工作中的纠纷方式　　　　（单位：%）

解决纠纷方式	管理人员	非管理人员
找企业管理部门投诉	37.19	26.29
找企业工会投诉	13.07	15.90
找行业工会投诉	9.55	11.56
向劳动监察部门投诉	20.10	17.43
独自停工、辞职	10.55	13.37
参与罢工	0.50	1.26
上网反映情况	0.50	0.36
没有采取任何行动	6.03	11.47
其他	2.51	2.35

综上所述,企业应坚持以缅籍员工为本的理念。企业或组织应将缅籍员工当作"自己人"看待,定期与员工交流沟通或召开生活座谈会,了解各方面的情况。并制定公正合理的分配方案,通过各种激励手段和方式,调动缅籍员工的工作积极性。要避免"任人唯亲""裙带关系"等现象的出现,岗位晋升应该公开透明,以个人能力为主要考核要素,在注重发掘员工潜力的同时实现企业效益的最大化。

第四节　个人和家庭收入

随着社会经济的快速发展，个人和家庭收入成为当今社会的一个热点问题。通过对个人收入和家庭收入的调查，可以预测出个人和家庭的消费水平以及实际购买力。因此，个人收入和家庭收入是评估个人和家庭经济情况好坏的一个有效指标。近几年来，缅甸的经济水平得到逐步增长，人民的生活水平也得到了一定的提高。但是从近些年来发生在缅甸各大工业区的工人示威游行活动可知，工人们渴望加薪，再加上缅甸许多地区的供电情况不太好，给人们的生活带来了极大的不便。

在这次调查的个人和家庭收入问卷中，从性别、年龄、学历、出生地、职位等方面的差异反映出员工的收入存在差距。

如表 7-15 所示，在 1366 个有效样本中，有 15.7% 的管理人员表示企业曾有拖欠工资超过一个月的情况，而有 10.4% 的非管理人员表示曾有这种情况发生。虽然绝大多数员工表示企业没有拖欠工资超过一个月的情况，但是企业仍需加强其诚信度，增强员工对企业的信任。尤其是在行业工会较密集的工业区，工厂和企业一定要保障工人的权利，增强工人的安全感。

表 7-15　　　　缅籍员工自报的企业有无拖欠工资情况　　　（单位：%）

未结算工资时长	有拖欠	无拖欠
超过 1 个月	15.69	10.41
未超过 1 个月	84.31	89.59

表 7-16 中的数据显示的是缅甸中资企业员工中不同性别的人群的个人月收入分配比重，男性员工月收入在 7.2 万至 18 万缅元之间（最低水平）的占比最大，占 26.8%。女性员工月收入在 22.4 万至

25万缅元之间的（中等水平）占比最大，占三成以上（31.3%）。总体来看，男性员工的收入比女性员工收入低，大多数女性员工的工资都为中高等收入。然而，月收入在30万至124万缅元之间（最高水平）的男性员工占比高于女性。

表7-16　　　　　　　　缅籍员工月收入水平情况　　　　（单位：万缅元；%）

性别	7.2—18	18—22.4	22.4—25	25—30	30以上
男	26.81	21.54	21.54	14.29	15.82
女	17.10	18.45	31.27	21.82	11.36
总计	20.39	19.49	27.98	19.27	12.87

总体而言，从这1344个有效样本的分析中可以看出，性别的差异导致月收入存在差距，主要表现在最低收入水平的男性员工明显多于女性，而中等收入水平的女性员工明显多于男性。

表7-17为缅甸中资企业员工中不同年龄段人群的个人月收入层次分布。从年龄上来看，16—25岁员工的月收入主要集中在22.4万至25万缅元之间（中等水平），占比高达30%，比其他收入水平的同龄人数多了很多。26—35岁的员工月收入主要集中在22万至30万缅元之间（中上水平），占了四成以上。36岁以上的员工月收入主要集中在22.4万至25万缅元之间（中等水平），占三成以上。从月收入层次上看，在最低月收入中，人数最多的是16—25岁的员工；在中等月收入中，16—25岁、36岁以上的员工人数最多；而在最高收入层次中，26—35岁的员工数量是最多的。

表7-17　　　　　　按年龄组划分的员工月收入分布　　　　（单位：万缅元；%）

年龄组	7.2—18	18—22.4	22.4—25	25—30	30以上
16—25岁	23.41	19.08	30.03	17.18	10.31
26—35岁	16.55	20.38	22.54	23.26	17.27
36岁以上	14.89	19.15	32.62	19.15	14.18

进一步的数据分析显示，由于个人水平及教育程度的差异，年龄与个人月收入并不是成正比也不是成反比，而是呈一种波幅趋势。年龄较小的员工由于其工作经验不足，导致月收入较低的人数较多；年龄在26—35岁的员工，由于其有阅历且大部分精力都可放在工作上，月收入相对较高；36岁以上的员工月收入在中等水平的较多。

表7-18为不同学历层次的缅甸中资企业员工的个人月收入水平分布，在最低收入层次（7.2万至18万缅元之间），未受过教育的员工比例最大；在相对较高的收入层次（18万至22.4万缅元之间），本科及以上学历的员工最多。总体上，教育水平越高，月收入就越高。但具体来看，教育水平与收入高低并不完全成正比。

表7-18　　　　　按受教育程度划分的员工月收入分布　　（单位：万缅元；%）

教育程度	7.2—18	18—22.4	22.4—25	25—30	30以上
未受过教育	40.00	10.00	20.00	20.00	10.00
小学学历	19.10	13.57	37.19	23.12	7.04
中学学历	23.09	18.27	29.51	19.14	10.00
本科及以上	13.89	26.54	18.52	17.28	23.77

从表中可以看出，月收入在25万至30万缅元之间（中上水平）的人群中，小学学历的员工比重是最高的，本科及以上学历的员工比例最低；本科及以上学历的员工在月收入18万至22.4万缅元之间（中下水平）的人数最多，这都显示出收入在很大程度上与所掌握的技能有关，与学历有一定关系但不是最主要的因素。

表7-19为缅甸中资企业员工中不同出生地的人群的个人月收入水平分布。月收入在30万缅元以上（最高水平）的员工人数占比最少，仅占12.9%，其中城市员工比重比农村员工高7.1%，这个收入层次的农村员工人数相比其他收入层次的农村员工人数来说是比重最小的。出生地为农村和城市的员工均在月收入为22.4万至25万缅元之间（中等水平）的所占比重最高，农村员工占30.2%，城市员工

占 23.2%，表明大部分员工的个人月收入水平为中等。在最低月收入水平（7.2万至18万缅元）和中等偏下水平（18万至22.4万缅元）中，城市和农村员工的比例相差不大，均为20%左右。从数据中可以分析出，高收入人群中城市员工所占比重大，中低收入人群中农村员工所占比重大。虽然员工的出生地会影响其收入，但总体来说收入差距不是非常大。

表 7-19　　　　　按城乡划分的员工月收入分布　　　（单位：万缅元；%）

城乡	7.2—18	18—22.4	22.4—25	25—30	30以上
农村	20.43	19.89	30.22	18.80	10.65
城市	20.33	18.44	23.17	20.33	17.73
总计	20.40	19.43	28.00	19.29	12.88

如表 7-20 所示，有三成以上（35.4%）管理人员的月收入在 30 万缅元以上，该收入属于最高收入层次，但是非管理人员该层次的占比还不到 10%，明显可以看出管理人员与非管理人员在月收入上的差距。非管理人员月收入在 22.4 万—25 万缅元之间的比例接近 30%，即将近三分之一的非管理人员处于中等收入水平。在低收入人群中，非管理人员的占比明显高于管理人员；而在高收入人群中，管理人员的占比较高。但总体而言，大部分员工的月收入属于中等水平。

表 7-20　　　按是否是管理人员划分的月收入分布　　（单位：万缅元；%）

是否是管理层	7.2—18	18—22.4	22.4—25	25—30	30以上
管理人员	14.36	15.90	15.90	18.46	35.38
非管理人员	21.40	20.26	29.74	19.56	9.04
总计	20.37	19.63	27.72	19.40	12.88

如表 7-21 所示，在 874 个有效样本中，年收入在 300 万以上、

500万以下（中等水平）的家庭比重最高，达21.9%。年收入小于300万缅元的家庭所占比例随着年收入的减少，在21.9%的基础上呈递减趋势；同时，年收入大于500万缅元的家庭所占比例随着年收入的增多，在21.9%的基础上亦呈逐渐下降的趋势，虽然两者的降幅均不是很大，但前者的降幅明显低于后者。

表7-21　　　　　　　　　　家庭年收入分布状况

家庭年收入（万缅元）	频数（人）	百分比（%）
10—180	176	20.14
180—300	187	21.40
300—500	191	21.85
500—720	161	18.42
720以上	159	18.19
合计	874	100.00

根据数据可以看出，低收入家庭多于高收入家庭，但差距不是非常显著，各个收入层次的家庭数量比例大致上相同。

第五节　家庭社会经济地位和耐用消费品

普通家庭的社会经济地位基本上可以由家庭经济情况所决定，经济条件越好，家庭社会地位就越高，反之家庭社会地位就越低。各个经济层次的民众和家庭或多或少都会有一些家庭耐用消费品。耐用消费品由于其使用寿命长，价格也相对昂贵，消费者在购买的时候往往表现得较为理性，比如消费者会仔细比较各种品牌的性能价格比，对产品的品质、功效、售后服务，包括企业的商誉等都有较高的要求。随着社会的飞速发展，进口产品也非常受大众欢迎，购买也变得尤为方便，因而更加扩大了消费者的选择范围。

在此部分的调查问卷中，通过员工对家庭地位的自评，可以看出其任职前后家庭经济情况的变化。此外，我们还分别从学历、出生地、收入三个维度分析了不同人群对家庭耐用消费品的拥有情况，并对这些家庭耐用消费品的原产国进行了详细的了解。

从表7-22可以看出，总体上，员工当前自评的家庭社会经济地位要稍微高于最初进入中资企业时期。在最初进入中资企业时，受访者对自己家庭的社会经济地位评价的均值为4.7（标准差为1.7）。而有1348个有效样本是当前在中资企业工作的员工对家庭社会地位的自评，均值为4.8（标准差仍为1.7），比被访者最初进入中资企业时的家庭社会经济地位自评均值上升了0.1个百分点，差别较小。因此可以看出，大部分员工的当前家庭社会经济地位并没有因为进入某企业后得到明显的提升。

表7-22　　　　当前和进入企业时的家庭社会经济地位自评

时间点	样本量	均值	标准差	最小值	最大值
进入企业时	1340	4.70	1.68	1	10
当前	1348	4.83	1.68	1	10

表7-23为不同学历的员工拥有家庭耐用消费品的情况。我们可以看到一个明显的规律，即学历越高，拥有这些耐用消费品的人数就越多。具体来看，在拥有汽车的员工中，本科及以上学历的员工占比最高，达14.2%，其余学历的员工占比很低，而所有未受过教育的员工均没有汽车；在电视机的拥有率方面，教育程度为中学学历和本科及以上学历的员工是拥有电视机人数最多的人群，中学学历员工占该学历层次员工人数的七成以上，本科及以上学历员工占该学历层次员工人数的近九成，一半以上的小学学历员工拥有电视机，而未受过教育的员工拥有电视机的比例不到三成；在摩托车的拥有率方面，未受过教育、小学学历和中学学历的员工拥有摩托车的比例大致相同，均有约一半的员工拥有摩托车，而本科及以上学历的员工拥有摩托车

的占比达七成，是在所有学历员工中拥有摩托车人数最多的群体；在五种耐用消费品的拥有比例中，手机的拥有率最高，各种学历层次的绝大部分员工都拥有手机，其中本科及以上学历员工的手机拥有率高达99.7%，但未受过教育的员工中没有手机的占比接近四成；在大型电器冰箱的拥有率方面，总体来看，约七成的员工家里没有冰箱，其中未受过教育、小学学历和中学学历人群中只有极少数人拥有冰箱，本科及以上学历的员工中拥有冰箱的人数约占一半。

表7-23　　按受教育程度划分的家庭耐用消费品拥有率　　（单位：%）

	汽车	电视	摩托车	手机	冰箱
未受过教育	0.00	27.27	45.45	63.64	9.09
小学学历	0.49	57.28	47.09	91.26	12.62
中学学历	4.10	72.53	53.44	97.83	23.76
本科及以上	14.16	86.94	70.33	99.71	53.24
总计	5.99	73.41	56.54	97.04	29.22
样本量	1386	1384	1383	1386	1386

表7-24为不同出生地的员工拥有耐用消费品的情况。总体来看，只有极少数员工拥有汽车，其中来自城市的拥有汽车的员工比来自农村的员工高7个百分点。另外，大部分员工都拥有电视，绝大部分来自城市的员工都拥有电视，近七成的农村户籍员工拥有电视，比城市户籍拥有电视的员工少16.1%。无论是来自农村还是城市的员工，都有一半以上的人拥有摩托车。手机作为日常生活、社交的必需品，被绝大多数员工所拥有，几乎所有来自农村和城市的员工都有手机。但是，冰箱的拥有率较低，总体而言，七成员工家里没有冰箱，其中一半以上的来自城市的员工没有冰箱，而有八成来自农村的员工没有冰箱。因此，来自城市的员工对五种耐用消费品的拥有率均高于来自农村的员工。

表7-24　　　　　按城乡划分的家庭耐用消费品拥有率　　　　（单位：%）

	汽车	电视	摩托车	手机	冰箱
农村	3.83	68.16	55.80	96.49	20.64
城市	10.76	84.30	58.20	98.21	47.20
总计	6.06	73.36	56.58	97.04	29.20
样本量	1387	1341	1384	1387	1387

如表7-25所示，不同月收入层次的员工对耐用消费品的拥有情况也是存在差异的。30万—124万缅元为员工的最高月收入，7.2万—18万缅元为最低月收入。除了一部分收入层次最高的员工拥有汽车以外，其余各收入层次的员工中只有极少数有汽车。有一半以上月收入在30万—124万缅元之间的员工拥有电冰箱，其余各收入层次的员工中仅有二到三成的人拥有冰箱。另外，各个收入层次的员工拥有电视、摩托和手机的占比相差不大，约七成的员工有电视机，一半多的员工有摩托车，绝大多数员工都有手机。由此可以看出，像汽车这种大型消费品，一般只有经济条件非常好的家庭才有，而摩托车由于价格低，为一半以上的员工所拥有。此外，尽管缅甸气候炎热，看似为生活必需品的冰箱也不是每家每户都有，近八成收入为中下水平的员工家里都没有电冰箱。手机和电视机的普及率较高，97.2%的员工家庭拥有手机，73.2%的家庭都有电视机。

表7-25　　　　　按月收入组划分的家庭耐用消费品拥有率　　　　（单位：%）

收入组（万缅币）	汽车	电视	摩托车	手机	冰箱
7.2—18	2.55	71.17	65.69	97.81	20.07
18—22.4	5.73	78.16	59.16	98.08	26.72
22.4—25	3.46	63.03	49.07	95.73	19.73
25—30	4.63	77.99	53.67	97.30	32.43
30以上	16.18	83.63	59.06	98.27	57.56
总计	5.58	73.15	56.6	97.24	28.46
样本量	1344	1341	1341	1342	1342

图7-2为员工家用轿车或面包车的原产国占比分布情况。从图中我们可以非常直观地看出，在家庭拥有车辆的受访者中，其车辆产自日本的占比最高，超过了样本量的一半（51.2%）。其次，有近两成的受访者家庭的车辆产自中国。原产国为缅甸和美国的占比较少，仅为3.6%和1.2%。由此可以推论，在缅甸有一半以上的人更倾向于购买产自日本的汽车，其次是中国产的汽车，而只有很少人会选择缅甸国产车和美系车。可能的原因是，首先，由于整体消费水平较低，二手车交易市场在缅甸的汽车行业占有大部分的份额，而车源主要是来自日本；其次，日本的汽车厂商进入缅甸的汽车市场的时间最早，因此提前占据了大部分的市场份额，加之日本二手车主打价格低、质量好等高性价比因素，后来的中国、美国和其他国家的汽车厂商无法与长时间在缅甸发展的日本汽车厂商相抗衡。

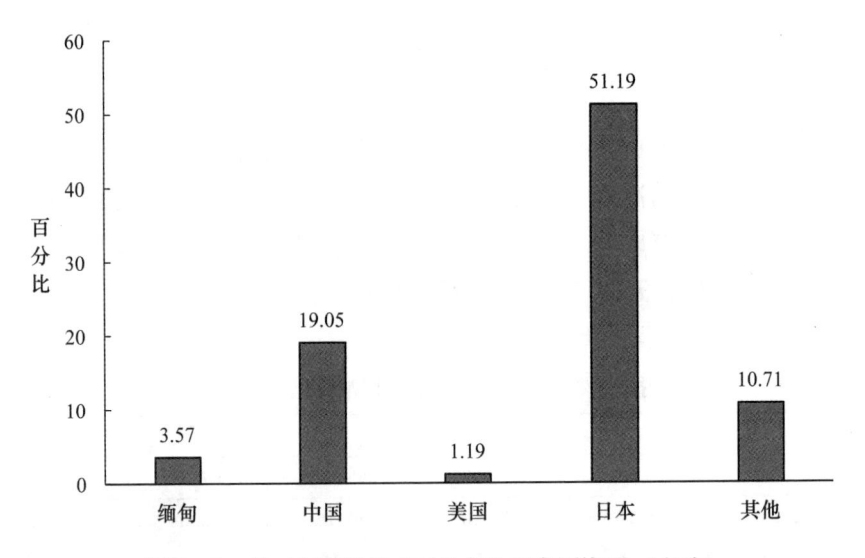

图7-2 员工家用轿车或面包车的原产国占比（多选）

图7-3是员工家用彩色或黑白电视机的原产国占比分布。从图中可以看出，有将近五成（47.3%）的受访者家里的电视机产自中国。占比排在第二的是日本，占比为21.1%。此外，员工家庭中产

自缅甸、美国、印度的电视机占比较低。由此可知，中国产的电视机占据了大部分缅甸市场，其次为日本，缅甸本土、美国、印度产的电视机所占市场份额较少。可能的原因是，近年来，海信、TCL、创维等中国电视机品牌在海外的产品力和市场推广力不断提升，加之布局较早的优势，从而奠定了扎实的基础。日本电视机厂商占有的市场份额也较高，主要得力于松下与索尼等老牌厂商。

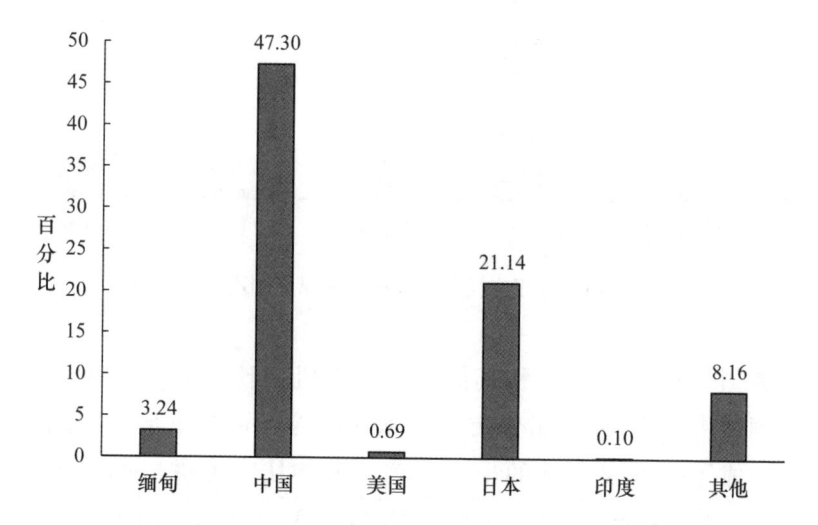

图中数据：缅甸 3.24，中国 47.30，美国 0.69，日本 21.14，印度 0.10，其他 8.16（纵轴为百分比）

图7-3　员工家用彩色或黑白电视机的原产国占比（多选）

员工家用摩托车、轻便车的原产国占比如图7-4所示。可以看出，产自中国的摩托车占比超过了四分之三（75.1%），占据了绝大部分的份额；而产自缅甸、日本、印度或其他国家的摩托车占比较小，均未超过7%。可知，中国的摩托车在缅甸受到热烈欢迎。由于使用便捷、售价低廉、马力较大，加上缅甸多道路崎岖且泥泞公路较多，摩托车成为了多数缅甸居民的首选代步工具。相比于其他国家的摩托车厂商，中国的摩托车性价比高、质量较好，因此很快便成了缅甸民众喜闻乐见的品牌。

接下来是受访者家庭拥有的移动电话的原产国占比，如图7-5所示，中资企业缅甸员工所使用的手机有超过八成产自中国，而产自

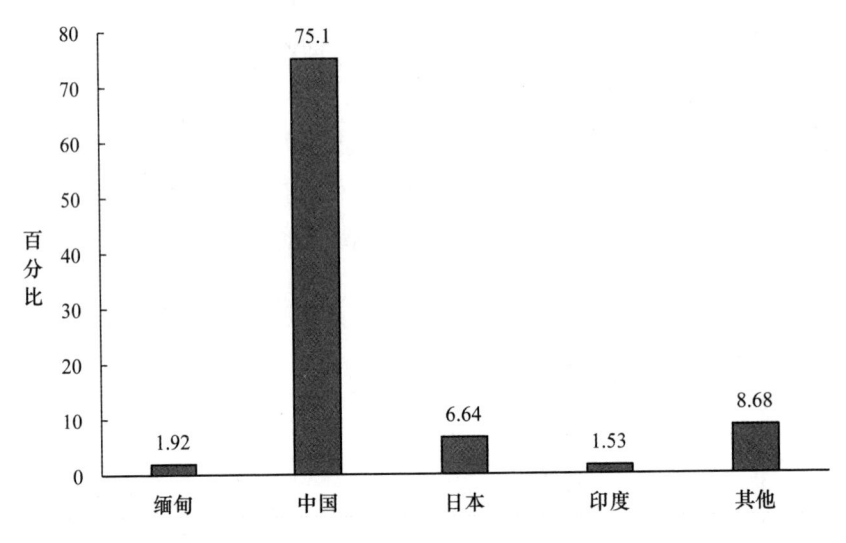

```
     80        75.1
     70
     60
     50
百
分   40
比
     30
     20
                                              8.68
     10  1.92        6.64        1.53
      0
        缅甸   中国    日本    印度    其他
```

图 7-4　员工家用摩托车、轻便车的原产国占比（多选）

缅甸、美国、日本、印度和其他国家的手机占比均较少，中国的手机品牌在缅甸占据了绝大部分市场。从 2013 年左右开始，中国手机品牌厂商完成了一波又一波的出海浪潮，缅甸从中国进口的华为、vivo、小米、OPPO 及其他品牌手机以价格多在 3 万缅元到 10 万缅元不等（约人民币 500 元），价格低廉且质量较好、功能较多，因此在缅甸手机市场深受消费者欢迎。其中，销量最大的是华为手机，"一边建基站、一边卖手机"是华为手机更具优势的原因，不仅树立了较高的知名度，也为其他中国手机品牌进入缅甸探清了道路。

图 7-6 显示的是员工家庭拥有的冰箱的原产国占比。从图中可以得知，缅甸中资企业缅籍员工家庭拥有的冰箱有将近五成（47.6%）产自中国；日本占比排在第二位；产自缅甸本国和美国的冰箱占比均较少。中国产的冰箱由于极高的质量在缅甸受到较大欢迎，而冰箱作为耐用消费品，更新换代的速率较慢，因此进入缅甸市场较早的日本老牌冰箱厂商占比也较高。

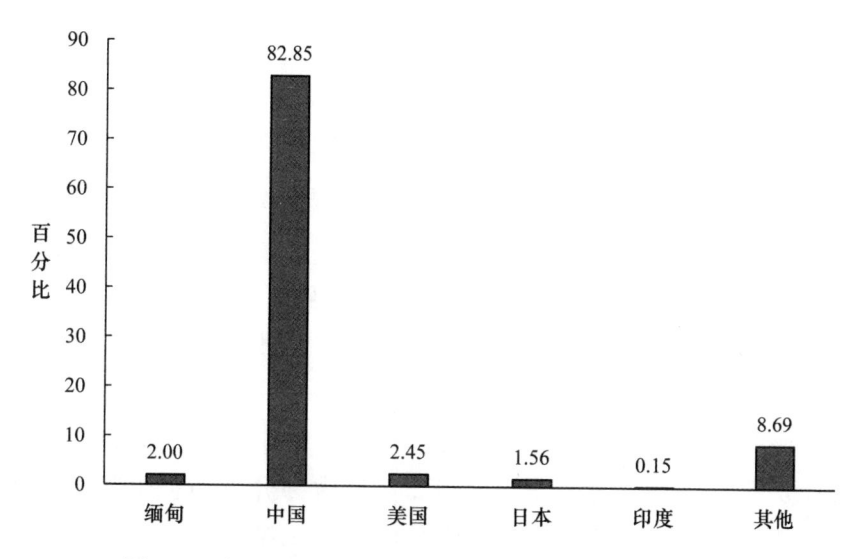

图 7-5　缅籍员工家庭拥有移动电话的原产国占比（多选）

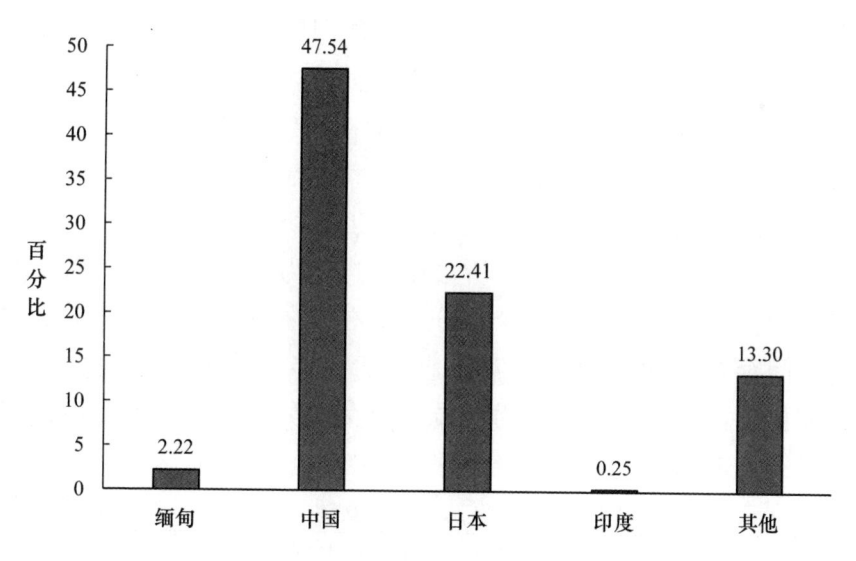

图 7-6　员工家庭拥有冰箱的原产国占比（多选）

小 结

本章主要分析了缅甸中资企业员工的职业发展情况与工作条件，对缅甸中资企业员工的基本工作情况、个人和家庭的经济情况以及他们对企业的了解程度等方面有了一定的了解，并得出一些有利的结论，能为在缅中资企业以及即将赴缅投资的企业提供直观而有效的参考，进而促进企业更好更快更顺利地发展。

根据调查数据可知，在缅中资企业中，一半以上的缅籍员工的当前工作是通过朋友、亲戚介绍而得，且绝大部分受访员工都有一到四年不等的工作经验。此外，绝大多数缅籍员工都是独自一人在企业工作，很少有家人的陪伴。一线员工占绝大多数，工作时几乎用不上电脑。通过对员工的职业经历和工作条件的基本调查，也从侧面反映出了中资企业在缅甸发展过程中存在的一些问题，中资企业还需注重多渠道宣传企业、树立企业形象，并通过多种途径举行招聘活动，吸纳更多优秀的缅籍员工。另外，中资企业对员工的关注度也亟待提升，需要更加注重观察员工的情绪、心理、家庭情况等方面，这将有利于企业工作的稳定发展，同时也能保障员工的切身利益。

在企业管理人员中，男性所占比例几乎为女性的两倍，而在非管理人员中，女性比男性高十个百分点左右。在员工培训方面，业主和员工之间存在认知差异，为何企业做的很多培训没有得到员工的认可，需更进一步调查了解。男性员工和女性员工在进入企业后，有过职业晋升的占比十分接近，男性占23.4%，女性占23.7%。但是从同一性别来看，有过职业晋升的男性或女性占比还未达到没有过职业晋升人数的三分之一。造成这一结果的原因可能有两个：一是员工自身的综合素质还不够高，二是中资企业的员工发展及晋升管理制度有待完善。因此，企业应推动与专业相关的培训活动的宣传工作，健全企业员工职业培训机制，提高员工参与培训的积极性。同时，完善企业的员工发展及晋升管理制度，以此来提高企业发展的活力和经济效益。

在缅甸的工业区，企业工会和行业工会是维护广大工人权利的强大组织，大多是由当地的工人自发组织而成。深入了解后发现，只有少部分员工加入了企业工会和行业工会，其中男性成员数量均是女性成员数量的两倍。在遇到企业纠纷时，管理层员工的正当维权意识要比非管理层员工好一些，他们更倾向于找企业管理部门投诉或向劳动监察部门投诉，而非管理层人员更倾向于找企业工会、行业工会投诉，独自罢工、辞职的人数也比管理层员工多。此外，企业为六成的员工提供了医疗保险，但仍有极少部分员工不清楚自己是否享有企业提供的社会保障，说明员工对自己的切身利益还不够了解，维权意识薄弱。

此外，我们还从性别、年龄、学历、出生地、职位等多维度寻找了影响员工收入的因素。

性别影响员工收入主要表现在最低收入水平和中等收入水平，在最低收入水平的男性员工明显多于女性，而中等收入水平的女性员工明显多于男性。

收入水平在不同的年龄段也存在较大差异，年龄段最小的16—25岁，由于他们经验不够丰富、技术不够成熟等原因，绝大部分员工的工资都处于中下水平。在最高收入层次，26—35岁员工的占比最高。大部分36岁以上员工的收入处于中间水平，而最低收入层次的比例也相对其他年龄段的员工少。从学历层次来看，最低收入水平里占比最高的是未受过教育的员工，最高收入水平里人数最多的是本科及以上学历的员工，但是大部分高学历员工的收入处于中下水平，教育水平与收入高低并不完全成正比。出生地的不同也会导致收入水平的差异，但是这种差异不是很大，在中高收入水平中，城市员工人数要略微多于农村员工人数。管理人员和非管理人员的收入存在一定差距，在低收入人群中，非管理人员的占比明显高于管理人员；而在高收入人群中，管理人员的占比较高。但总体而言，大部分员工的月收入属于中等水平。另外，有六成以上员工的家庭年收入属于中下水平。

此外，员工的经济情况也能反映出家庭而拥消费品的拥有情况，我们分别从学历、出生地、收入水平等方面探讨了影响家庭耐用消费品拥有度的因素。通过调查发现，拥有家庭耐用消费品的人数随着学历的提升而增多。来自城市的员工对家庭耐用消费品的拥有情况比来自农村的员工要好一些。此外，汽车这类较为昂贵的消费品，几乎只有收入为最高层次，即 30 万—124 万缅元/月的员工才拥有。

总而言之，企业应该制定涵盖职业发展与工作条件等内容的人力资源规划体系，首先要重视以培训和持续发展为基础的人力资源管理和发展的理念。无论是国有企业还是民营企业，都要加大对人力资源方面的投入。其次要结合公司实际情况，制定一套科学合理的人力资源规划，从目标、战略、组织、制度、人员等方面对公司的人力资源管理工作进行统筹规划。最后要选拔具有人力资源专业知识和管理经验的员工或者是咨询公司对人力资源规划实施过程中出现的问题提出建议及对策，及时调整人力资源规划。

第八章

交往与态度

中国通过"一带一路"倡议,与沿线国家紧密地联系在一起,追求共同发展,实现共同利益,在投资、贸易等方面进行了更加广泛的合作。"一带一路"沿线国家中的中资企业,作为构架民心相通的桥梁,以及当地民众了解中国的窗口,逐渐成为企业外籍员工交往的重要场所,员工的工作与生活也越发紧密地联系在一起。在本章的探讨中,将处在"一带一路"沿线国家——缅甸的中资企业缅籍员工的社会交往以及所持态度分为社会交往与社会距离以及员工对企业的综合评价两三个部分。在社会交往方面,我们将以缅籍员工个人为单位,根据员工性别以及是否为管理人员来计算员工在企业内外所拥有的中国朋友数量。在社会距离方面,分别设立了与美国人、中国人、印度人和日本人交往的亲疏距离。从最亲密到最疏远,共设八个衡量尺度,从而分析中资企业员工与中美印日四国的社会距离分布情况。在企业评价方面,根据缅籍员工的族群、宗教信仰以及是否为企业管理人员进行分类,调查他们对企业是否尊重员工的宗教信仰和风俗习惯的看法,并调查他们对企业作息时间和晋升制度的态度,从而获取员工与企业之间关系的分析结果。

第一节 社会交往与社会距离

中资企业的缅籍员工作为社会的一部分,在工作和生活的过程中，必将会与缅甸社会产生一定交集。在本节中，我们对中资企业缅籍员工的社会交往情况以及社会距离进行考察，以呈现性别、是否为管理层对员工个体社交情况的影响，探讨中资企业的缅籍员工对不同国家人民的主观亲疏程度，从而反映社会距离状况。

一 社会交往

社会交往是人们社会生活的重要组成部分，也是中资企业缅籍员工在工作和生活中必不可少的环节。社会交往在一定程度上影响着中资企业缅籍员工的工作和生活质量。

根据在缅甸的中资企业中收集到的1300多份样本，我们分别计算出了不同性别员工在本企业内拥有的中国朋友数量差异，如表8-1所示。

表8-1　缅籍员工在本企业内拥有中国朋友数的性别和职级差异

组别	样本量	均值	标准差	最小值	最大值
男	453	3.65	14.19	0	250
女	894	1.48	5.72	0	100
管理人员	200	5.28	10.95	0	120
非管理人员	1142	1.68	9.16	0	250

从表8-1可以看到，在1347个样本中，男性员工在企业内平均拥有4个中国朋友，女性员工平均拥有1个中国朋友。由于453个男性员工样本量少于894个女性员工样本量，且其标准差和最大值远高于女性员工，我们可以分析出，有一部分男性员工在企业内拥有的中国朋友数量极多，而一部分男性员工的中国朋友数量极少。女性员工平均拥有1个中国朋友，其标准差和最大值都远低于男性员工，不难看出女性员工所拥有的企业内的中国朋友数量个体差异较小，且比男性员工平均。

鉴于企业的性质，在调查企业内中国朋友数量时，我们又从管理人员和非管理人员的维度统计分析了管理人员和非管理人员的企业内中国朋友数量。从表8-1可以看出，在200个管理人员样本中，管理人员在本企业平均拥有5个中国朋友，最多拥有120个。而在1142个非管理人员样本中，非管理人员在本企业平均拥有2个中国朋友，最多拥有250个。管理人员和非管理人员的标准差均在10左右，差异不大。而在非管理人员样本量远高于管理人员样本量且非管理人员的最大值也高于管理人员最大值的基础上，非管理人员的企业内平均中国朋友数比管理人员的少了3个。据此我们可以分析出，是否为管理人员这一因素对结交企业内中国朋友的数量起到了一定的影响作用。

考虑到中资企业缅籍员工不仅在缅甸工作，同时也在缅甸生活，我们又调查统计了不同性别、管理人员与非管理人员的员工样本在企业外拥有中国朋友的数量，以期更全面地探讨中资企业缅籍员工在缅甸的社会交往情况。

首先，我们依然从不同性别这一维度统计并计算了中资企业缅籍员工在企业外的中国朋友数量情况，如表8-2所示。从表8-2可以看出，在448份男性员工样本中，平均拥有2个企业外中国朋友，最多的拥有100个，最少的拥有0个。而在893份女性员工样本中，平均拥有1个企业外中国朋友，比男性员工平均少1个，最多拥有50个，最少拥有0个。通过对比可以发现，两组数据的标准差有一定差异，男性员工的标准差为7个，女性员工的标准差为3个，相比之下，男性员工的数据浮动较大，证明男性员工拥有的企业外中国朋友数量的个体差异比女性员工要大一些。

表8-2　缅籍员工在本企业外拥有中国朋友数的性别和职级差异

组别	样本量	均值	标准差	最小值	最大值
男	448	1.79	6.61	0	100
女	893	0.75	3.27	0	50
管理人员	199	2.49	6.00	0	50
非管理人员	1137	0.86	4.38	0	100

其次，我们又从是否为管理人员这一维度统计了中资企业员工在企业外拥有中国朋友数量的情况。从表 8-2 中也可看出，在 199 个管理人员样本中，平均拥有 2 个企业外中国朋友，最多拥有 50 个。而在 1137 个非管理人员样本中，平均拥有 1 个企业外中国朋友，比管理人员平均少了 1 个，最多拥有 100 个。综观两组数据的标准差，不难发现管理人员的标准差略高于非管理人员，而管理人员的最大值却低于非管理人员。我们可以推断，参与调查的管理人员拥有企业外中国朋友数量的个体差异较大，而非管理人员虽然平均拥有数量较少，但在最大值高于管理人员的情况下标准差却较为平稳，也就是说，非管理人员所拥有的企业外中国朋友数量的个体差异较小，人均实际拥有朋友的数量比管理人员均衡。

通过以上两个表格，我们从性别和是否为管理人员的角度出发，分析比较性别差异、是否为管理层这两种因素对员工拥有企业内和企业外中国朋友数量的影响。在总体样本数量浮动不大的情况下，所有参与调查的员工所拥有的企业内中国朋友数量均高于企业外朋友数量。从性别差异上来看，男性员工所拥有的企业内、企业外中国朋友数量均高于女性员工所拥有的数量。同时也需注意到，男性员工的标准差也均高于女性员工，说明在参与调查的男性员工中存在一定的中国朋友数量极多或者极少的情况。相反，女性员工的中国朋友数量则相对平均。另外，在管理人员样本数量明显比非管理人员样本数量少的情况下，参与调查的管理人员的企业内和企业外的中国朋友数量均高于非管理人员。我们可以推断，造成这一现象的主要原因很可能是由于管理人员处于管理岗位，从而有更多的机会和人脉来扩展其社交范围。同时也需注意到，管理人员的标准差也都略高于非管理人员，所以在管理人员中，拥有中国朋友数量的个体差异也比非管理人员显著。

二 社会心理距离跨国比较

社会距离体现的是人与人之间关系亲近或疏远的程度。作为理解社群融合和社群隔离的重要指标,我们在调查中设置了八个由亲近到疏远的人际关系选项,分别为:成为伴侣、成为朋友、成为邻居、成为同事、点头之交、居住在同一城市、拒绝来我们国家以及以上都不是,借以研究中资企业缅籍员工对在缅甸所遇到的四个代表性国家人群的交往态度及亲疏距离,如表8-3所示。

表8-3 缅籍员工对中美日印四国的社会距离分布 （单位:%）

可接受距离	美国	中国	印度	日本
成为伴侣	5.51	6.65	2.30	3.32
成为朋友	55.99	64.11	49.00	56.13
成为邻居	9.04	6.58	6.31	7.39
成为同事	8.52	10.75	8.02	8.86
点头之交	4.70	3.29	6.61	5.83
居住在同一城市	4.26	2.27	5.35	4.65
拒绝来我们国家	4.11	2.49	8.39	6.13
以上都不是	7.86	3.87	14.03	7.68

从表8-3可以看到,中资企业缅籍员工对不同国家的人群持有不同的社会距离概念。在对美国人的社会距离所持态度中,近六成(56%)的受访员工选择愿意与美国人成为朋友,选择愿意与美国人成为邻居和同事的员工占比均不到一成。在愿与美国人成为伴侣这一项中,仅5.5%的受访员工选择愿与其成为伴侣。选择愿与美国人成为点头之交、居住在同一城市和拒绝来我们国家的员工占比均不到5%。值得注意的是,在对美国人的社会距离上,仍有7.9%的员工没有选择上述任何一个选项。

在对中国人的社会距离所持态度中,超过六成(64.1%)的受访员工选择愿与中国人成为朋友,其次是成为同事,占一成。选择愿意与中国人成为伴侣和成为邻居的员工占比均在7%左右。在较疏远的社会距离选项中,只有极少数员工选择愿意与中国人居住在同一城市以及拒绝其来我们国家。以上八个选项均没有选择的员工占3.9%。

在对印度人的社会距离上，选择愿意与印度人成为朋友的占比最高，为49%。选择其他交往程度的员工占比均不到一成，只有极少数受访员工选择了愿意与印度人成为伴侣。以上八个选项均不选的则占14%。

最后，在对日本人的社会距离调查中，近六成（56.1%）的员工表示可以成为朋友，选择愿意与日本人成为邻居和同事的员工占比均接近一成。极少数受访员工表示愿意选择其成为伴侣，选择较疏远交往程度的员工均不到一成。

横向来看，在接纳对方成为伴侣这一最亲密的社会距离尺度上，中资企业的缅籍员工对中国人的接纳程度最高，对印度人的接纳程度最低。大部分的受访者对美、中、印、日四国人的态度都表示愿意与其成为朋友。

从表8-3中，我们还发现了一个值得注意的数据变化趋势。在较为亲密的前四档社会距离选项中，除去成为邻居这一距离选项，缅籍员工对中国人的接纳态度都比其他三个国家高。同时，在较为疏远的后四档社会距离选项中，选择这四个选项的员工占比也是四个国家中最低的，这一变化趋势是否与受访者为中资企业员工有关，还有待今后调查的持续关注。

第二节　企业评价

企业对员工的态度往往决定了员工在企业工作的质量，员工对企业的评价则可以从员工的切身感受去考察。另外，由于调研对象为在缅甸的中资企业，而缅甸又是一个多民族的国家，且不同民族有不同的宗教信仰。企业对缅甸的风俗习惯和宗教信仰的态度从某种程度上也影响着企业在缅甸的发展。所以在本节中，我们将从不同族群、不同信教群众、是否为管理人员的维度调研、探讨缅籍员工认为的企业对缅甸风俗习惯和宗教信仰尊重与否，以及员工对企业制定的作息时间以及晋升制度是否满意,借以呈现缅籍员工对中资企业的评价。

一 风俗习惯

首先,从不同族群的维度来看本企业是否尊重本地的风俗习惯,调查结果如表8-4所示。近半数的缅族员工基本同意本企业尊重缅甸风俗习惯,一成以上的缅族员工完全同意本企业尊重缅甸风俗习惯,有三成以上的缅族员工选择了较为中立的选项,不同意和完全不同意的员工极少。同时可以看出,不论是否是缅族员工,在总的受访员工中,持基本同意本企业尊重了缅甸风俗习惯和中立态度的员工各占了四成左右,只有极少数员工认为企业没有尊重缅甸风俗习惯。这说明在不同族群的眼中,企业对缅甸风俗习惯的尊重得到了绝大多数员工的认可。

表8-4　　　　企业尊重本地习俗认可度的跨群体差异　　　（单位:%)

组别	完全不同意	不同意	一般	基本同意	完全同意
缅族	3.37	4.33	31.17	47.52	13.62
其他族群	0.98	2.94	38.24	42.16	15.69
天主教徒	3.23	6.45	41.94	29.03	19.35
新教徒	0.00	20.00	60.00	20.00	0.00
伊斯兰教徒	0.00	0.00	50.00	25.00	25.00
佛教徒	3.25	4.02	30.96	47.99	13.78
其他教徒	0.00	10.00	50.00	35.00	5.00
管理人员	1.46	5.85	34.15	41.95	16.59
非管理人员	3.42	3.94	31.17	48.16	13.31

其次,我们又从不同信教群众的维度调查了员工是否同意企业尊重本地风俗习惯。从表8-4可以看出,除新教员工外,其他教派如:天主教、伊斯兰教和佛教员工都基本认可本企业尊重本地风俗习惯,只有极少数的受访者认为企业没有尊重缅甸风俗习惯。同时我们还发现,绝大部分的信教群众均持既不否认也不同意的中立观点,即虽然

极少数的信教群众认为企业没有尊重缅甸风俗习惯,但是除占比较高的佛教群众之外的其他信教群众选择同意企业尊重了缅甸风俗习惯的占比也只达20%—30%。佛教群众是几个宗教当中持认可态度最多的,同时,有超过六成的员工不同程度地同意企业尊重了缅甸风俗习惯。

另外,伊斯兰教群众是唯一一个完全没有人持否定态度的信教群体,一半的信教群众持中立态度,另一半信教群众则是不同程度地认可了企业对缅甸风俗习惯的尊重。还值得一提的是新教群众所持的态度。在新教群众中,没有人持完全不同意和完全同意态度,持不同意和基本同意态度的各占两成,高达六成的新教群众表达了既不认可也不否认的中立态度。关于伊斯兰教群众和新教群众态度的特殊性,是否因伊斯兰教和新教的基本教义与该中资企业的经营管理理念以及生产经营的范围发生碰撞而产生,值得今后的调查持续关注。

最后,我们又从是否是管理人员的维度调查了此项议题。从表中可以看到,不论是否是管理人员,在该企业对缅甸风俗习惯的态度上基本都是一致的。均有不到一成的员工持不同意态度,三成左右的员工表示中立,有六成以上的员工持同意本企业尊重本地风俗习惯。综合来看,不论管理人员与否,数据的趋势并没有大相径庭,反而有一定的相似,可见该企业对缅甸风俗习惯的态度总体上是得到大部分缅籍员工认可的。

二 宗教信仰

关于企业是否尊重员工宗教信仰这一议题,我们也从族群、信教群众以及是否为管理人员这三个维度进行了调研。

从表8-5可以看到,不论缅族与其他族群,绝大部分员工均认为该企业尊重其宗教信仰,占总调查人数的60%以上。几乎没有其他族群员工认为企业没有尊重其宗教信仰,而缅族员工认为企业没有尊重其宗教信仰的占比也不到一成。

表8-5　　企业尊重本地宗教信仰认可度的跨群体差异　　（单位：%）

组别	完全不同意	不同意	一般	基本同意	完全同意
缅族	3.04	3.28	28.34	51.16	14.17
其他族群	1.00	0.00	39.00	40.00	20.00
天主教徒	0.00	3.57	39.29	28.57	28.57
新教徒	20.00	0.00	40.00	40.00	0.00
伊斯兰教徒	0.00	0.00	50.00	25.00	25.00
佛教徒	2.94	3.02	28.38	51.20	14.46
其他教徒	0.00	4.76	52.38	38.10	4.76
管理人员	1.48	2.96	28.57	50.25	16.75
非管理人员	3.06	3.06	29.25	50.35	14.27

从不同信教群众的维度出发，表8-5反映了不同信教群众对于此项议题的态度。除新教外，认为企业没有尊重其宗教信仰的其他信教员工的占比均不到一成。此外，均有近半数的员工认可企业尊重其宗教信仰。需要注意的是，有两成新教群众选择了完全不同意这一选项，结合风俗习惯的相关调查数据，我们有理由推测，在新教群众和中资企业之间确实有一定的文化冲突，从而出现了一些不同于其他宗教信仰调查数据的结果。

最后，从是否是管理人员的维度来看，整体来说，不论受访者是不是管理人员，对待此议题的态度均无较大差异。仅有不到6%的受访员工持不同意的态度，持中立态度的员工不到三成，超过六成的员工认为企业尊重其宗教信仰。综上，是否是管理人员这一变量对于这一议题的影响并不大，我们可以认为企业关于尊重员工宗教信仰方面的行为与态度得到了员工较正面的评价。

总体来看以上三个表格，我们可以看到，大部分员工认为企业尊重了员工的宗教信仰，并且族群和是否是管理人员这两个因素对于员工对企业针对员工信仰所持态度的影响较小。值得注意的是，20%的新教群众在该企业尊重员工的宗教信仰这一议题上持否定态度。由于涉及企业与员工的关系以及企业如何更好地融入缅甸人文环境的问题，因此，这一较为突出的数据还有待今后继续调查。

三 作息时间

调查员工对企业评价的另一个重要衡量标准便是员工是否喜欢自己所在企业要求的作息制度。

首先，我们依然从不同族群的维度调查了员工是否喜欢该企业的作息，如表8-6所示。从表中可以看到，不喜欢本企业作息的员工仍是少数，只是持否定态度的缅族员工比其他族群员工高4.2%。但同时是在绝大多数缅族员工可以接受的范围。因为六成以上的缅族员工和其他族群员工都选择了较喜欢本企业的时间作息。

表8-6　　　　企业作息时间认可度的跨群体差异　　　　（单位：%）

组别	完全不同意	不同意	一般	基本同意	完全同意
缅族	3.68	4.39	25.61	53.48	12.84
其他族群	1.94	1.94	33.98	37.86	24.27
天主教徒	0.00	12.50	37.50	28.13	21.88
新教徒	20.00	0.00	0.00	40.00	40.00
伊斯兰教徒	0.00	0.00	50.00	25.00	25.00
佛教徒	3.64	4.17	25.53	53.41	13.26
其他教徒	0.00	0.00	57.14	28.57	14.29
管理人员	1.95	5.85	25.85	45.85	20.49
非管理人员	3.68	4.02	26.41	53.33	12.56

表8-6还反映了不同宗教信仰的员工对本企业作息时间的态度。我们发现，除新教和天主教外，只有极少数的员工认为不喜欢本企业的作息时间。有两成新教员工选择完全不同意，有一成天主教员工选择不同意。由于新教和天主教同属于基督教，可能有着相似的宗教活动时间，而宗教活动时间与该企业的作息时间产生了一

定的冲突，导致这一部分员工不喜欢本企业的作息时间。总体来看，仍有过半数的员工对本企业的作息时间表示认可。虽然新教员工中持不认可态度的人数占两成，但仍有80%的新教员工表示喜欢本企业的工作作息时间，喜欢和不喜欢的数据都高于其他宗教信仰的员工比例，结合之前关于风俗习惯以及宗教信仰的数据，关于新教徒对企业评价的影响因素有待进行更深入的调查研究。

最后分析是否是管理人员这一因素对员工是否喜欢本企业作息时间的影响。从表中可以看出，九成以上员工并不反对所在企业的工作作息时间，并且六成以上的员工表示喜欢本企业的作息时间，对企业作息时间持否定态度的员工不到一成。另外纵向比较来看，是否是管理人员这一因素对于此议题的数据结果并无太大影响，只是作为管理人员，可能其本身就参与了作息制度的制定，也可能因为身处管理岗位，对于该作息已经非常适应，所以有更多的管理人员选择了完全同意这一选项。

综合以上三个维度的调查结果，发现员工的宗教信仰是影响员工对企业作息制度评价的重要因素。尤其是信仰新教的员工对不同的议题所持的态度变化较为显著，这一点值得企业注意，以期更好地进行生产经营管理，同时也需要在今后的调查中继续关注。

四 晋升制度

晋升制度是调动员工积极性、提升员工个人素质和能力的重要机制，关系到整个企业的生产和运作的效率及质量。我们仍然从不同族群、不同宗教信仰以及是否是管理人员三个维度来调查员工对所在企业的中外员工晋升制度是否一致的态度。

如表8-7所示，缅族与其他族群的两组数据差距并不大。所以，族群因素对这一议题的影响很小。有三成以上的员工认为中外员工晋升制度不一致，有两成以上的员工选择了较为中立的态度，另有四成以上的员工认为中外员工晋升制度是一致的。

表8-7　　企业内部晋升制度公平性认可度的跨群体差异　　（单位：%）

组别	完全不同意	不同意	一般	基本同意	完全同意
缅族	9.04	22.17	24.87	37.13	6.78
其他族群	2.08	23.96	29.17	34.38	10.42
天主教徒	0.00	27.59	34.48	31.03	6.90
新教徒	20.00	20.00	0.00	60.00	0.00
伊斯兰教徒	0.00	50.00	50.00	0.00	0.00
佛教徒	8.66	22.10	24.79	37.39	7.06
其他教徒	10.00	25.00	40.00	15.00	10.00
管理人员	9.84	32.12	19.17	31.09	7.77
非管理人员	8.10	20.59	26.50	37.85	6.96

表8-7还反映了宗教因素影响下的员工针对这一议题的态度变化。我们从表中可以看到，在天主教和佛教员工中，分别有三成左右的员工认为中外员工晋升制度不一致，四成左右的员工认为中外员工晋升制度一致，另有三成左右的员工持中立态度。变化较为显著的是新教和伊斯兰教员工，四成新教员工认为中外员工晋升制度不一致，六成新教员工基本同意中外员工晋升制度一致。而在伊斯兰教员工中，有一半的受访员工认为晋升制度不一致，另一半选择了中立，没有伊斯兰教员工选择同意。伊斯兰教和新教员工晋升制度评价上所呈现出来的数据分布，是否是由于伊斯兰教教义和新教教义与企业晋升制度之间发生碰撞，该数据是否会愈加显著，以及企业针对这一调查结果是否该做出适当调整以稳定并激励员工积极工作进而完善企业的生产经营。如表8-7所示，管理人员与非管理人员的两组数据差异并不大，但仍有一些细微的差别值得注意。有42%的管理人员认为中外员工晋升制度不一致，高于非管理人员28.7%的比例。有38.9%的管理人员和44.8%的非管理人员认为中外员工晋升制度一致。

从数据结果看，有近四成的管理人员认为企业的中外员工晋升制度不尽一致，但也有近四成管理人员晋升制度一致；在非管理岗位的员工中，认为一致的员工比认为不一致的员工比例高 16.1%。总体来说，认为中外员工晋升制度一致的员工更多。对于这一结果，可能是不同管理人员对企业晋升制度的理解本身就存在差异。

综合三个维度的数据可以发现，族群因素和是否是管理人员对中外员工晋升制度的评价影响并不显著。对该议题下的企业评价影响最显著的因素是宗教信仰，尤其是伊斯兰教和新教员工的数据波动最大，且员工的具体态度也与其他宗教员工有明显的差异。

小　结

在调查中，我们将调查内容分为两个部分，即员工的社会交往状况以及员工对企业的态度，借以全面地分析和呈现"一带一路"沿线中资企业员工的社会交往状况以及员工对企业的态度。数据显示，从总体情况来看，员工社会交往状况良好，大部分员工都对中资企业持肯定态度。不同的是，在三个部分的调查中，社会距离、宗教信仰、受教育程度和互联网因素对员工的具体态度产生了不同的影响。

关于员工社会交往状况，首先，男性员工社交面比女性员工更广。其次，管理人员由于负责企业的运营生产管理，在其工作与日常生活中均需要与更广泛的人群接触，客观上造成了管理人员人脉比普通员工更广的状况。所以在调查中，管理人员在企业内和企业外的中国朋友数量均高于非管理人员。另外，在"一带一路"倡议和全球化浪潮的影响下，为了更全面地了解中资企业员工的社交状况，我们还调查了中资企业员工与在缅甸分布数量较有代表性的美国人、中国人、印度人和日本人的社会距离。通过调查发现，中资企业员工对中国人的接纳度较高，对印度人的接纳程度较低。只有少数受访者愿意与该四国人保持较亲密关系，绝大部分受访者愿意与上述四个国家的人成为朋友，极少数的受访者选择了较为疏远的社会距离。

在员工对企业的评价方面，大部分的员工认为企业尊重缅甸风俗习惯以及员工的宗教信仰，大多数员工也都认可企业的作息和晋升制度。值得注意的是，有一部分新教员工对上述议题持否定态度，既不认为所在企业尊重了缅甸风俗习惯和员工宗教信仰，也不喜欢企业安排的作息时间，同时不认可所在企业的员工晋升制度。因此，宗教信仰成了影响员工对企业评价的重要因素，而这一显著变化主要集中在新教群体中，这一点是否因新教教义、新教群众的固有态度与企业文化及运作生产模式发生一定碰撞而产生，有待今后进一步研究。

第九章

媒体与文化消费

随着信息传播技术的快速发展,网络与新媒体的使用愈加普遍,这给人们在进行交流沟通、娱乐消费、发表个人看法、了解国内外新闻等方面带来了诸多便利,其重要性可见一斑。在本章第一节中,我们将分析近一年内,缅甸员工了解中国信息的主要渠道和倾向了解的信息类型。由于缅甸是个多宗教国家,因此我们在分析时,除了考虑性别、年龄、学历、月收入等变量外,还将考虑宗教因素的影响,以此来研究不同宗教、不同性别、不同年龄段、不同学历水平与收入水平的受访者在了解中国的渠道上存在的差异与共性,以及互联网与新媒体在了解过程中所发挥的作用。在第二节中,我们将分析受访者对中、美、日、韩、印的文化产品的消费情况,选择上述各国的电影、电视剧、音乐为代表,以性别、年龄、教育水平为变量,来分析他们对上述各国电影、电视剧、音乐的喜爱程度。

第一节 互联网和新媒体

互联网与新媒体是当前最为前沿的传播媒介,在我们的生活中正发挥着不可估量的作用,它们带来的影响几乎无处不在,无时不有。在此次调查中,我们对多种传播媒介进行了调查比较,并且将其与性别、年龄、学历、月收入等变量联系起来进行分析,从而得出受访者主要采取的了解渠道以及倾向了解的信息类型。基于1064份样本，我们算出了不同传播渠道所占的比重，如图9-1所示。

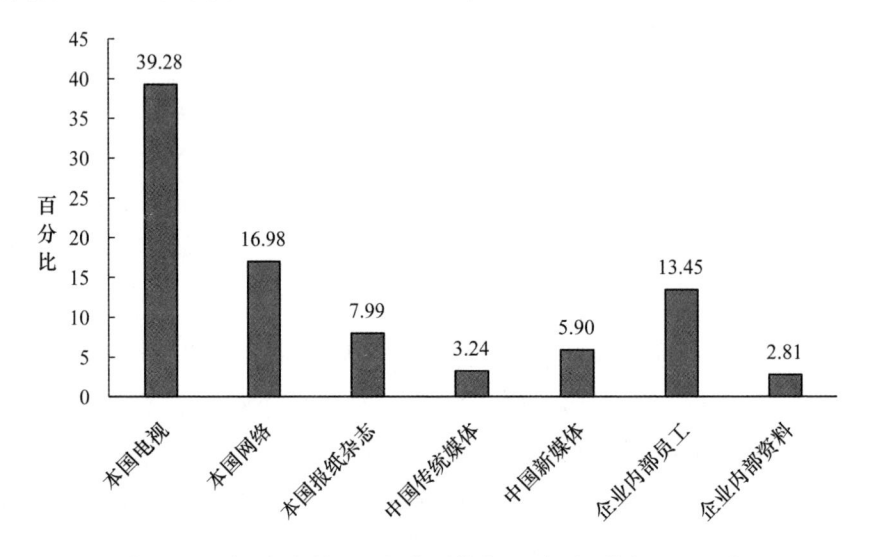

图9-1 近一年内员工了解中国信息的不同渠道占比（多选）

图9-1是近一年内中资企业缅籍员工了解中国信息的不同渠道分布。从图中可以看出，有将近四成（39.3%）的中资企业缅籍员工通过缅甸的电视报道了解中国信息，是他们了解中国的主要渠道；通过缅甸的网络和企业内部员工交流来了解中国信息的员工占比在10%以上；通过缅甸的报纸杂志、中国的传统媒体、中国的新媒体、企业内部资料来了解中国信息的均占比较少。缅甸经济发展状况较为落后，电视仍是普通民众主要的信息来源。此外，缅甸的互联网普及率在平稳增长，移动数据的用户也在逐渐增加，因此，网络也日益成为民众获取信息的主要渠道之一。在采访中缅籍员工提到的企业内部员工多指中资企业内的中国籍员工，他们与其朝夕相处，或多或少会接触到有关中国的信息。

从表9-1可以看到，近一年内，员工通过缅甸媒体看到最多的新闻是本国学生前往中国的新闻，其次是中国文艺演出的新闻，看过最少的是中国大使馆对本国捐赠的新闻。下面我们用数据来进行详细的说明。在1193个样本中，仅有三成多（33.4%）的员工表示从国内媒体上看到过中国大使馆对本国进行捐赠的新闻，这意味着大多数人都没有看到过此类新闻。在1157个样本中，近四成（39.4%）的员工通过国内媒体看到过中国援助本国修建道路、桥梁、医院和学校的新闻，所占比例虽高于看到中国大使馆对本国进行捐赠的新闻的占比，但也不到四成。而在1228个样本中，有六成以上（61.9%）的员工看到过本国学生前往中国留学的新闻。在1222个样本中，有一半以上（54.0%）的员工表示看到过中国文艺演出的新闻。该表表明，缅甸员工看到与中国的教育、文化相关的新闻次数多于看到中国援助基础设施和捐赠的新闻次数。

表9-1　　　　　　　近一年是否看过相关中国的新闻报道　　　　　（单位：%）

相关中国的缅甸媒体报道	样本量	是	否
中国大使馆对缅甸捐赠的报道	1193	33.36	66.64
中国援建道路、桥梁、医院和学校的报道	1157	39.41	60.59
缅甸学生留学中国的报道	1228	61.89	38.11
中国文艺演出的报道	1222	54.01	45.99

在中资企业中工作的缅籍员工学历水平也参差不齐，因而对不同学历的员工的数据进行了进一步比较分析。

图9-2体现了不同学历的员工对于中国大使馆对本国捐赠的新闻的观看率。我们从图中可以看出，五成以上的（55.6%）未受过教育的员工看过中国大使馆对本国捐赠的新闻；仅有两成以上（23.5%）的小学学历的员工看过该类新闻，而中学学历的员工看过该类新闻的占比也只达三成；拥有本科及以上学历的员工中有接近一半的人看过该类新闻。从中我们可以看出，未受过教育的员工对中国大使馆对本国捐赠的新闻的观看率是最高的，小学学历的员工对此类新闻的观看率是最低的。

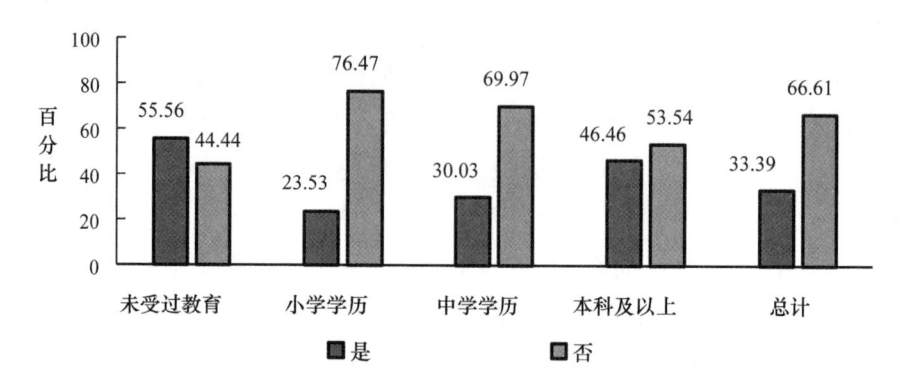

图 9-2　看到中国大使馆对缅甸捐赠的报道：学历层次的差异

图 9-3 反映了不同学历的员工看过中国援助本国修建道路、桥梁、医院和学校的新闻的比率，六成以上（62.5%）未受过教育的员工看过该类新闻，小学学历和中学学历的员工中看过该类新闻的占比均在三成左右，拥有本科及以上学历的员工有一半以上（54.8%）的人看过该新闻。与中国大使馆对本国捐赠新闻的观看率相比，该类新闻的总观看率更高，但相同的是，在这两类新闻的观看人群中，未受过教育的员工均是主力军，其次是本科及以上学历的员工。

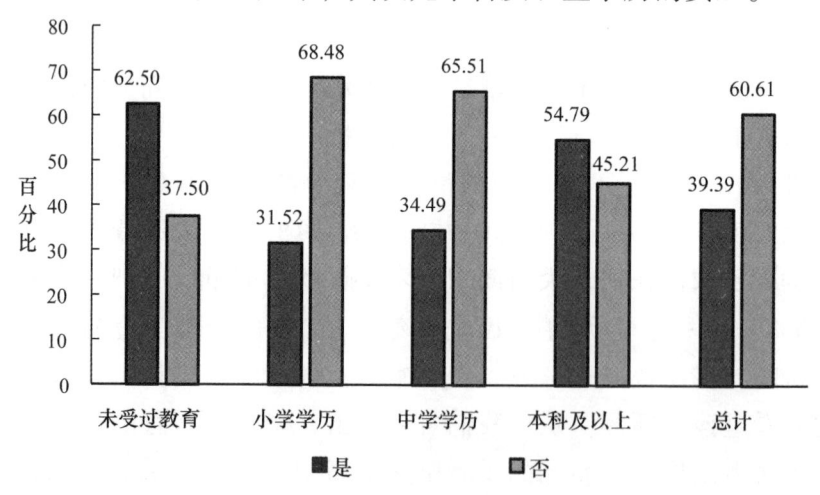

图 9-3　看到中国援建道路、桥梁、医院和学校的报道：学历层次的差异

关于本国学生前往中国留学的新闻的观看率及分布，如图9-4所示。无论是总比率还是各学历员工的观看率都高于前两种新闻，尤其是受过教育的员工的比率变化较为明显，小学学历和中学学历员工的观看率已经达到了五成以上，本科及以上学历员工的观看率甚至超过了七成，未受过教育的员工的观看率没有太大变化，依旧为六成，相对于前两张图反映的情况，在本国学生前往中国留学新闻的观看人群中，本科及以上学历的员工成了主力军，未受过教育的员工依旧发挥了较大作用，处于第二位。

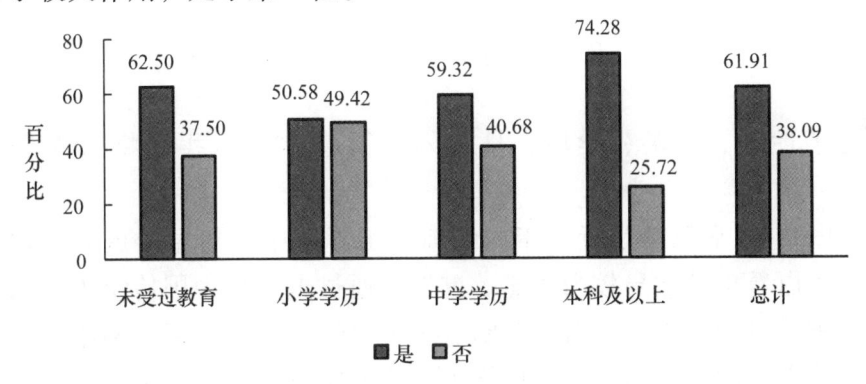

图9-4　看到缅甸学生留学中国的报道：学历层次的差异

通过图9-5，我们可以看到，员工随着学历的升高，其观看率也逐渐升高。本科及以上学历的员工占比最高，接近七成，其次是中学学历的员工，观看该类新闻的人数超过一半。看过该类新闻人数最少的是未受过教育的员工，占比不到四成，与前面三类新闻的观看率相比，差距较大，在前三类新闻中，未受过教育的员工的观看率都在六成左右。

通过比较上面四张图，我们可以看出，不同学历的员工对中国新闻的关注点不同，未受过教育的员工在捐赠类、基础设施援助类新闻的观看率较高，而本科及以上学历的员工更关注留学类、文化艺术类的新闻。

在对员工近一年内了解有关中国信息的渠道进行调查时，我们还

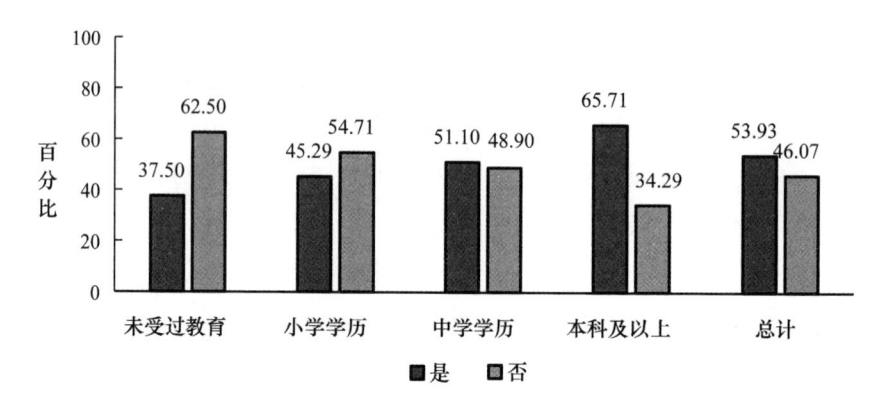

图 9-5 看到中国文艺演出的报道：学历层次的差异

考虑了性别、年龄、学历、月收入等因素。下面我们将依次进行分析。

图 9-6 显示的是近一年内缅甸员工了解中国信息渠道的性别差异，可以看出其差异较为明显。首先，通过电视、中国传统媒体来了解中国信息的女性员工占比要明显多于男性员工，而通过网络、中国新媒体来了解中国信息的女性员工占比要明显少于男性员工。由此可知，男性员工更愿意通过网络这种新方式来获取信息，而女性员工获取信息的方式较为传统。其次，女性员工选择通过企业内部员工交流来了解中国信息的占比要比男性员工高出 4.6 个百分点。因此，女性员工可能比男性员工同中国员工的交流更多。最后，通过企业内部资料来了解中国信息的员工性别差异较小。

图 9-7 是近一年缅甸员工了解中国信息渠道的年龄差异。可以看出，各年龄段的受访者主要是通过电视来了解中国的信息，但年龄差异较为明显，其中 16—25 岁的年轻人占比最高，超过了四成（42.7%）。通过缅甸网络来获取信息的 26—35 岁的受访者占比最高，达到了 20.4%。除此之外，通过本国的报纸杂志、中国传统媒体、中国新媒体、企业内部员工和资料的渠道来了解中国的年龄差异不明显。因此，16—25 岁的年轻人多从缅甸电视中获取信息，而通过缅甸网络来获取信息的 26—35 岁的年轻人较多，其他渠道没有明显的差异。

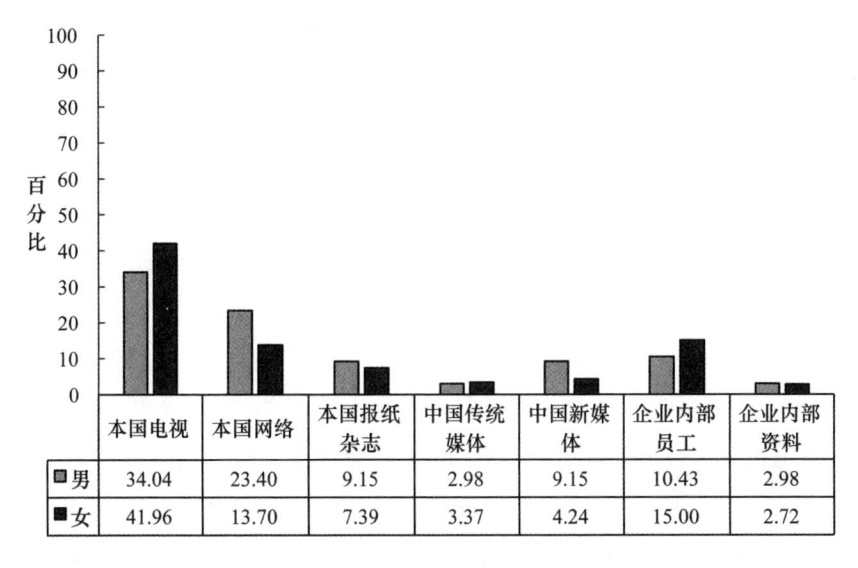

	本国电视	本国网络	本国报纸杂志	中国传统媒体	中国新媒体	企业内部员工	企业内部资料
男	34.04	23.40	9.15	2.98	9.15	10.43	2.98
女	41.96	13.70	7.39	3.37	4.24	15.00	2.72

图9-6　近一年缅甸员工了解中国信息的渠道：性别差异（多选）

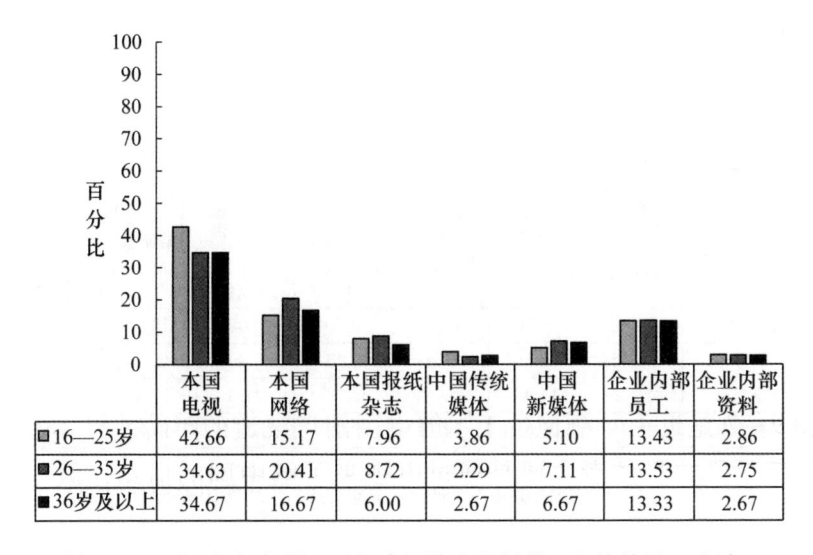

	本国电视	本国网络	本国报纸杂志	中国传统媒体	中国新媒体	企业内部员工	企业内部资料
16—25岁	42.66	15.17	7.96	3.86	5.10	13.43	2.86
26—35岁	34.63	20.41	8.72	2.29	7.11	13.53	2.75
36岁及以上	34.67	16.67	6.00	2.67	6.67	13.33	2.67

图9-7　近一年缅甸员工了解中国信息的渠道：年龄差异（多选）

图9-8是近一年内缅甸员工了解中国信息渠道的学历差异。总体来看，未受过教育的员工了解中国信息的渠道仅有电视、网络、报纸杂志和企业内部的员工交流。不同学历的受访者选择的渠道最多的

均是本国的电视,其中中学学历的员工占比最高,超过了四成(42.8%),未受教育的员工占比最低,仅为18.2%。通过网络来了解中国信息的本科及以上学历的员工占比最高,未受教育的员工占比最低,有一个明显的正相关关系。由此可以得知,学历同通过电视获取信息的比例呈正相关关系,但是在本科及以上学历占比下降,这是因为近年来随着缅甸互联网和移动数据技术的发展,学历越高的人越倾向于通过比电视更加便捷和全面的网络来获取信息,通过电视获取信息的高学历员工占比因此减少。其次,通过中国传统媒体、中国新媒体和企业内部资料来了解中国的员工占比随着学历升高而提高,而学历越低的人越倾向于同企业内部员工交流来获取信息。

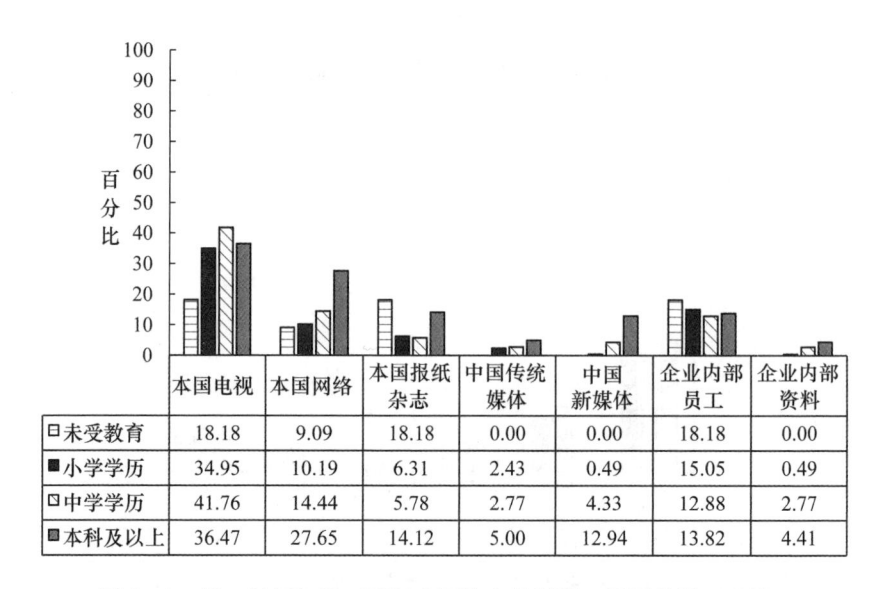

	本国电视	本国网络	本国报纸杂志	中国传统媒体	中国新媒体	企业内部员工	企业内部资料
未受教育	18.18	9.09	18.18	0.00	0.00	18.18	0.00
小学学历	34.95	10.19	6.31	2.43	0.49	15.05	0.49
中学学历	41.76	14.44	5.78	2.77	4.33	12.88	2.77
本科及以上	36.47	27.65	14.12	5.00	12.94	13.82	4.41

图9-8 近一年缅甸员工了解中国信息的渠道:学历差异(多选)

接下来描述的是近一年缅甸员工了解中国信息渠道的月收入差异,如图9-9。可以看出,电视仍然是各个月收入层次的员工了解中国信息的最主要的渠道,其中,最低收入层次(7.2万—18万缅币/月)的员工占比最少,仅为33.9%。通过网络获取信息的最高收入层次(30

万缅币以上/月）的员工占比最高，为22.0%，而较低收入层次（18万—22.4万缅币/月）的员工比其他收入层次的员工更倾向于通过报纸杂志来了解中国。此外，通过中国新媒体、中国传统媒体和企业内部员工交流来获取信息的员工中，最高收入层次的占比最高，为11.0%、6.4%、15.6%。总体来看，月收入在中等层次（22.4万—25万缅币/月）的员工了解中国信息的渠道差异性较大，而最高收入层次的员工了解中国信息的渠道差异性较小，获取信息的渠道更丰富。

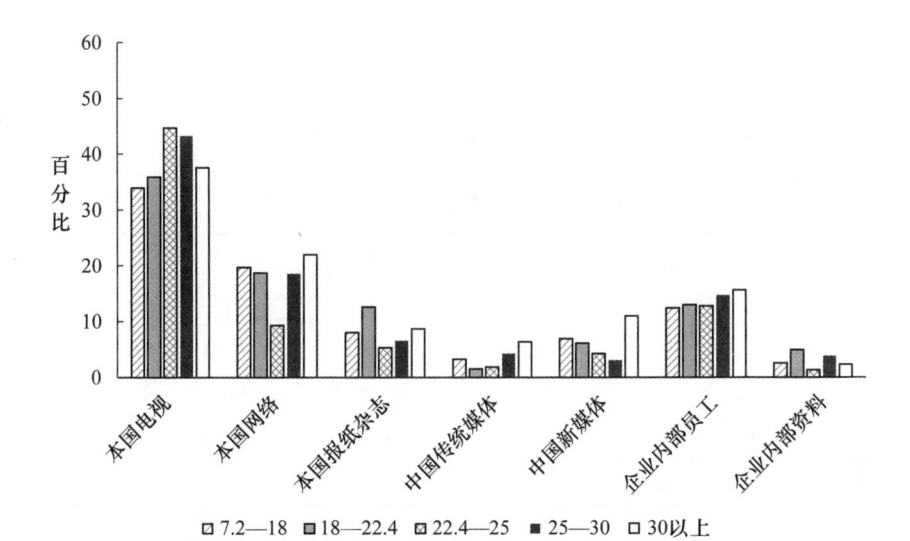

图9-9 近一年缅甸员工了解中国信息的渠道：收入组差异（多选；单位：万缅币）

第二节 文化消费

文化消费是指人们根据自己的主观意愿，选择文化产品和服务来满足精神需要的消费活动。它的基本特征体现在两个方面：一方面它所满足的是消费主体的精神需要，使主体感到愉悦、满足；另一方面满足主体需要的对象主要是精神文化产品或精神文化活动，但还需要通过接受教育使自身的人力资本增值。在该节中，涉及了缅甸员工的文化消费情况。我们基于1300多个样本，比较了缅甸员工对中、美、日、韩、印的电影或电视剧的观看频率，以及对音乐的喜爱程度，并且分析了不同的教育水平对此造成的影响。

在样本量相差不大的基础上，我们从表9-2中可以看出，在员工选择"有时"和"经常看"的电影或电视剧中，占比最大的是华语电影或电视剧；日本电影或电视剧占比最小；在"很频繁"这一选项中，韩国电影或电视剧的占比最大，印度电影或电视剧次之，华语电影或电视剧排在第三，美国电影或电视剧居第四，排名最后的是日本电影或电视剧。

表9-2　　　　　缅籍员工收看不同国家的影视作品情况　　　　　（单位：%）

频率	华语影视	日本影视	韩国影视	印度影视	美国影视
从不	14.58	44.10	25.96	25.07	35.11
很少	5.99	12.67	8.29	6.92	6.63
有时	55.31	36.50	40.30	44.24	38.64
经常	14.08	5.14	13.05	13.62	12.69
很频繁	10.04	1.59	12.40	10.16	6.92

在员工对不同国家音乐喜爱程度分布表中，如表9-3所示，非常喜欢中国音乐的受访者占比为6.6%，在对各国音乐的喜爱程度中占比最高；占比最低的是日本音乐，"非常喜欢"日本音乐的受访者仅占比0.9%。此外，不喜欢日本音乐的占比达六成以上（61.3%），印度音乐占比五成以上（51.8%）。非常不喜欢中国音乐的占比9.2%，在五类音乐中排名第四；非常不喜欢韩国音乐的占比最少，仅为9%；非常不喜欢日本音乐的占比17.41%，占比最高。由上可知，在缅甸中资企业当地员工中，多数不喜欢日本音乐和印度音乐，喜欢中国音乐的最多，其次为美国音乐与韩国音乐。缅甸紧靠中国西南，长期以来其受中华文化影响颇深，再加上近年互联网新媒体如

Wechat、TikTok 等的快速发展，以及在中资企业生活工作的耳濡目染，因此中国音乐在缅甸员工群中传播甚广。

表 9-3　　　　　　　缅籍员工对各国音乐的喜爱程度　　　　　（单位：%）

喜欢程度	中国音乐	日本音乐	韩国音乐	印度音乐	美国音乐
非常喜欢	6.63	0.89	4.36	2.04	5.56
喜欢	25.27	6.89	30.09	18.38	29.50
一般	25.78	13.48	20.42	15.03	15.45
不喜欢	33.14	61.33	36.12	51.79	38.51
非常不喜欢	9.18	17.41	9.01	12.76	10.98

如图 9-10 所示，总体来看，受访员工从不看华语电影或电视剧的占比较低，仅占一成以上，而经常看和频繁看的占比总计达 24.1%，有时看华语电影或电视剧的员工占比超过五成。具体来看，未受过教育的人群选择"从不"看华语电影、电视剧的占比和"有时"看的占比一致，均接近四成。而选择"很频繁""经常"和"很少"的占比一致，均不到一成；小学学历人群的选择情况与未受过教育人群的选择情况类似，只有较小的差别，小学学历人群中，选择"从不"选项的比例比未受过教育人群低一成，即三成员工选择从不看华语电影或电视剧，选择"有时"的比率比未受过教育人群高一成，即接近一半的员工有时会看华语电影或电视剧，选择"经常""很频繁"这两个选项的比例基本一致；中学学历的人群选择"有时"的占比接近六成，明显比前两个人群的占比高，选择"从不"这一选项的占比才一成多，明显低于前两个人群的占比，选择"经常"和"很频繁"的占比总计增加到两成多；在本科及以上学历的人群中，选择"从不"的占比不到一成，是四类学历中选择这一选项最少的人群，选择"有时"的占比为一半，而选择"经常"和"很频繁"的占比总计达三成。从图中我们可以看出，随着学历的增高，看华语电影或电视剧的频率呈现上升的趋势。

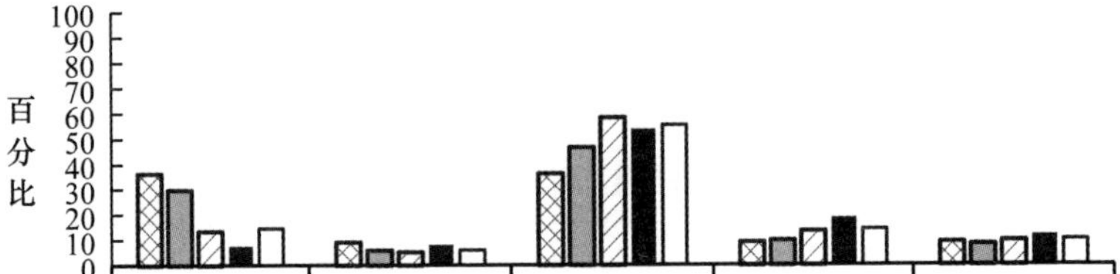

	从不	很少	有时	经常	很频繁
☒ 未受过教育	36.36	9.09	36.36	9.09	9.09
▨ 小学学历	29.61	5.83	46.60	9.71	8.25
▧ 中学学历	13.41	5.19	58.33	13.41	9.66
■ 本科及以上	7.69	7.99	53.85	18.64	11.83
☐ 总计	14.61	6.00	55.31	14.10	9.98

图 9-10　各学历层次的缅籍员工收看华语影视的差异

如图 9-11 所示，总体来看，受访员工从不看日本电影或电视剧的占比较高，占四成以上，远高于从不看华语电影或电视剧的员工占比。而经常看和频繁看的占比总计仅为 6.7%，明显低于经常看和频繁看华语电影或电视剧的比例。具体来看，六成以上的未受过教育的员工从不看日本电影或电视剧，接近六成的拥有小学学历的员工从不看日本电影或电视剧，超过四成的中学学历的员工从不看日本电影或电视剧，三成以上本科及以上学历的受访者从不看日本电影或电视剧。在选择"很少"这一选项时，未受过教育的员工均未选这一项，选择这一选项的小学学历的员工不到一成，中学学历的员工占一成以上，而本科及以上学历的员工则占两成。因此，各学历层次的员工选择"很少"和"从不"看日本电影或电视剧的占比合计都差不多，都在五成至六成之间。选择"有时"这一选项的各学历水平的占比区别都不大，都在三成至四成之间，这与华语电影或电视剧、韩国电影或电视剧的观看情况很不相同。

下面我们通过图 9-12 分析受访者观看韩国电影或电视剧的情况。

百分比	从不	很少	有时	经常	很频繁
未受过教育	63.64	0.00	27.27	9.09	0.00
小学学历	56.80	7.28	30.10	4.37	1.46
中学学历	45.39	11.04	36.77	5.10	1.70
本科及以上	32.84	20.41	39.94	5.62	1.18
总计	44.16	12.69	36.48	5.15	1.52

图 9–11　各学历层次的缅籍员工收看日本影视的差异

如图 9–12 所示，总体来看，从不看韩国电影或电视剧的员工占比接近三成，明显高于从不看华语电影或电视剧的员工占比。而经常看和频繁看的占比总计达 25.4%，略高于经常看和频繁看华语电影或电视剧的比例。具体来看，各学历层次的员工选择"有时"的占比都差不多，均在四成左右。但是在"从不""很少""经常"和"很频繁"四个选项的占比分布很不一样。未受过教育的员工从不看

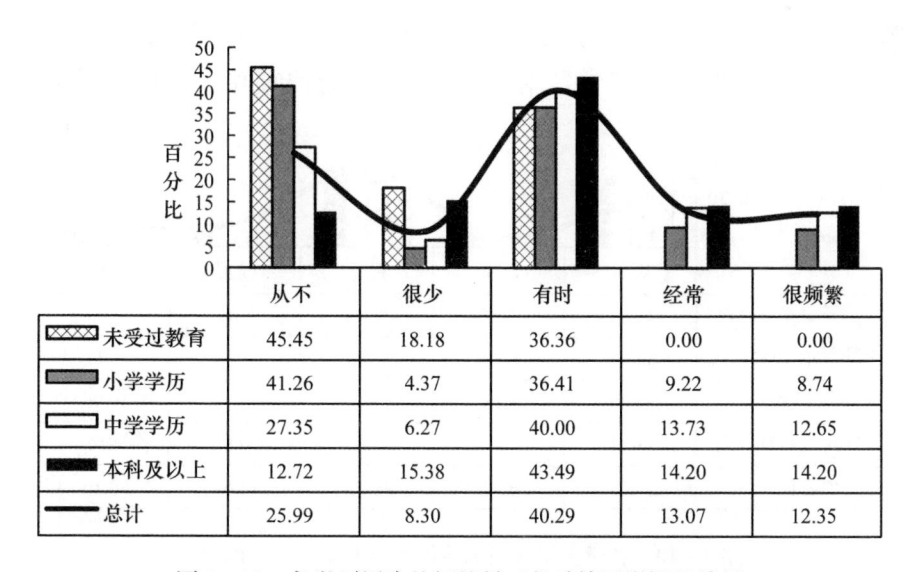

百分比	从不	很少	有时	经常	很频繁
未受过教育	45.45	18.18	36.36	0.00	0.00
小学学历	41.26	4.37	36.41	9.22	8.74
中学学历	27.35	6.27	40.00	13.73	12.65
本科及以上	12.72	15.38	43.49	14.20	14.20
总计	25.99	8.30	40.29	13.07	12.35

图 9–12　各学历层次的缅籍员工收看韩国影视的差异

和很少看韩国电影或电视剧的比例合计超过六成,没有员工选择"经常"和"很频繁";小学学历的员工从不看和很少看韩国电影或电视剧的比接近一半,而选择"经常"和"很频繁"选项的占比不到二成;中学学历和本科及以上学历的员工选择"从不"和"很少"的占比比较接近,均占三成左右,同样,选择"经常"和"很频繁"的占比也基本一致,均接近三成。根据数据可看出,随着学历的增高,看韩国电影或电视剧的频率也呈现增高的趋势。

如图9-13所示,总体来看,受访员工从不看印度电影或电视剧的占比达25.1%,高于从不看华语电影或电视剧的员工占比。而经常看和频繁看的占比总计达23.7%,与经常看和频繁看华语电影或电视剧的比例基本一致。具体来看,在总占比中,选择"有时"这一选项的员工最多,但并不意味着每个学历水平员工的选择情况都是如此。在未受过教育的员工中,从未观看印度电影或电视剧的员工占比达四成以上,而选择有时的员工占比则不到三成;小学学历员工选择"有时"和"从不"的比例基本一致,均接近四成;而中学学历和本科及以上学历员工选择"有时"的比例明显增多,均超过四成,尤其是本科及以上学历的员工选择这一选项的人数接近一半(47.2%)。在选择"经常"和"很频繁"的选项中,占比最高的是

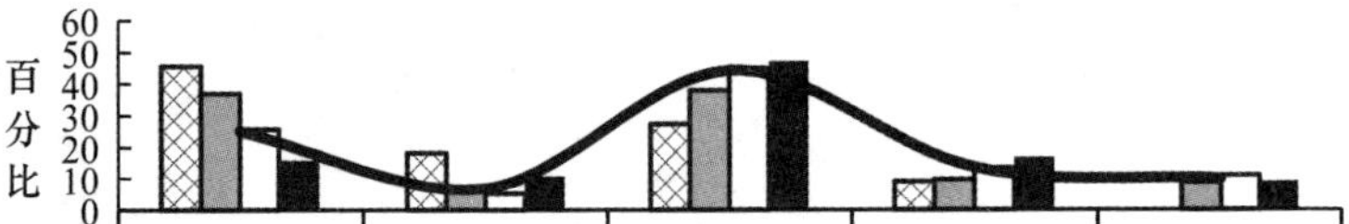

	从不	很少	有时	经常	很频繁
未受过教育	45.45	18.18	27.27	9.09	0.00
小学学历	36.89	6.80	37.86	9.71	8.74
中学学历	25.66	5.18	44.82	13.37	10.96
本科及以上	15.93	10.91	47.20	16.81	9.14
总计	25.11	6.93	44.23	13.64	10.10

图9-13 各学历层次的缅籍员工收看印度影视的差异

本科及以上学历的员工，占 25.9%，排名第二的是中学学历员工，占 24.3%，而排名最后的是从未受过教育的员工，仅占 9.1%。可见，随着学历的增高，看印度电影或电视剧的频率呈现上升趋势。

如图 9-14 所示，总体来看，从不看美国电影或电视剧的员工占比达 35.2%，远远高于从不看华语电影或电视剧的员工占比。经常看和频繁看的占比总计达 19.6%，低于经常看和频繁看华语电影或电视剧的比例。具体来看，在美国电影或电视剧观看频率方面有突出表现的是未受过教育的受访者。与前几个国家的电影或电视剧的观看频率有所不同的是，未受过教育的员工从不看美国电影或电视剧的比例不到三成，这一群体从不看日本电影或电视剧的占比超过了六成，从不看韩国、印度电影或电视剧的占比也高达 45.5%，而在面对美国电影时他们的选择却出现了较大的差异。但也有相似点，即这一群体依旧没有选择"经常"和"很频繁"这两个选项。其他学历水平员工的选择并没有出现突出的变化，与对前几个国家的选择情况大体相似，小学学历的员工从不看的占比超过了一半，有时看的占比达三成，而经常看和频繁看的占比总计不到一成；中学学历的人群选择"从不"和"有时"的占比基本一致，均接近四成；本科及以上学历的群体有时看的占比接近五成，经常看和频繁看的占比总计达 28%。

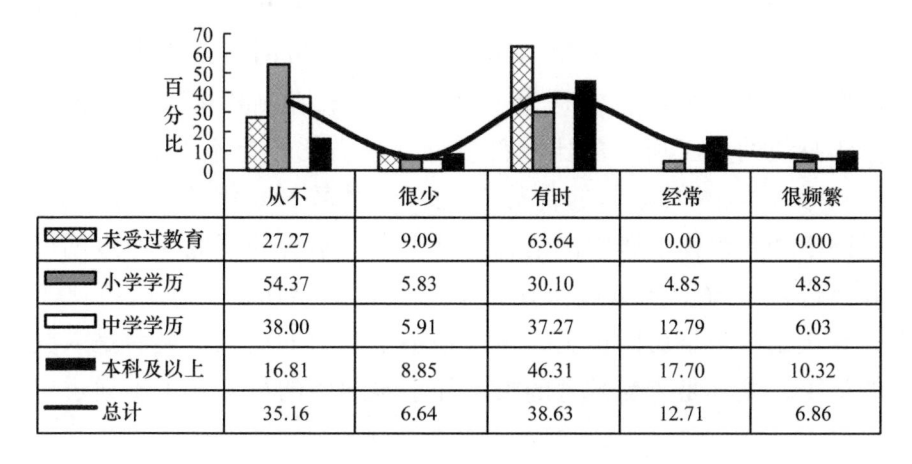

	从不	很少	有时	经常	很频繁
未受过教育	27.27	9.09	63.64	0.00	0.00
小学学历	54.37	5.83	30.10	4.85	4.85
中学学历	38.00	5.91	37.27	12.79	6.03
本科及以上	16.81	8.85	46.31	17.70	10.32
总计	35.16	6.64	38.63	12.71	6.86

图 9-14 各学历层次的缅籍员工收看美国影视的差异

小　结

本章主要从不同年龄段、性别、学历和月收入水平，分析受访者了解中国信息的渠道以及对不同信息的关注度。还分析了不同学历、性别、年龄段的受访者在文化消费方面的选择情况。

由于信息传播技术的发展导致信息传播媒介的日益更新换代，同时也颠覆了传统媒体的传播形式，致使信息传播场景、媒介、重心、受众、接触方式等的变迁。[①] 网络和新媒体作为新兴的传播媒介，发展迅猛，影响着我们生活的方方面面，改变着我们的行为习惯。我们通过调查发现，网络成了缅甸员工了解中国的第二大渠道，仅次于电视，而中国新媒体所发挥的作用却是不甚明显，在7个渠道中，排在第五位，所占比重也非常小。此外，我们考虑到了性别、年龄、学历、月收入的因素，并做了相关分析。在性别不同的情况下，我们发现女性通过电视、企业内部员工这两个渠道来了解有关中国信息的比重明显大于男性所占比重，超过四成女性都选择电视这一渠道，而男性中仅有三成的人选择这一方式，但男性在网络和中国新媒体方面占比明显高于女性。在年龄段不同的情况下，通过电视来了解与中国相关信息的主要人群是16—25岁的员工；在通过网络渠道进行了解的员工中，比重排名第一的是26—35岁的人；在新媒体渠道方面，这三个年龄段的员工所占的比重都较低，且占比相差不大，基本持平，26—35岁的群体以微弱的优势领先。在受教育水平不同的情况下，通过网络和新媒体了解中国信息的员工中，学历的高低与通过网络和新媒体进行了解的比重成正比，本科及以上学历的员工所占比重最大，其次是中学学历的员工，再次是小学学历的员工，最后是未受教育的员工，尤其是未受教育的员工和小学学历的员工几乎不通过中国

[①] 王茜：《浅析新媒体时代的新闻与传播》，《新闻论坛》2019年第2期。

新媒体渠道来了解信息。在月收入条件不同的情况下，处于最高收入段（30万缅元以上）的员工通过网络进行了解的占比最高，其次是最低收入段（7.2万—18万缅元）的员工，排在第三的是中等偏上收入水平的员工，接着是中等偏下收入水平的员工，排在最后的是中等收入水平的员工；而通过新媒体进行了解的占比最高的是最高收入水平的员工，其次是最低收入水平的员工，排在最后的是中等偏下收入水平的员工，可见月收入与通过网络和新媒体渠道进行了解之间没有明显的关系。

此外，我们还调查了员工了解中国新闻类型的侧重点。在分析中，我们特别关注受教育水平的因素。通过分析，发现在受教育水平不同的情况下，不同学历的员工对中国新闻的关注点有所不同，较为突出的是，未受过教育的员工在捐赠类新闻和基础设施援助类新闻的观看率较高，而研究生及以上学历的员工更关注留学类和文艺演出类的新闻。

在文化消费方面，受访者观看率最高的是华语电影、电视剧和韩国电影、电视剧，观看率最低的是日本电影、电视剧；而在音乐方面却几乎完全相反，受访者最喜爱的音乐是日本音乐和美国音乐，喜爱度最低的是华语音乐。我们以受教育水平为变量进行分析，发现随着学历的增高，看华语、日本、韩国、印度电影或电视剧的频率呈现增高的趋势。在不同学历的群体中，较为有特点的是未受过教育群体。未受过教育的员工从不看美国电影或电视剧的比例不到三成，但这一群体从不看日本电影或电视剧的占比超过了六成，从不看韩国、印度电影或电视剧的占比也接近五成，而在面对美国电影时他们的选择出现了较大的差异。但是也有相似点，那就是这一群体依旧没有人选择"经常"和"很频繁"这两个选项。通过对外国文化产品消费的选择，我们可以看出受访员工对这个国家的文化认同程度。在现代消费模式中，个体会消费与他们所认同的文化相一致的商品，即"示差"价值，同时，个体通过消费与集体认同文化相匹配的商品来追求归属感，即"示同"。① 我们可以看出，受教育程度越低的受访者在面对外国文化产品时，选择"从不"和"很少"选项的更多，而受教育程度高的员工选择"经常"和"很频繁"选项的更多，这意味着受教育程度低的群体对外国的文化认同度更低，而受教育程度高的员工对外国的文化认同度更高。此外，通过图表，我们发现受访者对华语电影或电视剧、韩国电影或电视剧的认同度更高，对日本电影或电视剧的认同度较低。在音乐方面，受访者对日本和美国音乐的认同度较高，对华语和韩国音乐的认同度较低。

---

① 黄薇、黄亦斐、吴剑锋：《文化认同对中国元素消费意愿的影响及启示》，《包装工程》2019 年第 6 期。

第十章

国内议题与大国影响力

近年来,缅甸政治民主化进程历经艰难终于取得了历史性的突破,这种突破正是以竞争性民选政府上台为标志的。特别是2015年11月依宪进行的大选以及全国民主联盟的上台,都成为国内外关注的焦点。对内来说,2015年大选的顺利进行使不少学者重新认识了缅甸的政治民主化,甚至将其看作传统政治转型理论的突破。为此,本章从政治民主化的本质要求即政治参与来进一步认识缅甸的政治民主化。对外来说,缅甸在政治民主化过程中,国内外政策也随之变化,特别是缅甸在东南亚特殊的地缘政治地位,也成为大国博弈的战场。为此,本章从中国品牌、企业社会责任及大国影响力的角度来进一步认识大国在缅甸的博弈效果。

第一节 中国品牌

品牌是企业产品的标记,其内涵是企业和消费者之间长期形成的一种价值契约。提高品牌的知名度,建立良好的品牌形象,以增加消费者的购买意愿,是企业实现可持续发展的必由之路。中国品牌历时30年,从无到有,从小到大:联想、海尔、华为、中兴、青岛啤酒、蒙牛、格力、李宁等著名企业,成为中国自主品牌旗帜和先锋。这些企业在不断努力夯实国内市场、赢取国内消费者满意度和忠诚度的同时，不少企业选择走出国门，谋求品牌在全球范围传播。品牌是一个企业形象的载体，品牌传播的过程也是企业形象塑造的过程。企业通过媒介传播自身信息，接收者在一定的环境下对该信息进行重新认知，从而形成对企业的认知，其受到内外四个方面的影响：传播者、讯息、接收的自身因素、外部环境。随着中国—东盟自贸区的建立以及"一带一路"倡议的推进，作为东盟主要成员国之一的缅甸因物产资源丰富且有着未开发的市场和大量的就业人群，特别是在缅甸新政府执政后改善了投资环境而成为各国企业投资最青睐的国家之一。为了解缅籍员工对中国企业品牌的知晓情况，本节特选择年满16周岁，在中资企业工作时间已满3个月，且属于企业正式雇用的缅籍员工为研究对象，具体从性别、学历、管理人员和上网频率四个方面分析缅籍员工对中国品牌的总体认知，再从具体品牌的认知角度了解中国品牌在缅甸的传播情况。

一 对本企业外的中国产品品牌认知

图10-1为不同性别员工知道的除本企业外的中国品牌情况。从不同性别来看，男性和女性回答知道的比例分别为52.5%和26.9%。在是否知道除本企业外的中国其他产品品牌的回答上，男性回答知道的比例是女性的两倍。男性和女性回答不知道的比例分别为47.5%和73.1%，女性回答不知道的比例要比男性高出25.7个百分点。从

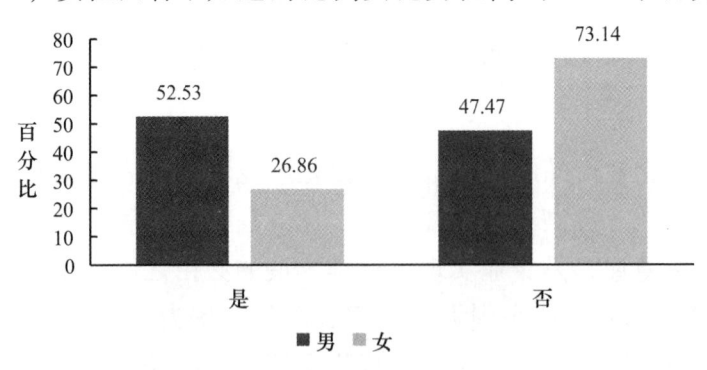

图10-1 对本企业外的其他中国产品品牌认知状况的性别差异

同一性别来看,男性回答知道和不知道的比例大致接近,分别为52.5%和47.5%。而女性回答知道和不知道比例差异较大,分别为26.9%和73.1%,相差46.3%。可以看出,不同性别员工对是否知道除本企业外的中国其他产品品牌的回答差异较大。

我们在调查中发现,对于是否知道除本企业外的其他中国产品品牌的问题,其差异性不仅体现在不同性别之间,不同学历人群之间也存在明显差异。如图10-2所示,未受过教育员工、小学学历员工和中学学历员工不知道其他中国产品品牌的比例均在70%以上,都超过了回答不知道的67.5%的总体比例。唯有本科及以上学历员工回答知道的比例高于不知道,其中回答知道的比例达69.3%,回答不知道的比例为30.7%,相差38.6%。从整体上看,除了未受过教育的员工外,选择回答"是"的比例随着教育程度的提高而升高,特别是本科及以上学历员工的比例上升迅速。这可能是因为本科及以上学历员工知识水平较高,接触到、了解到的信息更多。

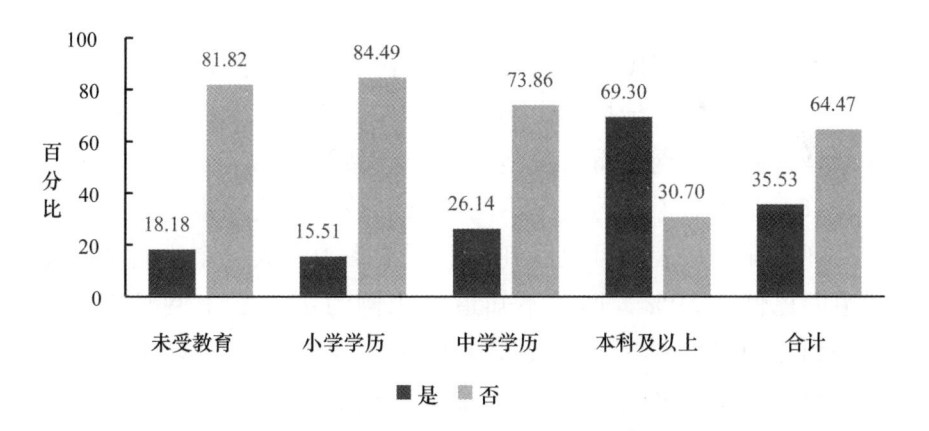

图10-2 对本企业外的其他中国产品品牌认知状况的学历层次差异

图10-3为管理人员与非管理人员是否知道除本企业外的中国产品品牌情况。管理人员回答知道的比例为64.1%,回答不知道的比例为35.9%,两者相差28.2%;非管理人员回答知道的比例为30.5%,回答不知道的比例为69.5%,两者相差39%。管理人员回

答知道的比例比非管理人员高33.6%，而非管理人员回答不知道的比例比管理人员高33.6%。这可能是因为无论是在工作上还是在生活中（如手机、家庭网络），管理人员相对来说有更多的机会接触其他中国企业的信息。

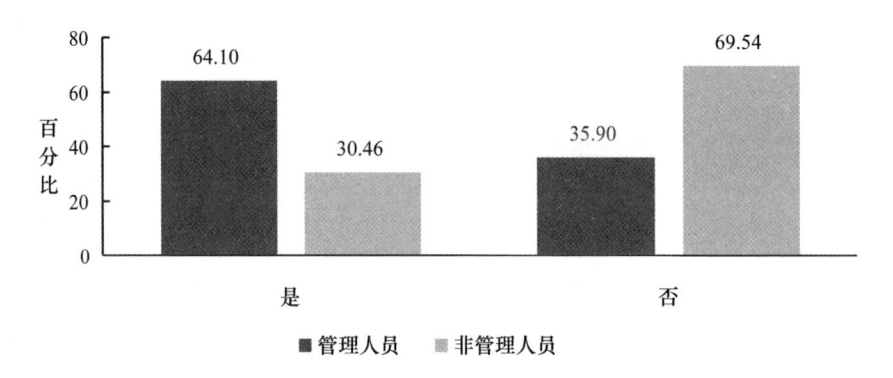

图10-3　对本企业外的其他中国产品品牌认知状况的员工职级差异

互联网作为一个虚拟的交往平台，已经被越来越多的人接受。每天都有数以亿计的网民通过网络平台来获得自己想要的信息，由此可见，互联网对品牌的传播和影响也是非常有效的。为此，本调查了解了民众是否通过上网获得过其他品牌的产品信息。

表10-1展示了上网频率不同的员工是否知道除本企业外的中国产品品牌情况。从表中可以看到，上网频率为一天几个小时的员工回答知道的比例占59%，回答不知道的比例为41%；上网频率为一天半小时到一小时的员工回答知道的比例为39.5%，回答不知道的比例则占60.5%；上网频率为一天至少一次的员工回答知道的比例为21.5%，回答不知道的比例高达78.5%。可见，一天之内不同上网频率的员工知道其他中国产品品牌的比例差异较大，但都在20%以上。一天几个小时上网频率的员工知道其他中国产品品牌的比例是一天至少一次上网频率员工的1倍以上，而且一天之内，随着上网时间的增加，知道其他中国产品品牌的比例也随之升高。上网频率为一周至少一次的员工回答知道的比例占21.3%，回答不知道比例达

78.7%；上网频率为一个月至少一次的员工回答知道的比例为37.5%，回答不知道比例占62.5%；上网频率为一年几次的员工回答知道的比例仅占20%，回答不知道的比例达80%；而几乎不上网和从不上网的员工知道中国其他产品品牌的比例比较低，占15%。可见，一周至少一次、一年几次和一天至少一次的上网频率的员工在是否知道其他中国产品品牌的比例之间没什么差异。并且，一个月至少一次上网频率与一天半小时到一小时上网频率在知道其他中国产品品牌的比例上也没什么差异。

表10-1　　　　按上网频率划分的员工对本企业外的
中国产品品牌的认知状况　　　　（单位：%）

上网频率	是	否
一天几个小时	58.97	41.03
一天半小时到一小时	39.49	60.51
一天至少一次	21.50	78.50
一周至少一次	21.33	78.67
一个月至少一次	37.50	62.50
一年几次	20.00	80.00
几乎不	15.38	84.62
从不	14.89	85.11
总计	35.78	64.22

通过以上分析可以发现，大部分受访者都不知道除本企业外的中国品牌。从企业自身看，中国企业在缅甸投入很多的精力来开展社会公益事业，但是缺少主动宣传，使民众缺乏获得客观信息和双向信息的渠道。例如，根据中缅油气管道项目手册（2014）数据，中石油东南亚管道公司截至2014年，在缅甸已完成的社会公益项目有111项，涉及医疗、教育、生活条件等各个方面，其中若开邦

皎漂镇就完成了 24 项，涉及 6 个医疗分站、16 所中小学、2 条公路，但当地百姓并非熟知那些是中国企业建造的。① 从传播媒介看，目前合法进入缅甸的中国媒体有四家，分别是新华社、中央电视台、金凤凰报社（以缅甸媒体身份运行）和吉祥杂志社，另外，《人民日报》《环球时报》和中国驻缅使馆与中国国际广播电台合办的《今日中国》（缅文版），以异地印刷的形式在缅甸部分指定区域发放。② 可见中国主流媒体在缅的数量少之又少，而且传播的范围有限，更不用说企业自身的宣传力量了，这就导致中国品牌在缅传播缺乏全国发行的大型媒体，无法进行大范围传播。从社会环境看，自 20 世纪 80 年代，缅甸人对中国人持一种明显消极的态度。这种情绪不是一种短暂的舆论，而是一种态度，并且这种态度随着新政府逐渐放松对媒体控制，对华负面态度有逐渐蔓延至全国范围的趋势。③ 可见社会上呈现出一种反华情绪，企业更无法有效地对自身进行传播。

二 印象最深的中国企业

表 10-2 展示了按性别划分的缅籍员工印象最深的中国企业分布情况。按样本分布来看，有 51.3% 的男性受访者和 74% 的女性受访者未回答此题或被列为缺失值，一半以上的男性员工和绝大部分的女性员工无法说出具体的中国品牌名称。去除缺失值后，男性员工印象最深的中国企业按比例大小依次是华为 19.2%、小米 14.4%、肯博 11.4%、VIVO8.7%、OPPO7.4%，其他的中国品牌占 38.9%。女性员工印象最深的中国企业按比例大小依次是华为 32.6%、小米 13.4%、OPPO10.1%、VIVO4.6%、肯博 1.7%，其他的中国品牌占比 37.6%。

---

① 张伟玉：《改善中企在缅投资的新举措》，《学习时报》2015 年 8 月 12 日。
② 高鑫：《关于如何加强对缅传播的一些思考》，《对外传播》2017 年第 4 期。
③ ［缅］敏辛：《缅甸人对中国人的态度：中国人在当代缅甸文化和媒体中的形象》，《南洋资料译丛》2014 年第 4 期。

表 10－14　　　按性别划分的缅籍员工印象最深的中国企业　　　（单位：％）

性别	华为	肯博	小米	OPPO	vivo	其他
男性	19.21	11.35	14.40	7.43	8.74	38.88
女性	32.64	1.65	13.39	10.05	4.62	37.64
总计	26.08	6.42	13.90	8.76	6.62	38.25

可见，不同性别的员工印象最深的中国企业均为华为，其次是小米。但是除OPPO外，男性员工选择印象最深的中国企业的比例均高于女性员工，其中，男性员工选择华为的比例比女性员工的选择比例高13.4个百分点，选择小米的比例比女性员工高1.0个百分点，选择肯博的比例比女性员工高5.1个百分点，选择vivo的比例比女性员工高4.1个百分点，选择OPPO的比例女性员工比男性员工高2.6个百分点。所有男性和女性员工印象最深的中国企业都是手机等电子产品。这可能是基于两方面的原因：一方面是随着缅甸电讯市场的逐渐开放，手机卡不再是特权才享有的天价产物；另一方面是中国品牌的手机具有物美价廉的优势，在缅甸手机市场深受消费者欢迎。

表10－3为不同上网频率的员工印象最深的中国企业分布。去除缺失值后，从表中数据可以看出，上网频率为一天几个小时的员工印象最深的中国企业依次是华为27.6％、小米14.7％、OPPO8.2％、肯博6.5％、VIVO6.0％；上网频率为一天一小时内的员工印象最深的中国企业依次是华为23.7％、小米15.5％、OPPO13.7％、肯博6.4％、VIVO2.7％；上网频率一天至少一次的员工印象最深的中国企业依次是华为25.3％、VIVO14.1％、小米8.5％、OPPO4.2％、肯博2.8％；上网频率一周至少一次的员工印象最深的中国企业依次是华为18.8％、VIVO18.8％、肯博12.5％、OPPO6.3％，而不知晓小米品牌；上网频率一月至少一次的员工印象最深的中国企业为华为、肯博、小米各占三分之一，而不知晓其他品牌；上网频率一年几次的员工印象最深的中国企业为华为和小米，不知晓其他品牌；几乎不上网的员工印象最深的中国企业是小米（75.0％）和其他中国企业

（25.0%），但不知晓其他品牌；从不上网的员工印象最深的中国企业依次为华为26.1%、小米13.9%、OPPO8.8%、VIVO6.7%、肯博6.4%。

表10-3　　按上网频率划分的员工印象最深的中国企业分布　　（单位：%）

上网频率	华为	肯博	小米	OPPO	vivo	其他
1天数小时	27.58	6.47	14.66	8.19	6.03	37.06
1天1小时内	23.65	6.36	15.47	13.65	2.72	38.19
1天至少1次	25.34	2.80	8.45	4.22	14.10	45.09
1周至少1次	18.77	12.49	0.00	6.27	18.77	43.75
1月至少1次	33.33	33.33	0.00	33.33	0.00	0.00
1年几次	50.00	0.00	50.00	0.00	0.00	0.00
几乎不	0.00	0.00	75.00	0.00	0.00	25.00
从不	31.05	10.33	13.79	6.93	3.46	34.51
总计	26.14	6.41	13.91	8.79	6.65	38.11

综上可以发现，无论员工的上网频率如何，华为依然是印象最深的中国企业。除了从不上网的员工外，其他员工选择未回答的比例随着上网频率的增加而降低，同时选择"其他"的中国企业比例也呈上升趋势，这说明上网频率对员工了解中国企业品牌有一定的正向关系。但除了上网频率为一天几个小时的员工外，选择未回答的比例均超过60%，说明相当一部分员工并不了解有哪些中国品牌。在涉及具体企业品牌时，上网频率的多少和选择某种具体的中国品牌之间没有什么线性关系。

可见，无论是不同性别的员工还是不同上网频率的员工，印象最深的中国品牌都是手机类产品，而且排在第一位的都是华为。这主要是由于缅甸首次向外国通信运营商发放营运牌照，开放了由国有企业垄断的通信行业，中国企业在通信领域的投资与合作明显增多。缅甸的第三方研究机构调查报告表明，华为手机在缅甸市场占有率已达61%，帮助缅甸国营公司搭建了近六成的通信网络，品牌影响力甚至超过了三星，成为缅甸标杆性的高端手机产品。[①]

第二节 企业社会责任

企业社会责任一词最早于20世纪早期提出，1953年霍华德·博文发表了《商人的社会责任》后，关于该问题的讨论逐渐深化，不同的学派对企业社会责任的界定各异。其中，阿奇·卡罗尔将企业社会责任分为四个部分：经济责任、法律责任、伦理责任和慈善责任，并进一步构建了金字塔形的理论框架，指出经济责任是基础，向上依次是法律责任、伦理责任和慈善责任。目前学界公认的企业社会责任有六个对象：股东、雇员、消费者、政府、社区和环境。企业社会责任的履行反映了企业对自身价值的判断，同时也深刻影响着自身发展。自中国"一带一路"倡议提出后，中资跨国企业迎来了历史性发展机遇，海外投资迅速扩张。就缅甸来看，2015年6月底，中国企业已经在缅甸累计直接投资100个项目，金额达到147.78亿美元，占缅甸累计外国直接投资的26%，这还不包括来自注册在香港的大陆企业。[②] 但民盟政府执政后的2016—2017财年，中国对缅投资总额为4.83亿美元，同比下降85%。2017—2018财年为13.95亿美元，与2016—2017财年相比，增加了9.12亿美元。投资与公司局副局长吴丹昂觉表示，在对缅投资的49个国家中，中国的累计投资额最多。根据缅甸公司法，截至目前共有1252个在缅甸合法注册的中国公司。

---

① 张聪、吴思岐：《中国企业在缅甸的传播困境与形象塑造研究》，《北京印刷学院学报》2018年第7期。
② 宋涛：《中国对缅甸直接投资的发展特征及其趋势研究》，《世界地理研究》2016年第4期。

缅甸工商联合会副主席貌貌雷还表示，缅甸工商联合会与中国的相关省份已签署了 28 份经济合作谅解备忘录。[①] 至 2018 财年 4 月，2017—2018 财年缅甸投资委员会共批准 222 个外资项目，吸引外资 57.18 亿美元。其中新加坡对缅投资额最高，达 21.63 亿美元，中国位居第二，投资额达 13.95 亿美元。[②]

随着中国境外投资的增加，关于中国境外企业的社会责任也日益受到关注。2015 年 9 月，第一部《中国企业海外可持续发展报告》发布，越来越多的中资跨国企业重视可持续发展，重视社会责任。2017 年 1 月，《企业社会责任蓝皮书：中资企业海外社会责任研究报告（2016—2017）》发布，对中资企业海外社会责任现状做出了系统研究。该报告指出中资企业海外社会责任整体处于起步阶段，大多数中资企业社会责任信息披露水平不足，且处于较低的发展阶段。一方面反映出海外社会责任理念未能在"走出去"的中资企业中形成广泛的传播和认同，多数企业并没有将海外社会责任纳入日常工作和经营管理；另一方面也反映出中资企业未能建立有效全面的海外社会责任管理和信息披露机制，信息披露不及时、不主动，与利益相关方缺乏及时有效的沟通。[③] 就缅甸而言，虽然中资企业在缅甸投资火热，但近几年中国在缅甸投资的大型项目都出现了一定程度的问题，最引人注目的当数 2011 年密松水电站的叫停，前期投入的机器设备以及相关的财务费用致使中方损失惨重，目前还未开启。其二是莱比塘铜矿，铜矿在建设期间因抗议事件被迫停工两个多月，造成中国企业每月 200 万美元的损失。其三是中缅铁路，该铁路是泛亚铁路的一部分，2014 年 7 月，缅甸铁道部发布消

---

① 《2017—2018 财年中国对缅投资额同比增加》，2018 年 6 月 13 日，http://www.qdbofcom.gov.cn/n32208327/n32208334/n32208588/n32208590/180724095525841878.html。

② 《2017—2018 财年缅甸制造业吸引外资最多》，2018 年 4 月 19 日，http://mm.mofcom.gov.cn/article/jmxw/201804/20180402734557.shtml。

③ 《中资企业海外社会责任研究报告（2016—2017）》在京发布，2017 年 1 月 7 日，http://theory.gmw.cn/2017-01/07/content_23423957.htm。

息，搁浅该项目。

为了更好地了解缅甸民众对中国企业社会责任的认识，本调查从在缅中资企业员工的角度，询问"企业在当地是否做了一些改善当地居民物质条件或生活环境的事情"，这包含教育援助（包括兴建学校、修复学校、提供学校设备、提供奖助学金等与教育相关的援助行为）、培训项目（面向当地人进行农业技术培训、教师培训等培训项目）、卫生援助（包括修建诊所和医院、提供医疗设备、培训医护人员、引进医疗手段等与卫生相关的援助行为）、基础设施援助（包括修建公路、桥梁、船埠、停机坪、公交车站、美化街道等与基础设施相关的援助行为）、修建寺院（包括清真寺、教堂等与宗教信仰活动相关的场所）、水利设施（包括提供清洁水、修水井、污水处理等与水供应相关的行为）、电力设施（包括通电、改善电网等与电供应相关的行为）、文化体育设施（包括修建文化娱乐场所、文艺演出中心、体育设施等）、文体交流活动（如文艺公益演出、汉语教学等活动）、社会服务设施（包括修建警察局等安防设施、垃圾分类场所、孤儿院、养老院等社会服务场所）、以钱或实物形式进行公益慈善捐赠（对贫困儿童、患病者的捐款，此项也包括对外地的公益慈善捐赠）。回答为三种：有、没有、不清楚。同时，针对上面提及的企业社会责任，受访者最想让本企业做的前三项是什么？通过掌握其对中资企业社会责任的期待，挖掘在缅中资企业社会责任的题中应有之义，寻求中资企业社会责任在缅甸的恰当的履行方式。

如表10-4所示，员工回答做过的项目比例最高的前五位从高到低依次为：以钱或实物形式进行公益慈善捐赠占68.5%、卫生援助占54.9%、修建寺院占46.3%、培训项目占40.6%、水利设施占39.1%。员工回答没有做过的项目比例最高的前五位从高到低依次为：文体交流活动占52.1%、基础设施援助占51.7%、电力设施占51.5%、文化体育设施占51.4%、培训项目占49.2%。员工回答不清楚企业为改善当地是否做过援助项目比例最高的是电力设施，占19.5%，最低为卫生援助，占8%。

表 10-4　员工对企业在本地开展援助项目类型的认知状况　　（单位：%）

类别	有	没有	不清楚
教育援助	38.48	44.76	16.76
培训项目	40.59	49.19	10.22
卫生援助	54.93	37.11	7.96
基础设施援助	29.19	51.74	19.07
修建寺院	46.28	39.37	14.35
水利设施	39.10	43.90	17.00
电力设施	29.05	51.45	19.50
文化体育设施	33.85	51.44	14.71
文体交流活动	35.45	52.10	12.45
社会服务设施	34.19	46.87	18.94
钱或实物捐赠	68.49	20.69	10.82

可以看出，大部分员工认为本企业做过的援助项目仅为两项：公益慈善捐赠和卫生援助，大部分员工认为本企业没有做过的援助项目为四项，依次是文体交流活动、基础设施援助、电力设施和文化体育设施。超过半数的员工认为本企业没有做过基础设施援助和电力设施援助，并且对这两个援助项目回答不清楚的比例也是最高的。

图 10-4 显示的是员工最希望本企业在本地开展的援助类型分布，各类援助占比从高到低为卫生援助、教育援助、修建寺院、公益慈善捐赠、现金捐赠、社会服务设施、培训项目、水利设施援助、文化体育设施援助、文体交流活动。卫生方面的援助占比最高，占比超过了三分之二（67.6%），是中资企业缅籍员工最希望本企业在本地开展的援助类型。其次为教育援助（65.3%）。缅甸的卫生条件在东南亚国家中并非处于前列，多年来，缅甸 5 岁以下儿童死亡率、产妇死亡率居高不下，人均卫生经费也是东盟国家中较少的；同时，在教育方面，缅甸的国民识字率虽不算低，但是受教育程度较低，接受过中学教育的人数在东盟国家中也未在前列，

人均教育经费仅9美元。因此，未来缅甸中资企业可以在卫生援助和教育援助方面增加投入，对树立中国企业形象和提升中国的国家形象有非常大的帮助。

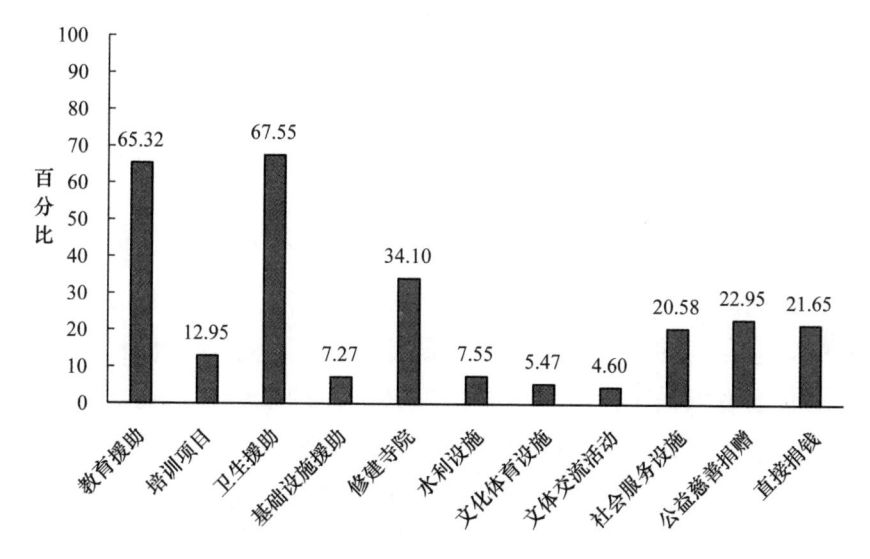

图10-4　员工最希望企业在本地开展的援助类型（多选）

数据（百分比）：教育援助 65.32、培训项目 12.95、卫生援助 67.55、基础设施援助 7.27、修建寺院 34.10、水利设施 7.55、文化体育设施 5.47、文体交流活动 4.60、社会服务设施 20.58、公益慈善捐赠 22.95、直接捐钱 21.65。

第三节　大国影响力评价

国际政治中的大国并非主要指国之大者，而更多着眼于影响力之大小。这种影响力的来源不外乎三个方面。一是相对实力，包括经济实力、科技实力、军事实力等硬实力；二是对国际社会的实质性贡献，并且这种贡献得到广泛认可；三是国家治理模式的吸引力，即具有可资广泛借鉴和学习的价值。[①] 可见影响力是硬实力与软实力的结合，正如小约瑟夫·奈认为：一国能使他国按其意愿行事，可称之为同化力或软实力，并与命令他国按照其意志行动的硬实力或强制力形

---

① 张敏谦：《可持续影响力与大国思维》，《现代国际关系》2008年第9期。

成对比。① 但在国际政治中，软实力才是关注的重点。自从1990年小约瑟夫·奈创造了"软实力"这个概念后，受到各国学者、政要等青睐，认为该理论有重大的外交政策影响，催生了大量的软实力研究，主要集中于国家和地区间的软实力鉴别和比较不同国家尤其是大国软实力的建设以及软实力对人们知觉、价值观念的影响。从国内来看，曹云华主编的《远亲与近邻——中美日印在东南亚的软实力》被认为是软实力研究的新突破，该书运用定量研究和定性研究相结合的研究方法，客观、准确地反映当前东南亚人民对世界主要大国的看法和观点。其中比较了中国和印度两个大国在缅甸的软实力。该书认为，中印两国在缅甸的软实力资源都相当丰富，软实力建设取得了许多成就。但印度在领土与海洋划界纠纷、历史恩怨等方面比中国有优势。同时随着以昂山素季为领袖的缅甸民盟的上台，缅甸民主化进程迅速推进，加之缅甸"向西看"的转变，必然会为美国提升在缅甸的软实力提供施展的舞台，自然而然，美国对缅甸软实力也会随即增强，从而改变缅甸外交中"中强美弱"的权力格局。②

为了解大国在缅甸的影响力，本节从在缅中资企业缅籍员工的角度调查了中美日印四个国家的影响力。首先是调查这四个大国在亚洲的影响力，从整体上了解缅籍员工对大国的认识；其次是比较了中美在本地区影响力的效果：积极或消极、借鉴意义；最后比较大国在缅甸的外援情况，因为外援在缅甸的经济发展中扮演着重要角色。

一 亚洲地区影响力

表10-5展示了不同性别的员工认为在亚洲影响力最大的国家的情况。从性别来看，男性认为在亚洲影响力最大的是中国，达66.2%，其次是美国16.8%、日本10%，印度仅占2.5%；女性认为

---

① 蒋英州、叶娟丽：《对约瑟夫·奈"软实力"概念的解读》，《政治学研究》2009年第5期。

② 郑一省、陈俊源：《软实力研究的新突破》，《东南亚研究》2017年第4期。

在亚洲影响力最大的也是中国，达54.3%，其次是美国27.6%、日本11.4%、印度3.8%。无论是男性还是女性，认为中国在亚洲影响力最大的占比都超过了半数，但男性比例比女性高11.8个百分点。这主要是因为，一方面中国与缅甸接壤，员工对中国的认识度可能高于其他国家；另一方面调查对象本身就为在缅中资企业的员工，与中方员工接触较多，进而会更了解中国。对于美国在亚洲的影响力，男性的比例比女性低10.8个百分点。这可能得益于西方民主、平等价值观在缅甸的传播，而缅甸女性的社会地位普遍低于男性，所以女性比男性对美国的情感更强烈。男性和女性对日本在亚洲的影响力的认识占比基本一致，均在一成左右。对印度在亚洲的影响力的态度上，男性和女性的占比十分相近。

表10-5　　在亚洲影响力最大的国家：缅籍员工评价的性别差异　　（单位：%）

员工性别	中国	日本	美国	印度	其他
男	66.17	10.03	16.79	2.51	4.51
女	54.34	11.42	27.60	3.76	2.89
总计	58.66	10.91	23.65	3.30	3.48

表10-6为不同年龄组员工认为在亚洲影响力最大国家的情况。从年龄来看，16—25岁的员工认为在亚洲影响力最大的是中国，占53.1%，其次是美国27.2%、日本11.7%、印度4.8%；26—35岁的员工认为在亚洲影响力最大的也是中国，达65.8%，其次是美国21.6%、日本9.2%、其他国家2.6%、印度0.9%；36岁及以上的员工认为在亚洲影响力最大的也是中国，达66.9%，其次是美国和日本均为11.6%、其他国家7.4%、印度2.5%。从国别来看，在三组年龄段的员工中，认为中国在亚洲的影响力最大的占比均超过50%。从美国的影响力来看，36岁以下的员工认为美国在亚洲的影响力最大的比例高于36岁以上的员工，这可能是因为36岁以下年龄段的员工更多地接触了西方影视以及社交媒体。

表10-6　　在亚洲影响力最大的国家：缅籍员工评价的年龄组差异　　（单位：%）

员工年龄	中国	日本	美国	印度	其他
16—25岁	53.05	11.74	27.17	4.82	3.22
26—35岁	65.80	9.20	21.55	0.86	2.59
36岁及以上	66.94	11.57	11.57	2.48	7.44
总计	58.66	10.91	23.65	3.30	3.48

表10-7展示了不同受教育程度员工认为在亚洲影响力最大国家的情况。从整体来看，不同学历的大部分员工都认为中国在亚洲的影响力最大，并且都超过50%。其中未受过教育员工认为中国在亚洲的影响力最大的比例高达88.9%，其他的比例占11.1%，在未受过教育的员工中，没有人认为日本、美国和印度在亚洲的影响力最大。小学学历的员工认为中国在亚洲的影响力最大的比例占57.4%，其次是美国23.3%、日本12.4%、印度3.9%。中学学历的员工认为中国在亚洲影响力最大的比例为53.4%，其次是美国26.9%、日本11.8%、印度4.3%。本科及以上学历的员工认为中国在亚洲影响力最大的比例达68.9%，其次是美国18%、日本8.7%、印度1.2%。从国别来看，员工认为印度在亚洲影响力最大的比例都比较低，均在5%以下。员工认为美国在亚洲影响力最大的比例在中国之后，特别是小学学历和中学学历员工。

表10-7　　在亚洲影响力最大的国家：缅籍员工评价的学历层次组差异　　（单位：%）

最高学历	中国	日本	美国	印度	其他
未受过教育	88.89	0.00	0.00	0.00	11.11
小学学历	57.36	12.40	23.26	3.88	3.10
中学学历	53.42	11.76	26.87	4.29	3.66
本科及以上	68.94	8.70	18.01	1.24	3.11
总计	58.77	10.84	23.60	3.31	3.49

表10-8展示了不同族群员工认为在亚洲影响力最大国家的情况。从整体来看,无论是缅族还是其他族群员工,都认为中国在亚洲的影响力最大,并且比例都高于50%。其中,缅族员工认为中国在亚洲影响力最大的比例为58.3%,其次为美国23.5%、日本11.1%、印度3.5%;其他族群员工认为中国在亚洲影响力最大的比例为60.8%,其次是美国26.6%、日本8.9%、印度1.3%。从族群来看,不同族群的员工对同一个国家的认识上差异不大,相差不超过4个百分点。从国别来看,认为中国在亚洲影响力最大的比例远远高于其他三个国家,是美国的2倍以上,日本的5倍以上。

表10-8　在亚洲影响力最大的国家:缅籍员工评价的族群差异　(单位:%)

族群	中国	日本	美国	印度	其他
缅族	58.33	11.11	23.51	3.47	3.57
其他族群	60.76	8.86	26.58	1.27	2.53
总计	58.51	10.95	23.74	3.31	3.50

图10-5显示了在当前企业工作时长不同的人群与认为哪个国家在亚洲的影响力最大的交互情况。从图中可以看出,在当前企业工作一年以上的大多数员工都认为中国在亚洲的影响力最大,均超过50%,并呈曲线之势,从第一年到第三年是一个下降趋势,从第三年到四年以上是一个上升趋势。从在企业工作时长来看,在每一个时长类别中,中国均排第一,随后依次是美国、日本、印度。尤其是在工作超过四年的员工中,认为中国在亚洲的影响力最大的比例高达70.5%,并且超过在当前企业其他工作时长的员工10—20个百分点。其次,员工认为日本在亚洲影响力最大的比例在每个工作时长中都接近10%,但工作四年员工的比例为18.1%。工作时长在三年以内的员工认为美国在亚洲影响力最大的比例均占25%左右,工作时长为四年或以上的比例呈下降趋势,低于20%。

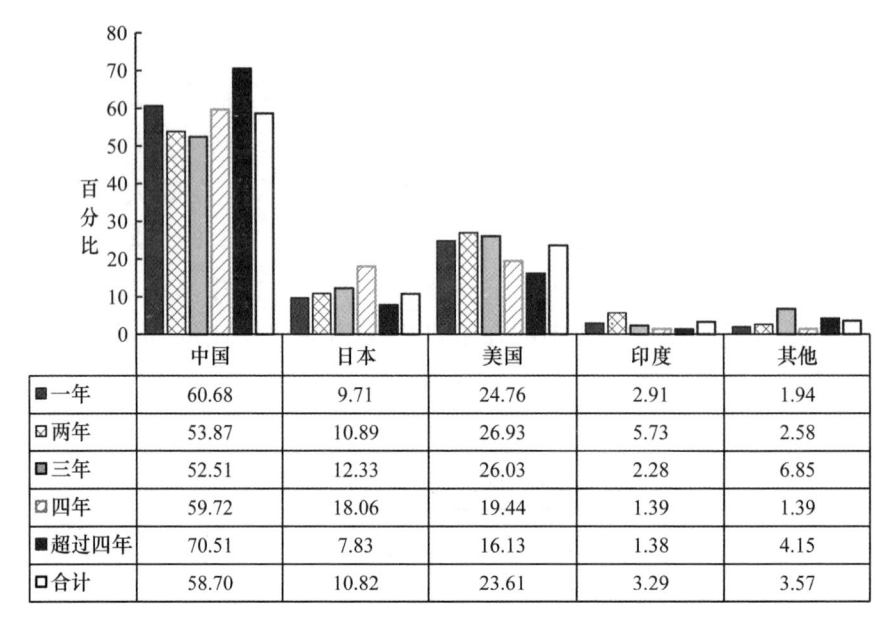

	中国	日本	美国	印度	其他
一年	60.68	9.71	24.76	2.91	1.94
两年	53.87	10.89	26.93	5.73	2.58
三年	52.51	12.33	26.03	2.28	6.85
四年	59.72	18.06	19.44	1.39	1.39
超过四年	70.51	7.83	16.13	1.38	4.15
合计	58.70	10.82	23.61	3.29	3.57

图 10-5　在亚洲影响力最大的国家：缅籍员工评价的工作年限差异

从图 10-6 可以看到，在工作中使用电脑的员工认为中国在亚洲的影响力最大，比例高达 71.9%，其次是美国 15.3%、日本 8.5%、其他 3.4%、印度 0.9%；工作中没有使用电脑的员工认为在亚洲影响力最大的也是中国，占 55.0%，其次是美国 25.9%、日本 11.6%、其他 3.5%、印度 4.0%。从国别来看，使用电脑的员工认为中国在亚洲的影响力最大的比例比没有使用电脑的员工高 16.9%，不过无论工作中是否使用电脑，员工认为中国在亚洲影响力最大的比例都高出 50%；使用电脑的员工认为美国在亚洲的影响力最大的比例比没有使用电脑的员工低 10.6 个百分点。而员工认为日本和印度在亚洲的影响力最大的比例与是否使用电脑无太大相关性，并且比例都比较低。

从图 10-7 中可以看出，在美国企业有过工作经历的员工全部认为中国是在亚洲影响力最大的国家；在印度企业有过工作经历的员工有将近四成（38.5%）认为美国在亚洲影响力最大；在日本企业、

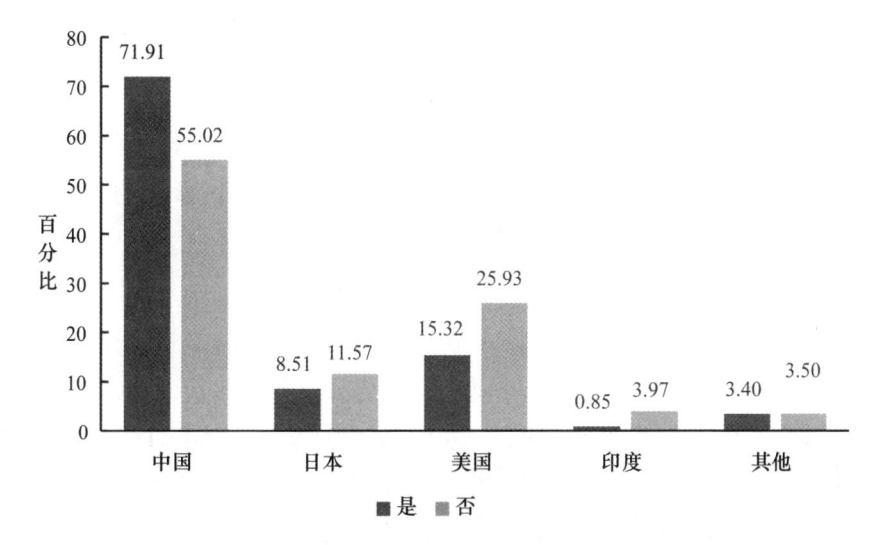

图 10-6 在亚洲影响力最大的国家：缅籍员工评价的
电脑使用与否的差异

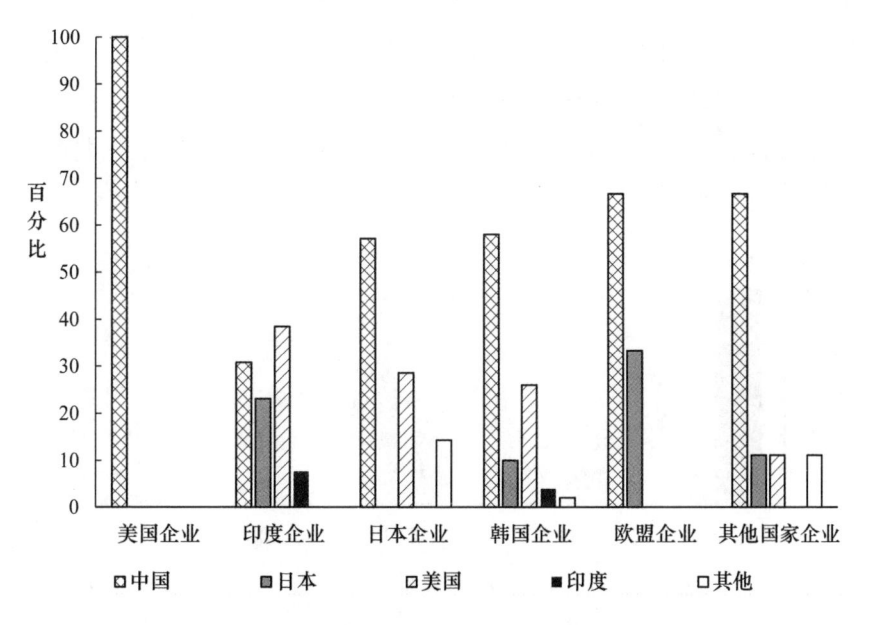

图 10-7 在亚洲影响力最大的国家：缅籍员工评价的以往
外企工作经历差异（多选）

韩国企业、欧盟企业和其他国家企业工作过的员工大多认为中国在亚洲的影响力最高，其次为美国。因此可以看出，除在印度企业有过工作经历的员工，其他员工多认为中国在亚洲的影响力最大。可能的原因是，近年来美国和印度的关系不断升温，两国的政治、经贸、军事等领域合作不断深入，美国在印度企业中的宣传度和影响力也逐步升高，因此在印度企业工作过的员工对美国的了解更多，好感度也更高。

图 10-8 展示的是家庭是否联网与认为哪个国家在亚洲的影响力最大的交互情况。从图中可以看出，家庭联网的员工认为中国在亚洲的影响力最大的比例最高，达 62%，其次是美国 21.3%、日本 10.7%、其他 3.8%、印度 2.2%；家庭没有联网的员工同样认为中国在亚洲的影响力最大的比例最高，占 49.7%，其次是美国 29.9%、日本 11.5%、印度 6.3%、其他 2.6%。可见无论家庭是否联网，员工都认为中国在亚洲的影响力最大的比例最高，远远高于美国、日本和印度。同时，家庭联网的员工认为中国在亚洲的影响力最大的比例比家庭没有联网的员工高 12.3%。对于日本、美国和印度来说，家庭联网的员工认为其国家在亚洲影响力最大的比例比家庭没有联网的员工低。

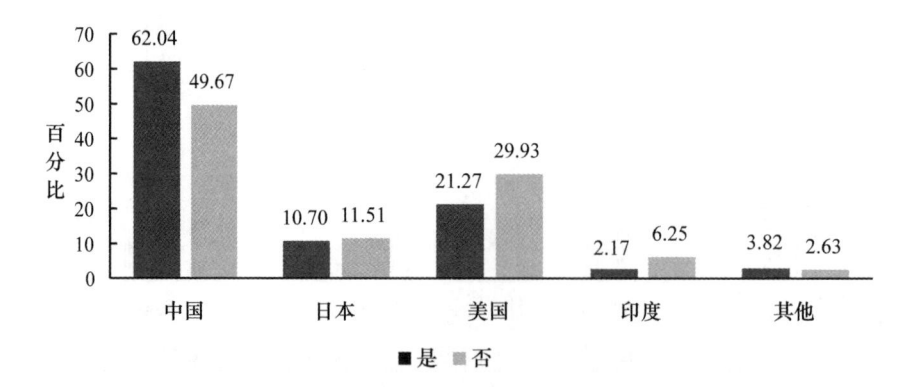

图 10-8 在亚洲影响力最大的国家：缅籍员工评价的家庭电脑联网情况差异

图 10-9 展示的是手机是否联网与认为哪个国家在亚洲的影响力最大的情况。如图所示，没有手机的员工认为中国在亚洲的影响力最大的比例最高，占 55.8%，其次是美国 18.2%、日本 15.6%、印度 6.5%、其他 4%；手机联网的员工同样认为中国在亚洲的影响力最大的比例最高，达 59%，其次是美国 24%、日本 10.7%、其他 3.4%、印度 3%；手机没有联网的员工同样认为中国在亚洲的影响力最大的比例最高，为 58%，其次是美国 26.1%、日本 7.3%、印度和其他均占 4.4%。可见，无论有无手机、无论手机是否联网，员工都认为中国在亚洲影响力最大的比例最高，其次是美国、日本，最后是印度。同时我们还可以发现，员工是否有手机、手机是否联网与认为中国在亚洲的影响力最大的比例没有很大差别。对于日本来说，没有手机的员工、手机联网的员工和手机没有联网的员工认为日本在亚洲影响力最大的比例依次降低；而没有手机的员工、手机联网的员工和手机没有联网的员工认为美国在亚洲的影响力最大的比例依次升高。

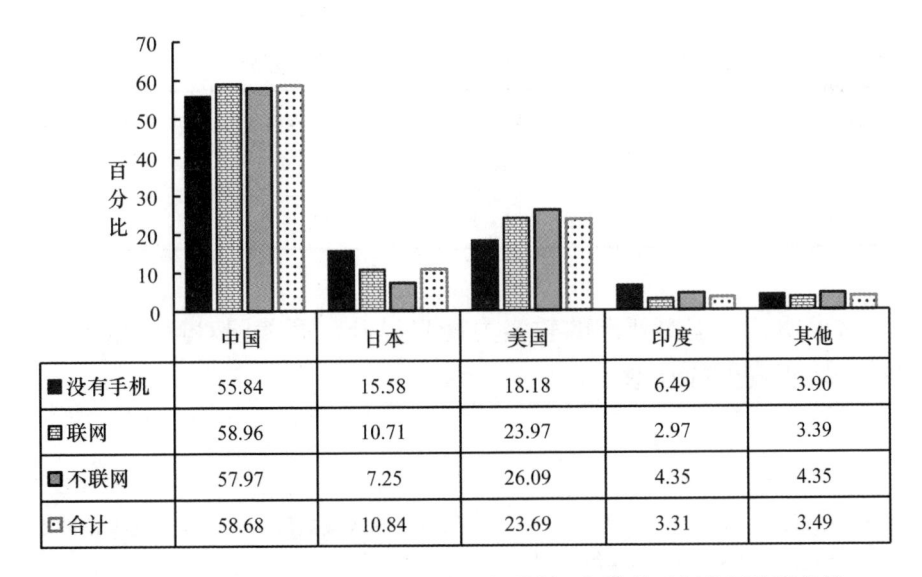

	中国	日本	美国	印度	其他
■没有手机	55.84	15.58	18.18	6.49	3.90
▨联网	58.96	10.71	23.97	2.97	3.39
▨不联网	57.97	7.25	26.09	4.35	4.35
▨合计	58.68	10.84	23.69	3.31	3.49

图 10-9 在亚洲影响力最大的国家：缅籍员工评价的手机使用情况差异

二 中美在缅甸的影响力评价

从受众的视角,一个国家的影响力大但被评价为负面,则意味着该国的软实力不但无法说服受众,反而可能造成反效果,是缺乏软实力的象征;相反,若影响力被评价为正面,则代表该国具有较强的软实力。①

表10-9显示的是员工对中国与美国在本地区影响力的评价,将"正面为主""正面远多于负面"两者相加,员工认为中国对本地区为正面影响的比例达70.5%。可见员工对中国的态度还是正面居多。员工认为美国在本地区为正面影响的比例为61.5%。可见,虽然员工对美国的态度也是正面居多,但与中国相比,低8.9个百分点。但就"正面为主"的比例来看,员工认为中国影响力持正面为主的比例就超过半数,而美国的比例低于半数。而根据缅甸综合社会调查报告(2015)数据来看,美国对亚洲的影响利远远大于弊,中国对亚洲的影响好坏各将近一半。②

表10-9　　　缅籍员工对中美在本地区影响力评价的差异　　（单位:%）

国家	负面远多于正面	负面为主	正面为主	正面远多于负面
中国	10.47	19.05	52.68	17.80
美国	14.66	23.80	47.89	13.65

这说明,中国对亚洲的软实力逐步提升,而美国对亚洲的影响力存在一定程度上的衰退。

---

① 朱云汉、肖唐镖、黄旻华:《中美两国在东亚区域的影响力——受众视角的实证分析》,《政治学研究》2018年第3期。
② 孔建勋、邓云斐:《缅甸综合社会调查报告》,中国社会科学出版社2015年版,第228页。

三 缅甸未来发展需要借鉴的国家

图10-10显示员工认为缅甸未来发展需要借鉴的对象情况。从表中可以看出,中国被认为是缅甸未来发展需要借鉴的比例最高的国家,达36.6%,其次是日本22.5%、美国19.1%、印度1.3%。借鉴对象为中国的比例比日本和美国分别高出14.1%、17.5%。这可能归咎于作为发展中国家的中国经过改革开放实现了经济的迅速发展,并成为世界第二大经济体。而缅甸自1948年独立以来,由于历届文官和军人政府的政策失误,国内危机不断,经济发展屡失良机,从亚洲富裕国家之一沦为今天该地区最为贫穷的国家之一,甚至在1987年被联合国定为世界上最不发达国家之一。有数据显示:第二次世界大战结束时,缅甸的人均GDP为746美元,而2010年仅为648美元,不仅停滞不前,而且有所倒退。经济落后和民生困境也是缅甸改革的最主要内因。① 所有员工希望借鉴中国的经验实现经济发展和人民生活水平的提高。借鉴中国经验不仅仅是在缅中资企业缅籍员工的态度,缅甸各界也有此种态度。从缅甸官方来看,在治国理政上,缅甸越发重视中国方案与中国经验。昂山素季明确表示,今后缅中双方各层级的密切交流会继续下去,频率会不断加强。民盟中央委员、党刊《民主浪潮》主编蒙育瓦昂信认为,中国在经济文化和政治上的发展,对国际社会起到了很好的榜样作用。作为民盟的最大政治对手、前执政党、现最大反对党联邦巩固与发展党也对此高度认同,巩发党主席丹泰表示,习近平主席的治国理政思想有很多方面值得缅甸借鉴,希望深化两国政府间、党派间的交流与合作。② 从学者来看,缅甸战略与国际问题研究中心主任吴哥哥莱表示中国的改革开放取得了巨大的成功,对全世界来说都有借鉴意义。从工商界看,他们也表示中国的发展经验对于

---

① 杨保筠:《缅甸:在改革开放中谋求稳定与发展》,《东南亚之窗》2013年第6期。
② 鹿铖:《缅甸民盟:守其"初心"借鉴中国》,《光明日报》2017年12月11日。

世界各国，特别是发展中国家具有很大借鉴意义。①

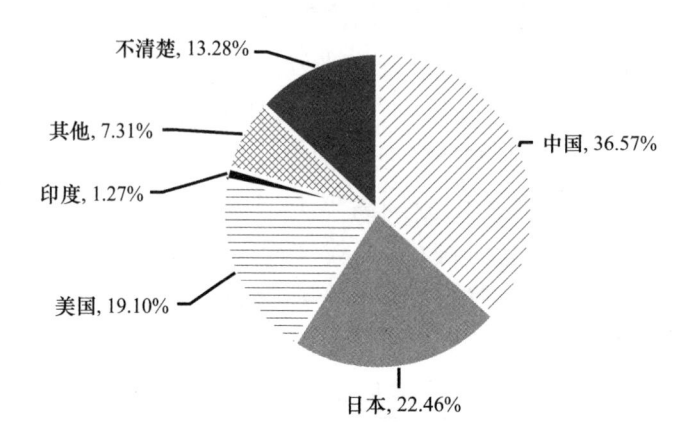

图 10-10　缅甸未来发展应该借鉴的国家模式

四　国际援助

国际援助是一个大国增强其国际影响力、国际软实力，用来服务该国外交和国际战略的重要工具，援助国通过对外援助这个载体，不仅带动了资金、产品和劳务的流动，同时也发展了国家之间、民众之间在思想观念、科技文化等方面的深入交流，从而有利于增强国家之间的信任感、援助国良好国家形象的树立、价值和意识形态的转变与取舍，甚至对国家发展道路的选择都具有重要的意义。② 本节调查了缅籍员工对中美日印等大国在缅甸援助的情况。

如表 10-10 所示，从整体来看，员工认为为缅甸提供外援最多的国家是中国的比例占 45.1%，其次是日本和美国，分别占 14.2% 和 14%，排在最后的是印度，仅占 0.8%，选择不清楚的比例较高，占 26.0%。从不同学历层次看，本科及以上学历员工认为为缅甸提

---

① 缅甸工商界人士：《中国为世界带来机遇》，2018 年 4 月 9 日，http：//m.news.cctv.com/2018/04/09/ARTINWtxQlPnhoq1HnLcQ3AL180409.shtml。

② 陈莹：《冷战后中美日在东南亚的软实力角力——以对东盟援助为例》，《东南亚研究》2012 年第 1 期。

供外援最多的国家是中国的比例达 50.2%，其次是日本 22.2%、美国 14.4%、印度 0.3%。小学学历和中学学历的员工均认为为缅甸提供外援最多的国家是中国，其次是美国和日本，最末尾的是印度。未受过教育人群同样也认为中国是为缅甸提供外援最多的国家，高达八成以上，远高于其他学历的受访者，其次是印度，没有员工认为美国和日本对本国提供了最多的援助。可见，不同学历人群均认为中国是为缅甸提供外援最多的国家，并且选择中国的比例高于选择日本、美国和印度的比例之和。同时，随着学历的提高，认为美国和日本提供了最多外援的比例也在上升。

表 10-10　　　　对缅甸提供外援最多的国家：缅籍员工评价的学历层次差异　　　　（单位：%）

最高学历	中国	美国	日本	印度	不清楚
未受过教育	81.82	0.00	0.00	9.09	9.09
小学学历	40.21	12.37	11.34	0.52	35.57
中学学历	43.59	14.36	11.67	0.90	29.49
本科及以上	50.15	14.41	22.22	0.30	12.91
总数	45.07	13.96	14.19	0.76	26.02

如图 10-11 所示，从管理人员角度看，认为为缅甸提供外援最多的国家是中国的比例达 47.5%，其次是日本，占 24.5%，排第三位的是美国，占 13%，没有管理人员认为印度对本国提供了最多的援助。从非管理人员角度看，认为为缅甸提供外援最多的国家是中国的比例占 44.5%，其次是美国，占 14.2%，排第三位的是日本，占 12.4%，最末尾的是印度，仅占 0.9%。管理人员回答不清楚的比例比非管理人员低 13%。从中可以看出，无论是管理人员还是非管理人员，均认为中国是为缅甸提供外援最多的国家，而印度比例最低。其次，管理人员认为日本提供的援助多于美国，而非管理人员认为美国为缅甸提供的援助多于日本。

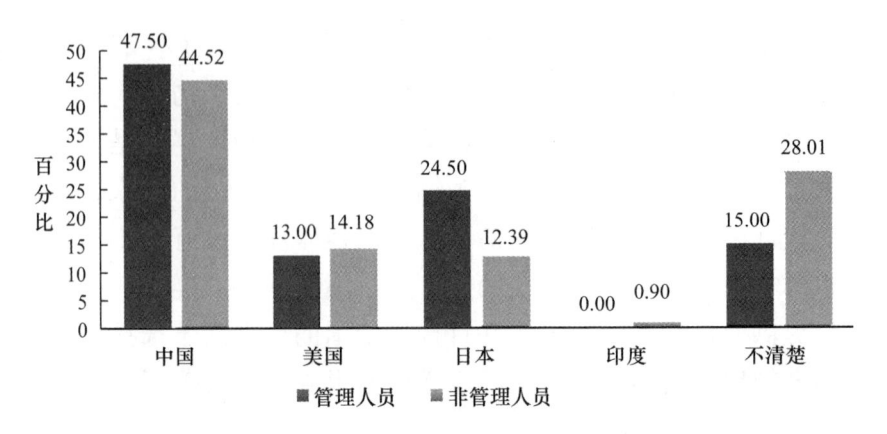

248 / 企聚丝路：海外中国企业高质量发展调查（缅甸）

图 10-11　对缅甸提供外援最多的国家：缅籍员工评价的职级差异

（图表数据：中国 管理人员47.50，非管理人员44.52；美国 13.00，14.18；日本 24.50，12.39；印度 0.00，0.90；不清楚 15.00，28.01）

如图 10-12 所示，从日常工作中使用过电脑的情况来看，员工认为为缅甸提供外援最多的国家是中国，达 53.2%，其次是日本，占 19%，美国排第三，占 11.3%，没有员工认为印度对本国提供了最多的援助。从日常工作中没有使用过电脑的情况来看，认为为缅甸提供外援最多的国家仍然是中国，占 43.2%，其次是美国，占 14.6%，日本排第三，占 13.1%，最后是印度，仅占 0.9%。日常工作中使用电脑的员工回答不清楚的比例比没有使用电脑的员工回答不清楚的比例低 11.7%。说明使用电脑有利于员工了解外界信息，并做出判断。

从中可以看出，无论是日常工作中使用电脑还是没有使用电脑的员工，均认为中国是为缅甸提供外援最多的国家，并且其比例远远高于美国、日本和印度的比例之和；印度被认为是为缅甸提供外援最少的国家；美国与日本在为缅甸提供援助的排序在是否使用电脑的员工中存在一定差异。另外，无论是日常工作中使用电脑还是没有使用电脑的员工，回答不清楚的比例均较高。

如图 10-13 所示，家庭已联网的员工认为为缅甸提供外援最多的国家是中国，占 47.4%，其次是日本，占 14.6%，美国排第三，占 14.2%，最后是印度，仅为 0.7%，回答不清楚的比例为 23.1%。

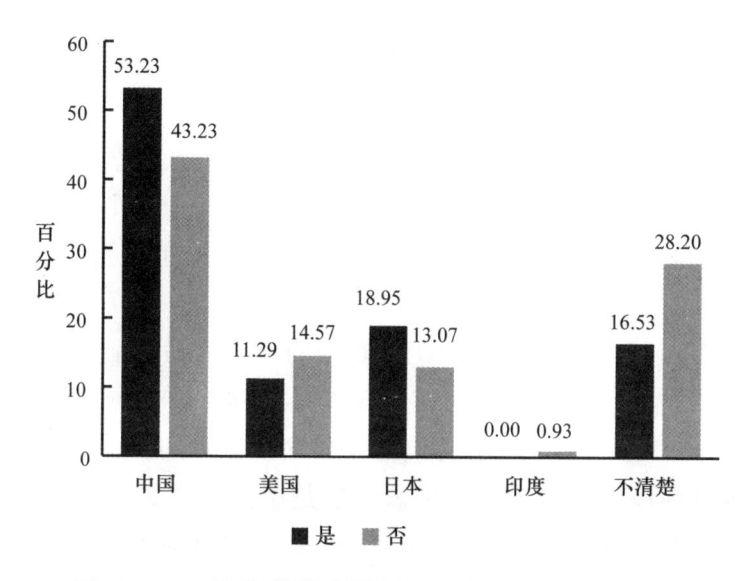

图 10-12 对缅甸提供外援最多的国家：缅籍员工评价的电脑使用情况差异

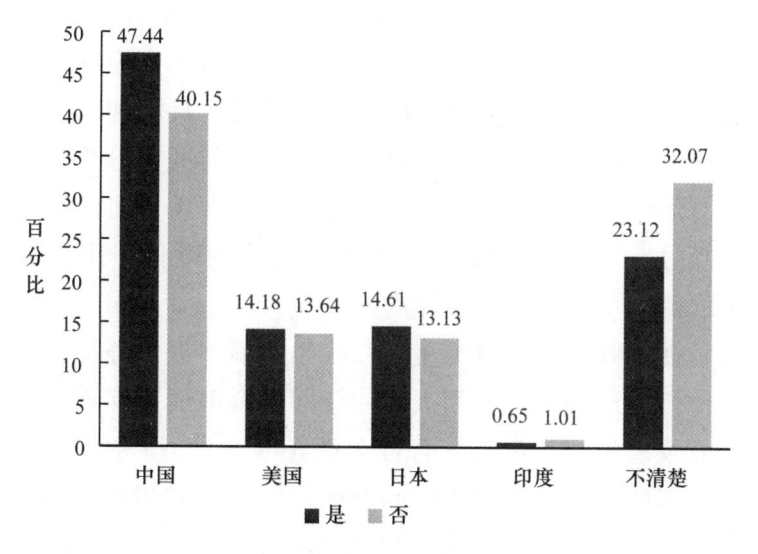

中国：是 53.23，否 43.23
美国：是 11.29，否 14.57
日本：是 18.95，否 13.07
印度：是 0.00，否 0.93
不清楚：是 16.53，否 28.20

图 10-13 对缅甸提供外援最多的国家：缅籍员工评价的家庭联网情况差异

中国：是 47.44，否 40.15
美国：是 14.18，否 13.64
日本：是 14.61，否 13.13
印度：是 0.65，否 1.01
不清楚：是 23.12，否 32.07

家庭没有联网的员工认为为缅甸提供外援最多的国家也是中国，占40.2%，其次是美国，占13.6%，第三是日本，占13.1%，最后是印度，仅占1%，回答不清楚的比例为32.1%。从中可以看出，无论家庭是否联网，员工均认为为缅甸提供外援最多的国家是中国，并且其比例均远远高于美国、日本和印度。而印度与上述几个国家相比是最低的。家庭联网的员工回答不清楚的比例低于家庭没有联网的员工。

从图10-14可以看出，手机已联网的员工认为为缅甸提供外援最多的国家依次是：中国占44.4%，日本占14.8%，美国占13.4%，印度占0.8%。手机已联网的排序与总体排序是一致的。手机未联网的员工认为为缅甸提供外援最多的国家仍然是中国，占47.3%，其次是美国，占14.3%，第三是日本，占11.0%，印度排最后，占1.1%。没有手机的员工认为为缅甸提供外援最多的国家排序依次是：中国达52.8%，美国占20.2%，日本占10.1%，没有员工认为印度是为缅甸提供外援最多的国家。该排序与手机未联网员工排序结果是一致的。

从中可以看出，无论手机是否联网，员工均认为为缅甸提供外援最多的国家是中国，并且其比例明显高于美国、日本和印度的比例之和。而印度与上述几个国家相比是最低的。这与前文分析的结果是一致的。没有手机的员工认为中国是为缅甸提供外援最多的国家的比例最高，已超过一半，而回答"不清楚"的比例最低，比手机已联网和手机未联网的员工均低一成左右。

可以发现在以上各变量类型中，认为为缅甸提供外援最多的国家是中国的比例均最高，但我们需要注意的是援助最多并不一定就有最好的援助效果。根据"缅甸综合社会调查（2015）"数据，缅甸居民对日本的整体印象要好于对中国的整体印象，同时相比中国更喜欢日本，这从侧面反映出日本援缅在民众层面实现了更好的效果。[①] 同时

---

① 罗圣荣：《1988年以来中日官方对缅甸援助比较与启示》，《深圳大学学报》（社会科学版）2018年第1期。

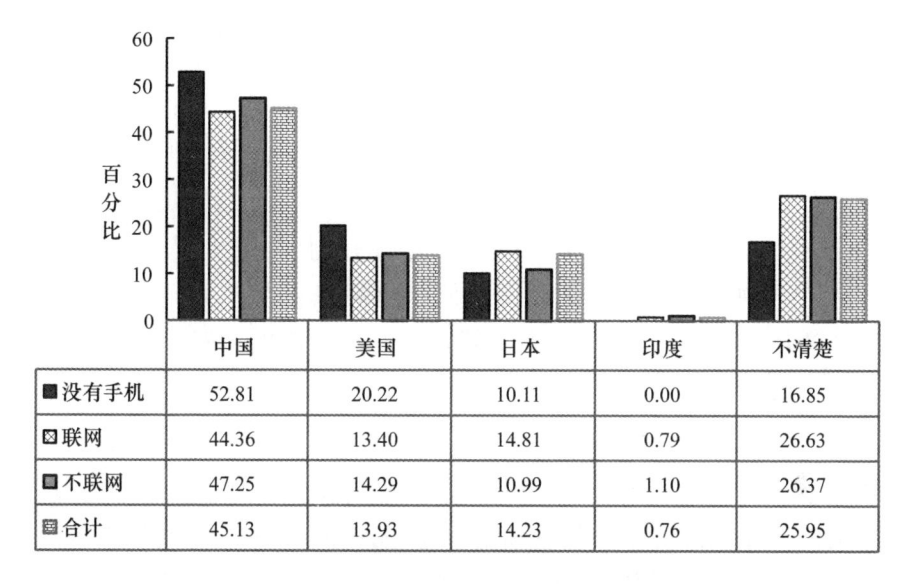

百分比	中国	美国	日本	印度	不清楚
■ 没有手机	52.81	20.22	10.11	0.00	16.85
▨ 联网	44.36	13.40	14.81	0.79	26.63
■ 不联网	47.25	14.29	10.99	1.10	26.37
▨ 合计	45.13	13.93	14.23	0.76	25.95

图 10–14　对缅甸提供外援最多的国家：缅籍员工评价的手机使用情况差异

我们还需要注意的是，即使中国在缅甸做过很多援助项目甚至是标志性建筑，但缅甸民众对其认同度不高。一方面中方更多的是同缅甸政府打交道进行援助而忽略民众需求的印象，因而民众并不了解项目的具体内容；另一方面中国在缅甸的很多项目对于缅甸国民经济的长远发展将发挥重要的支撑作用，但是这并没有给当地民众带来直接的收益，或者说直接收益并没有被民众切实地感受到。①

小　结

对于除本企业以外的中国品牌的认知状况，总体上，大部分缅籍

---

①　邹璟琦、肖克：《对外援助悖论视角下的中国对缅援助问题分析及对策研究》，《广西大学学报》（哲学社会科学版）2018 年第 3 期。

员工不知道除本企业以外的其他中国品牌。从性别来看，男性回答知道的比例是女性的两倍，同时女性回答不知道的比例远高于知道的比例。从学历来看，除了未受过教育的员工，整体上选择回答"是"的比例随着受教育程度的提高而升高，特别是本科及以上学历员工的比例上升迅速。从职位来看，管理人员回答知道的比例是非管理人员的一倍以上，而非管理人员回答不知道的比例是管理人员的一倍以上。从上网频率来看，一天之内不同上网频率的员工知道其他中国产品品牌的比例差异较大，上网频率为一天几个小时的员工知道其他中国产品品牌的比例是上网频率为一天至少一次的员工的一倍以上，而且一天之内随着上网时间的增加，知道其他中国产品品牌的比例也提高。

从员工印象最深的中国企业来看，无论是不同性别还是不同上网频率的员工，印象最深的中国企业都是手机类品牌。从性别来看，不同性别员工印象最深的中国企业均是华为，其次是小米。但是男性员工选择印象最深的中国企业比例均高于女性员工。无论员工的上网频率如何，华为依然是印象最深的中国企业。除了从不上网的员工外，选择未回答的比例随着上网频率的增加而降低，同时选择其他的中国企业的比例也随着上网频率的增加而呈上升趋势。

大部分员工认为本企业做过的援助项目仅为两项：公益慈善捐赠和卫生援助。大部分员工认为本企业没有做过的援助项目为四项，依次是文体交流活动、基础设施援助、电力设施、文化体育设施。超过半数的员工认为本企业没有做过基础设施援助和电力设施援助，而且对这两个援助项目回答不清楚的比例也最高。

员工认为卫生援助和教育援助是本企业最应该做的事情。修建寺院、社会服务设施援助、公益慈善捐赠和现金捐赠的占比也较高。但培训项目、基础设施援助、水利设施援助、文化体育设施援助、文体交流活动等占比较低。因此，在缅中资企业可以适当加大对当地居民的卫生援助和教育援助，以提高企业形象。

在大国影响力方面，整体上员工认为在亚洲影响力最大的国家依次是中国、美国、日本和印度。从性别来看，无论是男性还是女性，认为中国在亚洲的影响力最大的比例都超过半数，但男性比例高于女性。从年龄来看，在所有年龄段的员工中，认为中国在亚洲的影响力最大的占比均超过50%。从学历来看，不同学历的大部分员工都认为中国在亚洲的影响力最大，并且都超过半数，其中未受过教育的员工认为中国在亚洲的影响力最大的比例最高。从族群来看，无论是缅族还是其他族群员工，都认为中国在亚洲的影响力最大，比例都超过半数，并且不同族群的员工对同一个国家在亚洲的影响力的认识差异不大。从在当前企业的工作时长来看，在当前企业工作一年以上的大多数员工都认为中国在亚洲的影响力最大，均超过半数，并呈曲线之势，从第一年到第三年是一个下降趋势，从第三年到四年以上是一个上升趋势。从工作中是否使用电脑来看，员工在工作中无论是否使用电脑，认为中国在亚洲的影响力最大的比例都高出半数，且使用电脑员工的比例比没有使用电脑员工的比例高。从在其他国家外资企业的工作经历来看，除了在印度企业工作过的员工外，在其他企业工作过的员工认为中国在亚洲的影响力最大的比例都超过半数，特别是在美国企业工作过的员工，其比例为百分百；然而不管员工在哪个企业工作过，认为印度在亚洲的影响力最大的比例均较低，甚至出现比例均为零的情况，如在美国、日本、欧盟或其他企业工作过的员工均不认为印度是在亚洲影响力最大的国家。从家庭是否联网来看，无论家庭是否联网，员工都认为中国在亚洲的影响力最大的比例最高，远高于美国、日本和印度。同时家庭联网的员工认为中国在亚洲的影响力最大的比例高于家庭没有联网的员工。从手机是否联网来看，无论有无手机、手机是否联网，员工都认为中国在亚洲的影响力最大的比例最高，其次为美国、日本、印度。

对于中美在亚洲影响力的评价上，无论是美国还是中国，对亚洲影响力的评价以正面居多，但中国高于美国。中国被认为是缅甸未来发展需要借鉴的对象的比例最高，其次是日本、美国、印度。不同学历的员工、不同职位的员工、工作中使用电脑和不使用电脑的员工、家庭已联网和未联网的员工、手机已联网和未联网的员工认为为缅甸提供外援最多的国家是中国的比例均最高，并且选择中国的比例高于选择日本、美国和印度的比例之和，同时认为印度是为缅甸提供外援最多的国家的比例都最低。

参考文献

一 中文文献

（一）著作

孔建勋、邓云斐：《缅甸综合社会调查报告（2015）》，中国社会科学出版社2016年版。

[美]格林斯坦、波尔斯比：《政治学手册精选》（下册），商务印书馆1996年版。

（二）期刊

陈莹：《冷战后中美日在东南亚的软实力角力——以对东盟援助为例》，《东南亚研究》2012年第1期。

邓云斐：《民粹主义视角下的缅甸民主转型：基于综合调查数据的分析》，《南亚研究》2017年第1期。

高鑫：《关于如何加强对缅传播的一些思考》，《对外传播》2017年第4期。

黄薇、黄亦斐、吴剑锋：《文化认同对中国元素消费意愿的影响及启示》，《包装工程》2019年第6期。

蒋英州、叶娟丽：《对约瑟夫·奈"软实力"概念的解读》，《政治学研究》2009年第5期。

孔建勋、肖恋：《性别、教育与因特网：转型时期缅甸民众的政治参与》，《南亚研究》2018年第3期。

卢光盛、李晨阳、金珍：《中国对缅甸的投资与援助：基于调查问卷结果分析》，《南亚研究》2014年第1期。

罗圣荣：《1988年以来中日官方对缅甸援助比较与启示》，《深圳大学学报》（社会科学版）2018年第1期。

宋清润：《罗兴伽人危机与缅甸民盟政府的内政外交》，《东南亚研究》2018年第2期。

宋涛：《中国对缅甸直接投资的发展特征及其趋势研究》，《世界地理研究》2016年第4期。

王茜：《浅析新媒体时代的新闻与传播》，《新闻论坛》2019年第2期。

王绍光：《民族主义与民主》，《公共管理评论》2004年第1期。

薛紫臣、谢闻歌：《缅甸国际直接投资环境分析》，《现代国际关系》2015年第6期。

杨保筠：《缅甸：在改革开放中谋求稳定与发展》，《东南亚之窗》2013年第6期。

张聪、吴思岐：《中国企业在缅甸的传播困境与形象塑造研究》，《北京印刷学院学报》2018年第7期。

张敏谦：《可持续影响力与大国思维》，《现代国际关系》2008年第9期。

张添：《缅甸2015年大选：族群政治何去何从》，《南洋资料译丛》2016年第1期。

郑一省、陈俊源：《软实力研究的新突破》，《东南亚研究》2017年第4期。

朱云汉、肖唐镖、黄旻华：《中美两国在东亚区域的影响力——受众视角的实证分析》，《政治学研究》2018年第3期。

邹春萌：《中缅经济走廊建设的机遇与挑战》，《世界知识》2018年第2期。

邹璟琦、肖克：《对外援助悖论视角下的中国对缅援助问题分析及对策研究》，《广西大学学报》（哲学社会科学版）2018年第3期。

［缅］敏辛：《缅甸人对中国人的态度：中国人在当代缅甸文化和媒体中的形象》，《南洋资料译丛》2014年第4期。

［缅］钦佐温：《佛教与民族主义—缅甸如何走出民族主义的泥淖》，《南洋问题研究》2016年第1期。

（三）报纸

鹿铖：《缅甸民盟：守其"初心"借鉴中国》，《光明日报》2017年12月11日。

张伟玉：《改善中企在缅投资的新举措》，《学习时报》2015年8月12日。

［缅］《云南民间国际友好交流基金会和维达卡基金会在仰光合作开展免费白内障手术》，《今日民主》2016年10月11日。

［缅］《中国因素在缅甸和平进程中的作用》，《缅甸时报》2017年5月25日。

（四）网络文献

《习近平会见缅甸国务资政昂山素季》，2017年12月1日，新华社网站，http：//www.xinhuanet.com/politics/2017-12/01/c_1122045014.htm。

二 外文文献

Aung San Suu Kyi, "Myanmar New Year Message", *The Global New Light of Myanmar*, 18 April, 2016.

Bertil Linter, "Myanmar Risks Falling into a China Debt Trap", *Acia Times*, June 5, 2018.

Carolina de Migueletc, "Why do Citizens Turn out?", *Comparative Political Studies* Vol. 11, Election in the Arab World, 2015（1）.

Charles Petrie, "The Verdict is In: Aung San Suu Kyi is an Authoritarian", Jan 11, 2019.

ChawChaw Sein, "Myanmar's Post-Election Foreign Policy", *The Global New Light of Myanmar*, Aug. 11.

China, "Myanmar Agree 15-Point MoU on Economic Corridor", *The Irrawaddy*, July 6, 2018.

"Daw Aung San Suu Kyi Holds Talks with Her Chinese Counterpart Sino-

Myn Ties Unchanged", *The Global New Light of Myanmar*, April 6, 2016.

"Govt Announces Three Steps to Advance Peace Process", *Frontier Myanmar*, https://www.frontiermyanmar.net/en/govt-announces-three-steps-to-advance-peace-process, Available on Oct. 29, 2019.

Jason Koutsoukis, "China's $7.5 Billion Myanmar Port 'Crazy', Suu Kyi Adviser Says, Bloomberg", May. 25, 2018, https://www.bloomberg.com/news/articles/2018-05-25/china-s-7-5-billion-myanmar-port-crazy-suu-kyi-adviser-says, Available on July. 27, 2018.

"Joint Press Release between the Republic of the Union of Myanmar and the People's Republic of China", *The Global New Light of Myanmar*, Aug. 20, 2016.

Kyaw Kha, "Indian President Expresses Support for Myanmar During State Visit", *The Irrawaddy*, Dec. 13, 2018.

"Maritime trade up $2.3bln in 2019–2020 FY H1", *The Global New Light of Myanmar*, April 15.

Michael Cross, "IBA Welcomes Myanmar Genocide Case", *Lawgazette*, Nov. 12, 2019, https://www.lawgazette.co.uk/law/iba-welcomes-myanmar-genocide-case/5102143.article. Available on Dec. 30, 2019.

Miki CaulKittilson, "Gender and Political Behavior", *Perspectives on Politics*, 2010 (1).

Myanmar, "Bangladesh Agree to Solve Border Issueamicably", *The Global New Light of Myanmar*, Oct. 26, 2017.

"Myanmar Rejects EU's Draft Resolution on Situation of Human Rights in Myanmar at Human Rights Council", *The Global New Light of Myanmar*, Mar 22, 2019.

Nyein Nyein, "Third Session of Panglong Peace Conference Pushed Back to May", *The Irrawaddy*, Mar. 1, 2018.

后　　记

地缘近，民相亲，胞波情谊续新篇。2020年新春的礼炮声，拉开了习近平主席新年首访缅甸的序幕，更是中缅友谊不断深化、历久弥新的有力见证。1月18日，中缅两国政府发表联合声明指出，深化两国全面战略合作伙伴关系，打造中缅命运共同体，加强共建"一带一路"合作，推动中缅经济走廊从概念规划转入实质建设阶段。跨越千年的胞波情谊为双边关系的发展带来了动力与源泉，这份风雨同舟、患难与共、互相尊重、互利互赢的信念更成为中缅合作蓝图的深厚底色。

知责任者，大丈夫之始也；行责任者，大丈夫之终也。云南大学紧紧围绕习近平总书记对云南发展的"三个定位"，主动服务和融入国家发展战略，积极参与"一带一路"建设的研究。2018年初，校领导决定设立"'一带一路'沿线国家综合数据库建设"作为学校"双一流"建设的旗舰项目，并指定由我担任项目负责人。该项目最重要的工作，就是在东南亚、南亚、中东、非洲等地区的20个国家开展中资企业营商环境和当地员工的综合调查，缅甸就是其中最重要的国家之一。

因考虑当时我正在主持国家社科基金重大项目"缅甸国内形势与对外关系综合数据库建设"，日常工作中还需兼顾整个项目20个国家调查的整体协调和运作，虽倾尽全力，难免力有不逮。故校领导决定由我兼任缅甸国别组的组长，并由云南大学民族学与社会学学院何林副教授亲自带队赴缅开展中资企业和当地员工的调查。在何林副教授的鼎力相助下，最终圆满完成缅甸调查与成果撰写工作。

赴缅调查的队伍包括何林（组长）、李涛、刘红春、吴振南、张添、马云才、关萌、李雨瞳、郑玉荣和黄美荣等，并与缅甸仰光远程教育大学的缅甸学生访员组成调研团队，于2018年11月15日至2019年12月10日期间，分派两支调研小分队前往缅甸仰光市市区、仰光市莱达雅及瑞必达工业区、曼德勒市区、曼德勒市工业区、曼德勒省达贡山等地区的多家中资企业开展调研，实地深入地了解中资企业在缅营商环境所遇困难、当地员工劳动力素质、当地员工对所在企业的评价与认知、对中国国家形象的看法、对世界大国在当地的影响力评价，以及对密松水电站、中缅油气管道、皎漂港项目、"一带一路"倡议等方面的态度与看法。本次调研有助于中国更好地开展对外投资和保护海外利益提供政策依据，为后续准备赴缅投资的中资企业提供参考信息，更好地服务于国家"一带一路"建设与"中缅命运共同体"建设。

本书写作分工如下：孔建勋负责全书框架设计并指导数据分析和图表制作；张添、孟姿君撰写第一章，关萌、王维珊、马姣撰写第二章，许默焓撰写第三章，李权东、郝栋男撰写第四章，蔡华龙、马云才撰写第五章，朱复明撰写第六章，刘红春、李雨瞳撰写第七章，周一迪撰写第八章，刘文宇撰写第九章，江明俊、李堂英撰写第十章；任欣霖、蔡华龙、郝栋男、张志伟、王维珊参与了数据分析和图表制作。全书由孔建勋、何林、马姣负责修改、更新、完善和校对。

本项调查得到北京大学赵耀辉教授、邱泽奇教授、翟崑教授和西南财经大学甘犁教授等几位咨询专家持续的支持和指导；感谢中国驻缅甸大使馆经商处和云南省商务厅的居中协调和联系。此外，我们还要感谢仰光远程教育大学 Khin Saw Nwe 教授、曼德勒福庆孔子课堂李祖清院长和中方院长李涛教授、缅甸曼德勒中国企业商会负责人、缅甸中国企业商会刘颖会长和潘彦霓秘书长、中色镍业有限公司郭然董事长、海浪通信有限公司综合管理部费舜经理、中国外运华南公司缅甸项目组曾源经理，以及恒田（仰光）制衣有限公司等众多中资企业的负责人。

  本书的字字句句由整个调研团队智慧和心血凝聚而成，蕴含着每一位调研人的真诚与匠心。欲比高飞大雁，犹未及青云。我们尽了最大的努力，但由于自身水平及各种主客观条件的限制，书稿肯定还有诸多不足之处，恳请各界读者批评指正。

孔建勋

2021年6月20日